Der passende Wein zum Essen

Für meine Eltern und Poppy

Aus dem Englischen übersetzt und bearbeitet von Susi Piroué
Korrektur: Herbert Scheubner
Umschlaggestaltung: Ludwig Kaiser
Herstellung: Dieter Lidl
Satz: Fotosatz Völkl, Puchheim

Die Originalausgabe mit dem Titel *Wine with Food* wurde erstmals 1996 im Verlag Mitchell Beazley aus der Verlagsgruppe Reed Consumer Books Limited, London u. a., veröffentlicht

Design: Fiona Knowles, Neil Wadsworth
Fotos: Jeremy Hopley mit Unterstützung von Catherine Rowlands,
Ray Moller mit Unterstützung von Tim Kelly
Styling: Wei Tang, Su Bentinck
Hauswirtschaftliche Beratung: Annie Nichols

Druck und Bindung: Mandarin Offset
Printed in China

ISBN 3-88472-335-9

HINWEIS

Alle Informationen und Hinweise, die in diesem Buch enthalten sind, wurden vom Autor nach bestem Wissen erarbeitet und von ihm und dem Verlag mit größtmöglicher Sorgfalt überprüft. Unter Berücksichtigung des Produkthaftungsrechts müssen wir allerdings darauf hinweisen, daß inhaltliche Fehler oder Auslassungen nicht völlig auszuschließen sind. Für etwaige fehlerhafte Angaben können Autor, Verlag und Verlagsmitarbeiter keinerlei Verpflichtung und Haftung übernehmen.

Korrekturhinweise sind jederzeit willkommen und werden gerne berücksichtigt.

CHRISTIAN VERLAG

Der passende Wein zum Essen

JOANNA SIMON

Inhalt

VORWORT 6

DIE GRUNDREGELN 8
- Gesetze & wie man sie bricht 10
  - Schwere & Intensität 11
  - Säure, Salz, Süße & Tannin 12
- Schwierige Partner 16
- Käse 22

DER EINFLUSS DER GARMETHODEN 24
- Pochieren, Dämpfen & Dünsten 26
- Fritieren, Braten & Ausbacken 28
- Schmoren 30
- Grillen 32
- Im Ofen garen 34
- Saucen 36
- Kochen mit Wein 37

DIE PLANUNG 38
- Servieren: die Weinfolge 40
- Besondere Gelegenheiten 42
- Besondere Flaschen 44
- Serviervorschläge 46

REBSORTEN UND WEINE 48
- Wein heute 50
- Chardonnay 52
- Sauvignon Blanc 56
- Riesling 58
- Andere weiße Rebsorten 60
- Cabernet Sauvignon 64
- Pinot Noir 66
- Syrah 68
- Andere rote Rebsorten 70

KLASSISCHE KOMBINATIONEN IN ALLER WELT

KLASSISCHE KOMBINATIONEN IN ALLER WELT 74
- Europa 76
  - Frankreich 78
  - Italien 90
  - Spanien 98
  - Portugal 104
  - Deutschland 106
  - Schweiz 110
  - Österreich 112
  - Griechenland 114
  - Skandinavien 116
  - Nordeuropa 118
- Die Neue Welt 120
  - Amerika 122
  - Südamerika 126
  - Australien 128
  - Neuseeland 130
- Indien und der Ferne Osten 132
  - Indien 134
  - China 136
  - Thailand 138
  - Japan 140

WEIN UND ESSEN
– *ein paar schnelle Lösungsvorschläge* **142**
- Essen zum Wein 144
- Wein zum Essen 150

REGISTER 156

Vorwort

Ein Standardwerk zum Thema Wein und Essen ist lange überfällig – doch auch dieses Buch ist keines. Ein solches Vorhaben wird meiner Meinung nach auch kaum realisierbar sein. Jedes Rezept, seine Auffassung und Ausführung durch den jeweiligen Koch, jede Zusammenstellung von Zutaten und jede Küchenausstattung ist anders. Der Wein eines jeden Erzeugers unterscheidet sich von dem seines Nachbarn, und nicht zwei Weinberge bringen Weine genau gleicher Art hervor. Deshalb ist es sehr schwierig, eine definitive Aussage zu machen – und es wird noch schwieriger, wenn man bedenkt, daß Geschmack subjektiv ist.

Dieses Buch stellt keine strengen Regeln auf. Es ist kein Gesetzbuch. Doch bietet es eine ganze Reihe von Anhaltspunkten und erklärt das Grundprinzip, so daß jeder, der Wein zum Essen genießen will, sich aufgrund der Informationen sein Urteil selbst bilden oder zumindest herausfinden kann, welcher Wein (oder besser noch welche Weine) am besten zu einem bestimmten Gericht oder einem ganzen Menü passen könnten. Durch seine Gegenwart allein ist der Wein schon die Zierde eines Menüs, doch wenn er perfekt zum Essen paßt, wird eine Mahlzeit zum wunderschönen Erlebnis.

Ich habe mich lange mit den Zutaten befaßt, die eine besondere, manchmal überraschende Wirkung auf Wein ausüben. Ich habe mich ebenso intensiv mit den Garmethoden und Zubereitungsarten beschäftigt. Diese bestimmen genauso wie die Zutaten selbst das fertige Gericht und werden leicht übersehen oder zumindest unterbewertet. Eine Sauce ist vom Geschmack und von der Konsistenz her manchmal wichtiger als das Essen, dem sie als Krönung, Unterstützung oder Begleitung dient.

Wenn dies auch kein dogmatisches Buch ist, so soll es doch praktisch anwendbar sein. In den einzelnen Kapiteln scheue ich mich nicht, bestimmte Weinarten oder -stile zu bestimmten Gerichten zu empfehlen – und für diejenigen, die Empfehlungen ohne lange Erklärungen suchen, gibt es am Schluß einen nach Gerichten und Weinen geordneten Überblick zum schnellen Nachschlagen. Ich scheue mich auch nicht, auf Zusammenstellungen hinzuweisen, die die meisten Menschen lieber meiden. Das bedeutet nicht, daß diese Zusammenstellungen auf irgendeine Art falsch sind, und statt irgend etwas zu empfehlen, gebe ich lieber zu verstehen, daß etwas anderes besser paßt oder richtiger ist. Eigentlich gibt es so etwas wie Richtig und Falsch in der Partnerschaft zwischen Wein und Essen nicht – nur Zusammenstellungen, die wahrscheinlich den meisten gefallen, und einige, die vielleicht nicht so beliebt sind.

Wenn dieses Buch etwas erreichen will, dann dies: Ich hoffe, daß es den Leser ermutigt, mit verschiedenen Weinen und unterschiedlichen Kombinationen von Essen und Wein zu experimentieren. Heutzutage ist die Versuchung, auf Nummer Sicher zu gehen, sehr groß. Die Entwicklung und die Verbreitung von Qualitätsweinen ist in den letzten 30 Jahren ungeheuer angewachsen. Mehr als 30 Länder exportieren ihre Weine allein nach Großbritannien. Kein Wunder, daß viele Menschen immer wieder den gleichen Wein trinken. Zumindest wissen sie, daß sie den Geschmack mögen – sogar wenn er manchmal mit den Gerichten, denen er am Gaumen begegnet, seltsam oder nicht so interessant schmeckt.

Wenn nur der Wein allein eine Revolution erfahren hätte, dann wäre alles noch einfacher in den Griff zu bekommen. Doch die kulinarische Weltkarte hat sich mindestens im gleichen Maße verändert. Es gibt immer noch Regionalküchen, die glücklicherweise an ihren traditionellen Zutaten und Zubereitungsarten festhalten, doch im großen und ganzen hat sich die Kochkunst von ihrer heimischen Grundlage (oder von Mutters Schürzenzipfel) entfernt. Genau wie der Wein oder sogar noch mehr ist das Essen gereist, hat sich vermischt und neu verbunden: Asiatische Gewürze haben sich mit Mittelmeergemüse vereint, Gemüse aus der Neuen Welt und die Art des Fleischzuschnitts aus der Alten Welt begegnen orientalischen Dips. So gültig die althergebrachten Regeln über Speisen und Wein auf der Grundlage der Farbe einmal gewesen sein mochten, so schlecht kommt man mit ihnen zurecht, wenn es um heutiges Essen geht. Dieses Buch wird uns hoffentlich auf den neuesten Stand der Dinge bringen.

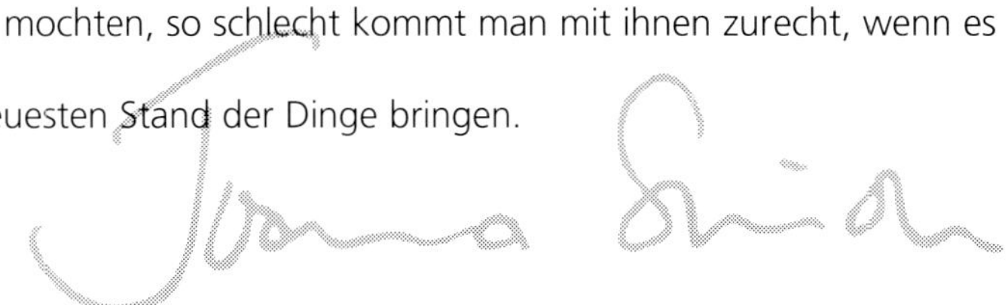

DIE

Grundregeln

ALS DIE GASTRONOMISCHE WELTKARTE VIEL SCHÄRFERE GRENZEN HATTE UND DIE KARTE DER WEINBAUGEBIETE VIEL BESCHRÄNKTER WAR ALS HEUTE, GAB ES EINIGE SEHR EINFACHE REGELN, DIE MEHR ODER WENIGER NUTZBRINGEND AUF DIE KOMBINATION VON WEIN UND SPEISEN ANGEWENDET WERDEN KONNTEN. DOCH DER KULINARISCHE AUSTAUSCH UND DER WECHSELSEITIGE EINFLUSS DER KÜCHEN SOWIE EINE ERWEITERTE UND VERÄNDERTE WEINSZENE HABEN BEWIRKT, DASS ES NEUE – SPANNENDERE – METHODEN GIBT, UM SICH DEM THEMA ZU NÄHERN.

Gesetze & wie man sie bricht
SCHWERE, INTENSITÄT, SÄURE, SALZ, SÜSSE, TANNIN

Schwierige Partner

Käse

Gesetze & WIE MAN SIE BRICHT

Wenn dieses Buch nur paradiesische Kombinationen von Wein und Speisen vorstellen würde, dann wäre es sehr kurz – gerade einmal einen Absatz lang. Es gibt ein paar berühmte Paarungen, die Speisen und Wein auf geradezu magische Art gegenseitig aufwerten (siehe unten rechts), doch im allgemeinen bedeutet Wein und Essen miteinander zu vermählen nicht, eine gottgegebene, exklusive Zusammenstellung zu finden. Meistens geht es nur darum, daß Speisen und Wein miteinander glücklich sind – der Genuß jedes einzelnen steigt, einfach weil der andere Teil vorhanden ist –, und meistens passen ein paar ganz unterschiedliche Weinarten sehr gut zu einem einzigen Gericht.

Früher gab es Regeln: Weißwein zu Fisch und weißem Fleisch, Rotwein zu dunklem Fleisch und geeignete lokale Weine zum Essen der jeweiligen Region. Wir können diese Regeln heute leicht als einseitig und in ihrer Anwendungsfähigkeit begrenzt bezeichnen, aber in ihrem Zusammenhang waren sie sinnvoller. Der kulinarische Stil war in der ganzen Welt fester umrissen und in sich geschlossen. Man mischte nicht ein Prise französischer Haute Cuisine mit einem Hauch deutscher Küche, eine Spur Thai mit ein bißchen Süditalien oder ein wenig Mexiko mit einer Nuance Nordindien. In den englischsprachigen Ländern war das Essen bekannt und anerkannt für seine Einfachheit. Die Weine, die man dazu trank, stammten entweder aus der Region, oder sie gehörten zu den wenigen europäischen Klassikern; die Neue Welt spielte überhaupt keine Rolle.

Vor diesem Hintergrund größerer Einfachheit gab es aber ein paar wichtige Fakten. Es war sonnenklar – und ist es heute noch –, daß Rotwein sich sehr oft nicht mit Fisch verträgt. Der Fisch verleiht dem Wein oft einen unangenehm metallischen oder bitteren Geschmack (wenn Sie jedoch Fisch in Rotwein garen, dann können Sie ganz sicher Rotwein dazu trinken – besonders gut geeignet sind Weine aus der Pinot-Noir-Traube). Da außerdem das Tannin im Wein die Hauptursache für die Unverträglichkeit ist, war Rotwein zu Fisch früher vermutlich ein riskanteres Experiment, denn die Rotweine waren im allgemeinen tanninreicher als heute (siehe Wein heute, Seite 51). Da die feste Struktur von Fleisch, besonders von Rindersteak, den Geschmack des Tannins mit Erfolg mildert, war es ein kurzer Schritt zu der Regel: Rotwein zu dunklem Fleisch.

Auf der anderen Seite sind Fisch und helles Fleisch wie Hähnchen insgesamt leichter als dunkles Fleisch und Wild. Da sie leichter sind, werden sie eher mit sanften Methoden wie Pochieren oder Dünsten gegart, die ihre Feinheit erhalten und die sich weniger für festeres Fleisch eignen. Da es mehr leichte Weißweine als leichte Rotweine gibt und umgekehrt mehr körperreiche Rotweine als kraftvolle Weißweine, war es wiederum nur ein kurzer Schritt zu der Verallgemeinerung, daß Weißweine zu Fisch und hellem Fleisch getrunken werden sollten.

Tatsächlich gibt es keinen Grund, warum Sie nicht die Farbe der Proteine auf dem Teller als Ausgangspunkt für die Weinwahl nutzen sollten: Einfach zubereitet und ange-

IDEALE PARTNERSCHAFTEN

AUSTERN mit Champagner Blanc de Blancs oder Chablis Premier Cru

MEERESFRÜCHTE mit Muscadet sur lie

WURST UND SCHINKEN mit Beaujolais Cru (oder einem sehr guten Villages)

LAMMBRATEN mit Médoc, besonders Pauillac und Saint-Julien

ROQUEFORT mit Sauternes

STILTON mit Jahrgangs-Port

ZIEGENKÄSE mit Sancerre

richtet, schmecken Lamm, Rind und Wild besser mit Rotwein als mit Weißwein – das gleiche gilt für das hellfleischige Schwein und Truthahn. Die meisten Fische werden wie Eierspeisen am einfachsten mit Weißweinen serviert; Linsen und dicke Bohnen schmecken normalerweise besser mit Rotweinen.

Der Geschmack der meisten Gemüse paßt heutzutage besser zu Weiß- als zu Rotweinen. Es gibt sogar ein paar spezielle Rebsorten, die geschmacklich besonders gut, aber nicht ausschließlich, zu bestimmten Gerichten passen: Lamm zu Cabernet Sauvignon, Wild zu Syrah und Pinot Noir, Ziegenkäse zu Sauvignon Blanc.

Wenn Sie jedoch die Farbe als Ausgangspunkt wählen, müssen Sie damit rechnen, daß Sie alles in Frage stellen, wenn Sie andere Elemente mitberücksichtigen.

Die **SCHWERE** des Gerichts ist der wichtigste Gesichtspunkt – ob Sie sich schon ein Urteil aufgrund der Farbe gebildet haben oder nicht. Die Schwere hängt im gleichen Maße von der Garmethode der Zutaten wie von den Zutaten selbst ab: Thunfisch ist niemals leicht, aber er ist sicherlich leichter, wenn er ganz einfach pochiert statt auf baskische Art mit Tomaten, Paprikaschoten, Zwiebeln, Knoblauch und Kartoffeln geschmort wird, und zwischen einer gedünsteten Hähnchenbrust mit einem Hauch Zitronengras und einem deftigen, dunklen Coq au vin liegen Welten.

In den meisten Fällen sollten Sie die Schwere des Gerichts der Schwere des Weines anpassen, so daß keines der beiden Elemente das andere übertönt – deftiges, kräftiges Essen zu einem deftigen, kräftigen Wein (zum Beispiel Wildragout mit Barossa Shiraz); mittelschweres Essen zu einem mittelschweren Wein (Brathähnchen zu einem roten Bergerac oder einem weißen Saint-Véran); leichtes Essen zu einem leichten Wein (pochierte Muscheln zu Pinot Bianco oder Muscadet). Ein Hinweis, aber keine unfehlbare Regel: Körperreiche Weine sind normalerweise alkoholreich (grob gerechnet über 12,5 %), leichte Weine enthalten wenig Alkohol (unter 11 %).

Die **INTENSITÄT** des Geschmacks stellt die wichtigste Ausnahme der Regel über die Schwere dar: Fette, deftige Speisen können mit leichten Weinen kombiniert werden. Hier kommt es auf den starken Kontrast an: Spritziger, leichter Wein lockert das Essen auf. Nicht jeder alte leichte Wein ist dafür geeignet. Es muß ein Wein sein, der trotz seiner Leichtigkeit über ein recht intensives Aroma verfügt – vor allem Fruchtaromen, verbunden mit frischer Säure und einer leichten Süße.

Ein typisches Beispiel dafür ist eine hochwertige deutsche Spätlese oder Auslese, vor allem Riesling, zu fettem Fleisch wie Gans, Ente oder Wildschwein. (Näheres finden Sie unter Riesling, Seite 58, und Deutschland, Seite 106.) Ein weiteres Beispiel ist der bekannte traditionelle englische Plum Pudding mit einem frischen, federleichten, süßen, schäumenden italienischen Asti.

Es ist wichtig, den Unterschied zwischen der Schwere eines Weines und der Intensität seiner Geruchs- und Geschmacksstoffe zu erkennen, doch ebenso wichtig ist es, beim Essen zwischen diesen beiden Aspekten zu unterscheiden. Ein Gericht kann leicht, aber stark gewürzt sein. Das mag am starken Eigengeschmack eines Bestandteils liegen, wie zum Beispiel beim Spargel, oder am Ergebnis der Zusammenstellung der Zutaten und ihrer speziellen Zubereitungsart: Thai-Gerichte werden zum Beispiel oft scharf gewürzt, aber sie sind nur selten schwer, das gleiche gilt für japanische Gerichte. Diese und andere Gerichte werden noch genauer unter »Schwierige Partner« (Seite 16–21) und »Klassische Kombinationen aus aller Welt« (Seite 74–141) behandelt. Hier soll nur festgestellt werden, daß der gereichte Wein im großen und ganzen dem Gericht in seinem Charakter ähnlich sein soll – passend im Geschmack, aber nicht schwer. Normalerweise ist es besser, wenn er im Geschmack eher frisch und einfach ist als zu komplex. Hierzu gehören junge Weine aus aromatischen Rebsorten wie Sauvignon Blanc und Riesling (siehe Rebsorten und Weine, Seite 48–73).

Wenn Sie die Schwere und Intensität des Gerichts eingeschätzt haben, dann schauen Sie sich noch ein paar andere wichtige Bestandteile an, die den Geschmack verändern oder beeinflussen können. Dazu gehören Säure und Süße von Essen und Wein, Salz und in geringerem Ausmaß der Pfeffer im Essen, die Auswirkung des Tannins im Wein und die Konsistenz mancher Speisen.

SÄURE in einem Gericht – in Form von Zitronensaft oder anderen Früchten, Essig oder eingekochtem Weißwein in einer Sauce – erfordert keine umfangreichen Überlegungen. Die Säure im Wein, der dazu gereicht wird, muß entsprechend hoch sein, sonst schmeckt der Wein flach und langweilig. Das bedeutet, daß Ente mit Orangen einen Wein mit deutlich hervortretender Säure erfordert, während Ente mit Oliven das nicht braucht. Ein Vorteil der Säure im Weißwein ist, daß sie den Geschmack eines zarten oder einfachen Gerichts genauso anheben kann wie ein Spritzer Zitronensaft.

In der Regel enthalten Weißweine aus kühleren Anbaugebieten am meisten Säure. Das betrifft Weißweine aus den nordeuropäischen Anbaugebieten (weniger aus den heißen Mittelmeerländern) und einer geringeren Anzahl kühler Regionen in Übersee (zum Beispiel Neuseeland, Casablanca, Constantia, Tasmanien, Yarra Valley, Adelaide Hills und Long Island). Das trifft ebenso zu auf junge Weine (die Säure wird mit dem Alter milder), auf Weine, die nicht lange in Eichenholz gelagert wurden (durch die Lagerung in Eichenholz wird die Säure milder) und auf säurereiche Rebsorten wie Sauvignon Blanc, Riesling (trocken, halbtrocken und sehr süß), Silvaner, Aligoté, Muscadet, Gros Plant und Chenin Blanc (das ganze Spektrum von trocken bis sehr süß). Mit Ausnahme von Chablis, den neuen australischen Chardonnays, die nicht im Eichenholzfaß gelagert wurden, einigen neuseeländischen Chardonnays und den relativ leichten norditalienischen Chardonnays müssen Sie auf der Suche nach säurereichen Weinen vom Chardonnay Abstand nehmen, vor allem von den vollmundigen, reifen, im Holzfaß gelagerten Weinen der Neuen Welt.

Die Auswahl an passenden Rotweinen ist wesentlich geringer. Rotweine sind nicht nur säureärmer, sondern die Säure im Essen kann auch leicht mit dem Tannin im Wein kollidieren. Rotweine mit appetitanregender Säure sind meistens jung, tanninarm und leicht und stammen ausnahmslos aus nördlichen Anbaugebieten. Sie gehören zu den Rotweinen, die kühl oder leicht gekühlt serviert werden – Loire-Rotweine (aus Cabernet Franc, Pinot Noir oder Gamay), Beaujolais, Barbera und sein viel seltenerer Landsmann aus dem Piemont, Grignolino, ferner Bardolino, guter trokkener roter Lambrusco (wie Lambrusco di Sorbara oder Lambrusco Reggiano, die keinerlei Ähnlichkeit haben mit den billigen, langweiligen Sorten, die für den Export gemacht werden) sowie der noch seltener exportierte, leicht adstringierende rote Vinho Verde. (Der geringe Export ist hier kein Verlust: Roter Vinho Verde schmeckt eher nach schönen Ferien, und man vergißt sie, sobald man zu Hause ist).

Roséweine, auch wenn sie frisch und lebendig schmekken, sind oft ein bißchen zu mild für säurereiches Essen, aber Sancerre Rosé hat eine ausgeprägt erfrischende Note.

SALZ und Pfeffer werden in ihrer Wirkung auf Wein wenig beachtet – abgesehen von der Warnung, daß man mehr trinkt, wenn man Salz ißt. Aber besonders Salz kann sich stark auswirken – das wird einem klar, wenn man einmal bedenkt, wie salziges Essen mit anderen Speisen kombiniert wird. Die klassische Kombination ist Salzig und Süß, wie bei Schinken mit Feigen oder Melone oder sogar Geräuchertes mit Ananas (jenes Standardgericht entsetzlicher, altmodischer Steak- und Chips-Restaurantketten in

Großbritannien). Die Harmonie von Süß und Salzig fand lange in den berühmten Zusammenstellungen von salzigen Blauschimmelkäsen mit süßem Wein Anerkennung (Roquefort und Stilton mit Sauternes und Jahrgangs-Port). Ähnlich verhält es sich mit dem Gewürztraminer mit seinem üppigen würzig-süßen Aroma und seinem zuerst süß erscheinenden und im Abgang trockenen Geschmack, der oft zu Räucherlachs gereicht wird. Ich persönlich ziehe einen weniger ausdrucksvollen Wein zu Räucherlachs vor (siehe Schwierige Partner, Seite 19), aber ich kann das Prinzip dennoch nachvollziehen.

Salz wirkt sich ungünstig auf Tannin aus – dieser wichtige Faktor wird oft übersehen. Tannin ist jene trockene, bittere gaumenfüllende Substanz die aus den Schalen, Kernen und Stielen der Trauben stammt – in geringerem Ausmaß auch aus Eichenfässern – und die vor allem in jungen Rotweinen vorkommt, die länger gelagert werden müssen. (In Weißweinen sind Tannine fast überhaupt nicht zu spüren, dafür aber um so deutlicher in kaltem Tee und den Schalen von unreifen Trauben, wenn Sie das selbst einmal ausprobieren wollen.) Salz, das alle möglichen Geschmacksstoffe im Essen hervorhebt, wirkt sich unglücklicherweise genauso auf die Bitterkeit des Tannins aus. Jeder, der sein Essen gern stark salzt, wird wahrscheinlich Weißweine und gerbstoffarme Rotweine wie Beaujolais dazu trinken. Und wenn wir bedenken, daß Süß und Salzig gut miteinander auskommen und daß Tannin diese Harmonie stört, dann ist es klar, daß Rot- oder Weißweine mit üppiger, süßer Fruchtigkeit sehr gut zu gesalzenem (aber nicht salzigem) Essen passen. Die Säure von Weiß- und Roséweinen wirkt sich ebenfalls günstig aus, so daß deutsche halbtrockene oder leicht süße Rieslingweine hier oft willkommene Hilfe bieten. Rotweine müssen gerbstoffarm sein oder weiche, reife Tannine enthalten, die einem warmen Klima oder günstigen Sommern in kühlem Klima zu verdanken sind.

Zu Salzgebäck, das man zum Aperitif reicht, passen Champagner und andere Schaumweine ähnlicher Art sehr gut, aber auch Fino- und Manzanilla-Sherrys. Diese hellen, trockenen Sherrys haben nicht nur einen einmaligen, leicht salzigen Geschmack, es sind auch die einzigen Weine, die wirklich gut zum Salzgeschmack von Oliven und Tapenade passen. (In gekochten würzigen Gerichten sollte die Schärfe von Oliven oder auch von gesalzenen Anchovis durch andere Zutaten gemildert werden, damit ein fruchtiger, nicht zu stark tanninhaltiger Wein noch glänzen kann.)

Frisch gemahlener Pfeffer bringt nicht wie das Salz negative Geschmackskomponenten zur Geltung, aber wenn Sie einen sehr alten, feinen, komplexen Wein trinken wollen, dann sollten Sie die Pfeffermühle nur sparsam einsetzen, denn der Pfeffer kann einige reizvolle Nuancen und Feinheiten des Weines leicht überdecken. Wenn Sie andererseits einen ziemlich einfachen, leichten, alltäglichen Wein trinken, dann werden Sie feststellen, daß frisch gemahlener Pfeffer diesen lebendiger, größer und geschmackreicher macht – er gewinnt an Klasse.

SÜSSE im Essen muß – wie Säure – ihre Entsprechung im Wein finden. Das klingt ziemlich einfach, und in bezug auf Süßspeisen und Süßigkeiten gilt die Faustregel, daß der Wein mindestens ebenso süß sein muß wie die Speise, er kann sogar noch süßer sein. Wenn das Essen süßer ist, dann schmeckt der Wein dünn und sauer. Natürlich ist auch hier auf die Harmonie der Schwere des Weins und der Speisen zu achten, dennoch braucht man sie in diesem Fall nicht so fein abzustimmen, weil der Süßegrad der Hauptfaktor ist.

Die süßesten, schwersten Weine sind die australischen Muskateller-Likörweine und europäische aufgespritete Weine wie Málaga, PX-Sherry und einige Muskateller, gefolgt von Muscat de Beaumes-de-Venise und anderen Muskatweinen aus Südfrankreich (zum Beispiel Rivesaltes). Muskateller-Likörweine und aufgespritete Weine sollte man zu den üppigsten Schokolade-, Toffee- und Fondantzubereitungen, zum schweren traditionellen Weihnachtspudding (wenn Sie sich nicht für einen schäumenden Moscato entscheiden) und Eiscreme genießen. Botrytisbetonte und spät gelesene Weine aus Übersee, besonders Semillon, Riesling und Chenin Blanc, sind meistens schwerer und süßer als ihre europäischen Pendants – Sauternes und Barsac, österreichische Süßweine, deutsche Beerenauslesen, Trockenbeerenauslesen und Eisweine sowie die großen Süßweine der Loire (Coteaux du Layon, Quarts de Chaume, Vouvray usw.). Weine aus Sémillon, wie der Sauternes, sind üppiger und vollmundiger als Chenin Blanc von der Loire und deutsche Süßweine. Sie schmecken gut zu Süßspeisen mit Sahne (sei es als Garnierung oder als Zutat), wie Crème brûlée. Süße Loire-Weine und deutsche Süßweine haben eine ausdrucksvollere Säure, daher passen sie besonders gut zu Fruchtdesserts. Abgesehen von Asti und anderen schäumenden Moscatos sind die deutschen Süßweine die leichtesten. Österreichische Weine sind im allgemeinen körperreicher als die deutschen Weine.

Die Süße in pikanten Speisen bereitet mehr Schwierigkeiten, jedoch sollten Sie sich als wichtigen Punkt vor Augen halten, daß trockene Weine zwar überhaupt nicht zu Süßspeisen passen, aber einige süße und halbtrockene Weine sehr gut zu pikantem Essen schmecken. Und diese Aussage trifft nicht nur auf die berühmten Zusammenstellungen – Sauternes zu Gänsestopfleber, Sauternes zu Roquefort – zu. Geschmacklich zarte Arten von Schaltieren, wie Jakobsmuscheln, und weißer Fisch in Sahnesauce können mit einer deutschen Spätlese, halbtrockenem Vouvray, Montlouis oder Jurançon sowie halbtrockenem Champagner serviert werden, vorausgesetzt sie sind von hervorragender Qualität – billige Qualitäten sollten Sie außer acht lassen. Halbsüße deutsche Rieslinge können sich auch gegen die Üppigkeit von Gans und Ente, Schwein und Wildschwein durchsetzen, vor allem wenn diese mit süßer Fruchtsauce oder -beilage gereicht werden, für die ein trockener Wein zu schade wäre.

Zu süßen Saucen, Gelees und Relishes paßt im großen und ganzen die Kombination aus Süße und Säure in guten deutschen Spätlesen und Auslesen. Der Haken an diesen Weinen ist, daß sie sich nicht als Begleiter zu dunklem Fleisch und Wild oder auch vielen Geflügel- und Fischgerichten eignen. Auf jeden Fall ist es besser, den Wein den wichtigsten Zutaten als etwa zweitrangigen Beilagen anzupassen. Wenn die Beilage nicht geopfert werden soll oder kann, wenn die Sauce ein fester Bestandteil des Gerichts ist oder wenn unbedingt Rotwein serviert werden soll, dann sollte man einen Wein mit »süßem« Fruchtgeschmack von sehr reifen Trauben wählen. Körperreicher, reifer, fruchtiger roter kalifornischer Zinfandel ist das beste Beispiel dafür, dicht gefolgt von australischem Shiraz und roten Überseeweinen im allgemeinen. Unter den europäischen wählen Sie warme, fruchtige Mittelmeerweine, oft Rebsortenverschnitte mit Grenache (oder Garnacha), Syrah oder Tempranillo. Wenn Sie innerhalb der klassischen kühleren Klimazonen wählen wollen, dann suchen Sie nach Weinen aus besseren (wärmeren, reiferen) Weinbergen und meiden Sie tanninreiche Weine.

Bei Weißweinen (außer den deutschen) kann reife Frucht auch wieder problematisch sein, denn deutlich hervortretende Säure ist ebenso wichtig wie Reife, wenn die Sauce, wie so häufig, gleichzeitig scharf und süß ist. Die einfachste Methode, wenigstens ein bißchen frische Säure zu erhalten, ist die Wahl junger Weine und die Vermeidung billiger Qualitäten, speziell unter den weißen Verschnittweinen und ganz besonders unter den Weinen aus Übersee. Außerdem sollten Sie Weine mit ausgeprägtem Barriqueton und Weine, vor allem Chardonnays, mit vollem, buttrigem Aroma meiden. Letzteres erreicht der Kellermeister, wenn er den Wein eine zweite Gärung, die sogenannte Äpfelmilchsäuregärung, durchlaufen läßt, die die Säuren mildert. Weder Barriqueton noch Butteraromen, vor allem wenn sie gemeinsam auftreten, passen zu süßen, scharfen Fruchtsaucen und Relishes. Wenn ein Wein im Eichenfaß gereift ist, wird das oft auf dem Etikett vermerkt (meist als »élevé en fûts de chêne«), doch wieviel Holzgeschmack der Wein hat, erfahren Sie daraus nicht. Äpfelmilchsäuregärung wird selten erwähnt. Ein Tip: Es gibt sie in Burgund und deshalb auch bei einigen ehrgeizigen Erzeugern in Übersee (siehe Chardonnay, Seite 52).

TANNIN (Gerbstoff) galt weithin als der Satan schlechthin. Es schmeckt miserabel mit Fisch, bitter mit Salz und genauso entsetzlich mit Eiern (siehe Schwierige Partner, Seite 18) sowie mit manchen Käsesorten (siehe Käse, Seite 22). Wie die Säure für Weißweine ist das Tannin unentbehrlich für Rotweine, besonders für diejenigen, die mit dem Alter gewinnen. Tannin ist wichtig für ihr Gerüst, denn es verleiht die charakteristische Festigkeit und trägt zu ihrer Komplexität bei. Der Kellermeister kann den Tanningehalt steuern, um den Erfordernissen des Marktes gerecht zu werden, und der Trend geht heute zu tanninärmeren Weinen, doch gibt es einige Rebsorten, die von Natur aus mehr Gerbstoffe liefern als andere – Syrah, Cabernet, Nebbiolo, Brunello und Tannat gehören dazu –, während andere, wie Gamay, die Beaujolais-Traube und Dolcetto wenig Tannin enthalten. Man kann wirklich nicht behaupten, daß bestimmte Speisen besonders tanninreiche Weine brauchen, wahr ist jedoch, daß Fleisch der beste Verbündete von Gerbstoff ist: Englisch gebratenes Steak und andere dunkle Fleischarten mit fester Konsistenz passen sehr gut zu tanninreichen Weinen, denn sie dämpfen unsere Wahrnehmung von Tannin.

Ebenso brauchen viele hochwertige Rotweine, speziell aus Bordeaux, die für sich allein sehr trocken und streng schmecken, das Essen (vor allem Fleisch), um geschmeidiger wirken, ihren Charme zeigen und die Fülle ihrer Geschmacksstoffe präsentieren zu können.

Ist die Konsistenz des Essens bei gerbstoffreichen Weinen eine Hilfe, kann sie doch gelegentlich eine Falle darstellen. Ein paar Speisen, vor allem Eier, Schokolade und einige Käsesorten, haben eine schmierige Konsistenz, die den Mund auskleidet und die Geschmacksknospen blockiert und so den Weingenuß verhindert. Diese Speisen finden Sie unter »Schwierige Partner« (Seite 16) und Käse (Seite 22).

Schwierige Partner

Wenn Schwere und Intensität die Umrisse und Säure, Zucker, Salz, Pfeffer und Tannin die groben Pinselstriche liefern, so müssen wir für die Details einzelne Geschmacksrichtungen oder Konsistenzen von Speisen betrachten, vor allem all jene, die die dazu servierten Weine potentiell verändern, vergrößern oder auch verderben können. Gottlob gibt es nur wenige Fälle, in denen Zusammenstellungen absolut ungenießbar wären. Die im folgenden aufgelisteten Nahrungsmittel und Aromen sollten Sie lediglich in Erwägung ziehen, wenn Sie Rezepte und Menüs betrachten – zusammen mit einigen wenigen, die falschen Alarm auslösen. Sie werden einige von den hier vorgestellten Produkten in anderen Teilen dieses Buches wiederfinden. Hier finden Sie lediglich eine Liste mit Vorschlägen für die am besten geeigneten Weine und, sofern möglich, ein paar Hinweise, wie man ungünstige Zusammenstellungen von Geschmack und Konsistenz vermeiden kann. Erinnern Sie sich immer daran, daß die Konsistenz nicht unterschätzt werden sollte, obwohl das Problem sich nicht so häufig stellt: Ihr Einfluß kann stark und ebenso ungünstig sein.

GEMÜSE & PILZE

ARTISCHOCKEN Mit Artischocken schmecken die meisten Weine entweder metallisch bitter oder seltsam süß. Wenn Sie etwas Zitronensaft darauf träufeln oder die Artischocke mit einer Vinaigrette servieren, können Sie dieser Gefahr begegnen. Allerdings ergeben sich mit Essig wieder andere Probleme (siehe Seite 19). Junge, mäßig anspruchsvolle Weißweine mit hohem Säuregehalt eignen sich gut. Rassige Sauvignon Blancs aus Übersee (zum Beispiel Neuseeland), und junge, rassige, nicht zu volle Chardonnays passen gut zu Artischocke mit zitronengewürzter Hollandaise. Der beste Begleiter, den ich gefunden habe, ist ein griechischer Weißwein der neuen Art aus lokalen griechischen und kretischen Rebsorten mit dem pikanten Geschmack von Zitrone und Ananas.

FENCHEL Fenchel schadet dem Wein nicht übermäßig, aber er paßt auch nicht besonders gut zu den meisten Weinen. Er paßt besser zu Weißwein (doch wenn der Rest des Gerichts nach Rotwein verlangt, nehmen Sie diesen). Sauvignon ist sein bester Begleiter. Die neuen, mäßig aromatischen, nicht zu vollen trockenen Weißweine aus mehreren Rebsorten eignen sich gut, wenn der Fenchel in Butter gebraten wurde. Der würzige und fein buttrige Charakter des Chardonnays aus Saint-Véran ist zu empfehlen.

OLIVEN Siehe Obst, Seite 21.

SPARGEL Der kräftige Geschmack von Spargel übertönt viele Weine, aber er paßt sehr gut zu jenen, deren ausgeprägtes Geschmacksbild hier ein entsprechendes Echo findet – vor allem Sauvignon Blancs (besonders neuseeländische, chilenische und die besten aus dem französischen Bergerac und den Côtes de Duras) sowie Cabernet Francs aus dem kühlen Loiretal (Chinon, Bourgueil, Saint-Nicolas de Bourgueil und Saumur-Champigny). Abgerundeter, aber jugendlicher Chardonnay (auch aus Burgund und Chablis) schmeckt besonders gut, wenn man den Spargel mit zerlassener Butter serviert.

SPINAT Zum Glück ist Spinat nur selten Hauptbestandteil eines Gerichts, denn er kann dem Wein, vor allem dem Rotwein, einen bitteren oder metallischen Geschmack verleihen. Preiswerte italienische Rotweine und Pinot Noir aus Neuseeland passen sehr gut. Am besten rühren

Sie Sahne, Butter oder Parmesan unter den Spinat, um seinen Eigengeschmack zu mildern, oder, wenn Sie Weißwein servieren, träufeln Sie etwas Zitronensaft darüber und wählen einen frischen, jungen, nicht zu aggressiv sauren Weißwein.

TOMATEN Siehe Obst, Seite 21.

TRÜFFEL Den perfekten Begleiter für schwarze oder weiße Trüffel zu finden, ist schwierig (und hängt davon ab, womit sie serviert werden), aber eine junge, lebendige Frucht ist sicherlich die falsche Wahl. Es gibt eine Affinität zur Nebbiolo-Traube, aber Barolo ist oft zu schwer, Barbaresco eignet sich besser. Mit dem Viognier hat sie den Moschuston gemeinsam, aber nur ein üppiger, sahniger Risotto mit reichlich Trüffeln und ein im Eichenholz vergorener, älterer Viognier höchster Qualität passen gut zusammen. Reifer roter Burgunder, Saint-Émilion, bester Merlot und Rioja können gut dazu schmecken und, so seltsam es klingen mag, ein reifer, im Eichenholz vergorener Chardonnay. In der Champagne trinkt man reifen Jahrgangs-Champagner.

SÜSSSPEISEN

EISCREME Die betäubende Wirkung von Eiscreme reicht meistens aus, um die Aromen der meisten Süßweine abzutöten, aber ein australischer Muskateller-Likörwein ist nicht umzubringen. Er paßt am besten zu Eis mit Schokoladen-, Kaffee-, Vanille-, Rumtrauben-, Nuß-, Praline-, Pflaumen- und Ingwergeschmack, eignet sich aber weniger für Fruchteis. Muscat de Beaumes-de-Venise und der ultrasüße spanische PX-Sherry sind hier Weine zweiter Wahl.

RUM Der kräftige Geschmack von Süßspeisen mit Rumaroma – Babas, Eis, Schokoladenmousse – paßt am besten zu Muskatellerweinen. Stimmen Sie die Schwere des Weines wie gewöhnlich mit dem Gericht ab (siehe Schokolade).

SCHOKOLADE Wein stirbt leicht an Schokolade. Sie ist ein Produkt, bei dem der entsprechende Geschmack im Wein nicht automatisch zu einer glücklichen Verbindung führt. Die meisten Weine mit Schokoladenton sind trockene, körperreiche Rotweine, vor allem Shiraz, Cabernet, Merlot und Nebbiolo. Gelegentlich können Sie mit einem saftigen, reifen kalifornischen Cabernet zum Schokoladendessert Erfolg haben, aber das Unternehmen ist riskant. Die genannten Weine passen jedoch zu würzigen Fleischspeisen, denen man ein bißchen Bitterschokolade zufügt (gehört zu manchen mexikanischen, spanischen und italienischen Gerichten).

Die Schwierigkeit mit süßen Schokoladenspeisen hat zwei Gesichter: extreme Süße und schwere, die Geschmacksknospen bedeckende Konsistenz. Die dazu servierten Weine müssen zumindest genauso süß und außerdem körper- und alkoholreich sein. Letzteres kann allerdings von einem zum anderen Gericht variieren. Es besteht ein enormer Unterschied zwischen üppigen, festen Trüffeltorten aus Bitterschokolade und den leichtesten Schaumdesserts. Asti mit einer federleichten Schokoladenmousse ist wirklich ein Hochgenuß.

Muskateller (die Traube von Asti) ist tatsächlich der ideale Partner für Schokolade. Wenn auch ein junger, kräftiger Sauternes von höchster Qualität die Begegnung mit vielen Schokoladendesserts (außer den schwersten) nicht zu fürchten braucht und ein zehn Jahre alter Tawny Port sich gut gegen die meisten schwereren Desserts durchsetzen kann, so ist und bleibt süßer Muskateller der geeignetere Begleiter. Passenderweise gibt es eine breite Skala von Süße und Schwere bei Muskatellerweinen, so daß man immer einen findet, der zu Schokoladendessert, -kuchen und ähnlichem paßt: Die australischen Muskateller-Likörweine und Málaga sind die schwersten und süßesten und sollten zu den üppigsten Schokoladenspeisen gereicht werden. In der Skala tiefer stehen Muscat de Beaumes-de-Venise, Muscat de Rivesaltes und andere Vins doux naturels aus dem Languedoc-Roussillon und viele Muskateller aus Valencia (obwohl letztere recht unterschiedlich süß sind). Es folgen kalifornischer Orange Muscat (besonders gut, wenn die Schokolade Orange enthält) und kalifornischer Black Muscat; dann weitere nicht aufgespritete Muskateller und am Ende Asti. (Moscato spumante und Clairette de Die sind allerdings häufig nicht süß genug, um neben den meisten Schokoladendesserts bestehen zu können, und der portugiesische Setúbal sowie Moscatel de Setúbal sind zwar schwer, aber nicht so süß wie andere Muskatellerweine und meist auch nicht süß genug für Schokolade.)

SWEET & SOUR SAUCE Siehe China, Seite 136.

MILCH & EIER

EIER Eigelb kleidet den Mund mit einer Schicht aus. Die krümelige Trockenheit von hartgekochtem Eigelb bietet schon Schwierigkeiten, aber die Konsistenz von flüssigem Eigelb ist noch schlimmer. Das Problem ist jedoch lösbar (allerdings würde ich keine kostbare Flasche zu Eiern trinken). Am besten ist eine Sauce mit gegensätzlichem Geschmack oder eine Hauptzutat, die gut zum Wein paßt, wie bei den klassischen burgundischen Œufs en meurette (pochierte Eier in Rotweinsauce), zu denen ein Bourgogne Passe-tout-grains oder ein einfacher roter Burgunder gut passen. Zu den meisten anderen Eigerichten, vor allem solchen mit Sahne, Butter oder Käse, schmecken Weißweine besser: zum Beispiel Chardonnays mit nicht zu starkem Barriqueton, Elsässer Pinot Blancs und andere mittlere bis körperreiche Pinot Blancs (oder Weißburgunder), die im Geschmack übereinstimmen. Zu Hollandaise und Mayonnaise paßt Chardonnay meist am besten, und Sauvignon Blanc schmeckt gut zu Saucen mit deutlichem Zitronenaroma. Soufflés und Quiches sollten ebenfalls kein Problem darstellen: Hier können Sie mit Chardonnay oder einem guten Burgunder keinen Fehler machen, obwohl die letzte Entscheidung bei den übrigen Zutaten liegt (Käse, Zwiebeln, Räucherlachs, Speck usw.). Wachteleier mit ihrer feineren Konsistenz schmecken hervorragend zu Champagner Blanc de Blancs.

JOGHURT Joghurt ist kein Freund des Weines, obwohl Gerichte mit einer würzigen Joghurtsauce nicht unmöglich sind (siehe Indien, Seite 134). Spezialitäten wie indische Raita und griechische Tsatsiki sind wesentlich problematischer. Da sie selten für sich allein serviert werden, sollte man den Wein nach den anderen Zutaten auswählen und nicht gerade einen Schluck direkt nach dem Genuß von Joghurt oder Salat nehmen.

KÄSE Die Zusammenstellung von Käse und Wein kann problematisch sein, aber es gibt viele harmonische Verbindungen und einige ideale (siehe Käse, Seite 22).

MAYONNAISE Siehe Eier.

FISCH

FETTREICHER FISCH

Den richtigen Wein zu fettreichem Fisch – Sardinen, in geringerem Maße Hering und vor allem Makrele – zu finden, bedeutet, aus der Not eine Tugend zu machen. Wenn Sie nicht gerade roten Vinho Verde zu Sardinen in Portugal trinken (in diesem Fall, herzliches Beileid), dann sollten die Weine weiß, säurereich (um das Öl zu zerteilen) und eher neutral als fruchtig oder aromatisch sein, denn der Fischgeschmack zerstört die Weinaromen. Am besten wählen Sie keinen Überseewein. Zu Makrele schmeckt am besten ein Muscadet, auch sur lie; Gros Plant liefert noch einen etwas ausdrucksvolleren, neutraleren (und billigeren) Begleiter, und Gaillac (aus der säurereichen Mauzac-Traube) sowie Mauzac Vins de Pays begleiten alle drei Fische. Etwas weicher und dennoch geeignet sind Beaujolais Blanc, Soave Classico und andere junge italienische Weißweine aus dem allgegenwärtigen Trebbiano (wenn auf dem Etikett keine Rebsorte angegeben ist, stammt der Wein wahrscheinlich aus Trebbiano). Die seltene italienische Timorasso-Traube, ähnlich wie Sauvignon, nur eleganter, schmeckt gut zu Hering. Weißer Vinho Verde paßt gut zu fettreichem Fisch, vorausgesetzt, er ist knochentrocken und es ist eine Erzeugerabfüllung und nicht einer der billigen, gesüßten Verschnitte. Vergessen Sie nicht, daß Senf das Fett bei diesen Fischen neutralisiert. Wenn Sie also eine Makrele einritzen und die Schlitze mit Senf, Semmelbröseln und Petersilie füllen, bevor Sie sie braten oder grillen, erweitert sich der Weinhorizont erheblich.

HERING, BÜCKLING, MAKRELEN Siehe fettreicher Fisch, Räucherfisch und Essig.

RÄUCHERFISCH Die Wirkung von Räucherfisch auf Wein kann sehr unterschiedlich sein. Bücklinge sollte man zum Frühstück oder zu einem scharfen Malt Whisky genießen, doch auch Fino- und Manzanilla-Sherrys sind gute Partner. Geräucherte Makrele eignet sich fast genauso wenig, allerdings kann man sie mit einer Schicht geschrotetem schwarzem Pfeffer verbessern. Feiner Mosel- und Saar-Kabinettwein gehobener Qualität, trockener australischer Riesling (Clare oder Eden Valley), knochentrockener Vinho Verde und aromatischer Ribeiro aus Nordostspanien (jedoch nicht der aromatischere Albariño) passen gut dazu. Räucherlachs ist einfacher mit Wein zu kombinieren: Champagner, vor allem Jahrgangs-Champagner Blanc de Blancs schmeckt sehr gut dazu, ebenso Chablis (so teuer, wie Sie nur wollen), andere weiße Burgunder und beste Übersee-Chardonnays mit leichtem Barriqueton. Manche schwören auch auf die aromatischeren trockenen Weine des Elsaß. Zu dem zarteren Geschmack von Räucherforelle passen Champagner oder Chablis, oder Sie versuchen es einmal mit einem südafrikanischen Sauvignon (meist nicht so ausdrucksvoll wie Sauvignons aus Neuseeland und dem Loiretal).

SAUERKONSERVEN & SAUCEN

CHUTNEY Chutney ist süß, scharf und tückisch. Wenn Sie nicht darauf verzichten können, dann stellen Sie auf jeden Fall Brot, Reis oder eine andere Beilage, auch Käse, Pastete oder einfach viel Wasser bereit, um zwischen Wein und Chutney den Gaumen zu neutralisieren. Wählen Sie dann den Wein nach den Hauptzutaten des Gerichts und nicht nach dem Chutney. (Spät abgefüllter Jahrgangs-Port und beste deutsche Kabinettweine verschiedener Rebsorten behaupten sich hier besser als andere Weine.)

ESSIG UND SAUERKONSERVEN Essig ist eine echte Gefahr für Wein – sogar jungen Weißwein –, und Sauerkonserven jeder Art stellen ein Problem dar. Säure muß auf Säure abgestimmt werden, und eine leichte Süße kann hilfreich sein: Deutscher Riesling Kabinett ist deshalb meist besser als ein knochentrockener Sauvignon Blanc. Seien Sie jedoch gewarnt: Erfolg ist sehr relativ, wenn es um eingelegtes Gemüse und Fisch geht (siehe Japan, Seite 140). Mit Vinaigrette als Dressing befinden Sie sich auf sichererem Terrain – zumindest wenn Sie es mit viel Öl anmachen (etwa fünf Teile Öl auf einen Teil Essig). Wenn Sie eine der milderen Essigsorten – Balsamico oder Sherryessig – verwenden, haben Sie es ebenfalls leichter, ebenso mit Wein (dann aber weniger Öl dazugeben) und vor allem, wenn Sie Rotwein trinken wollen. Wenn Sie Chardonnay servieren, dann bringt Walnußöl das Nußaroma des Weines hervorragend zur Geltung.

EXOTISCHE SAUCEN Ob rot oder grün – die scharfen mexikanischen Chili-Saucen passen am besten zu Sauvignon Blanc, aber vielleicht wählen Sie den Wein doch lieber in Abstimmung mit der Hauptzutat? (Siehe auch Saucen, Seite 37.)

KAPERN Sogar Kapern höchster Qualität (größer und milder als die anderen) sind wegen des Essigs, der am meisten hervorschmeckt, und nicht wegen der Knospen selbst die größte Gefahr für den Wein (siehe auch Essig).

MINT SAUCE Siehe Kräuter und Gewürze, Seite 20.

PREISELBEERMUS Preiselbeermus ist nicht so brutal wie Chutney. Dennoch hat es einen konzentrierten sauerscharfen Geschmack, der dem Wein nicht gut tut und einige sogar einfach umbringt, wie feinen, reifen Bordeaux-Rotwein. Höchstwertige deutsche Riesling Kabinett und Spätlesen werden noch am besten damit fertig, doch wenn sie nicht zum Fleisch passen, dann greifen Sie zu einem fruchtigen, körperreichen australischen Shiraz oder Mourvèdre (Mataro) oder einem kalifornischen Zinfandel oder Mourvèdre – und gehen Sie mit der Sauce eher sparsam um. (Siehe auch Riesling, Seite 35, und Saucen, Seite 36.)

SAUCE TARTARE Am besten schmeckt Sauvignon Blanc, doch siehe auch Saucen, Seite 36.

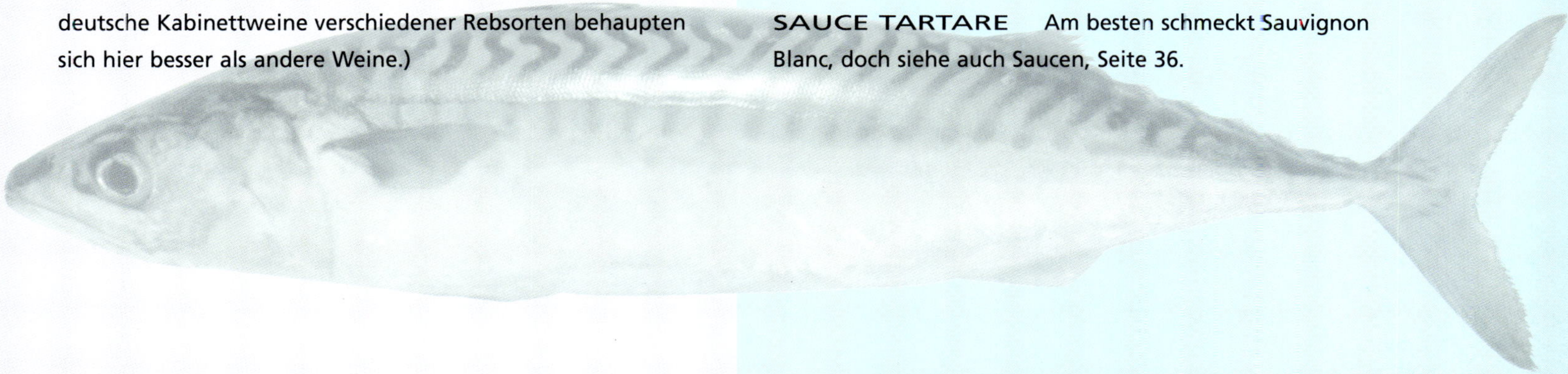

KRÄUTER & GEWÜRZE

CHILI Seltsamerweise verändert Chili den Weingeschmack nicht, aber es betäubt die Geschmacksknospen und verbrennt sie sogar, so daß Sie einen Teil Ihrer Geschmackssinnes verlieren. Deshalb sollten Sie feinen oder altehrwürdigen Wein niemals zu einem scharfen Chili-Gericht servieren. Es gibt keinen speziellen Weintyp, der gut zu Chili paßt, es sollte aber ein ausdrucksvoller Wein sein, der sich durchsetzen kann. Kühle, junge Weißweine haben den Vorteil, daß sie den Gaumen kühlen und erfrischen. Außerdem sollten Sie Ihre durch das Chili angegriffenen Geschmacksknospen nicht noch zusätzlich durch einen schweren, tanninreichen Rotwein belasten. Siehe auch Indien, Seite 134, und Thailand, Seite 138.

CURRY Siehe Chili (oben), Gewürze (unten), Indien, Seite 134, und Thailand, Seite 138.

GEWÜRZE Chili wurde bereits besprochen (siehe oben) und Gewürze in indischen Gerichten finden Sie auf Seite 134. Im allgemeinen sind Gewürze kein Problem für den Wein – weder in Süßspeisen noch in pikanten Gerichten. Die meisten bevorzugen Weißwein, und entsprechende Geschmacksnoten finden Sie bei Gewürztraminer, Pinot Grigio, Muskateller, Viognier, Grünem Veltliner und Furmint, doch sollten Sie den Wein vor allem den Hauptzutaten und der Gesamtwirkung des Gerichts anpassen.

INGWER Ingwer wirkt sich nicht so störend aus, wie Sie das vielleicht von seinem scharfen, durchdringenden Geschmack erwarten, doch nur aromareiche Weine können sich durchsetzen. Riesling, Gewürztraminer, Pinot Grigio, Muskateller, Sauvignon und Viognier bieten je nach Gericht diese Möglichkeit. Siehe Indien, China und Thailand (Seite 134, 136 und 138). Zu Süßspeisen, die mit Ingwer gewürzt sind, passen am besten süße Muskateller (wählen Sie ihn nach der Schwere des Gerichts – siehe Schokolade, Seite 17), botrytisbetonte Rieslinge und ebensolche Semillons aus Übersee.

KNOBLAUCH In einem warmen Gericht mitgekocht, bereitet Knoblauch überhaupt keine Probleme, doch eine Vielzahl roher Knoblauchzehen in einem Essen malträtiert die Geschmacksknospen. Das ist kein großes Hindernis, aber Sie sollten daran denken, wenn Sie einen großen Wein servieren wollen; trockene, würzige Weiß- und Roséweine von der südlichen Rhône, aus der Provence und dem Languedoc passen gut zu Knoblauch.

KRÄUTER Kräuter sind im allgemeinen freundliche Partner: Sie verbessern nicht nur den Geschmack des Essens, einige fördern auch den Wein. Die meisten von ihnen passen besser zu Weißweinen – Rosmarin und Thymian sind zwei wichtige Ausnahmen –, aber lassen Sie sich in Ihrer Weinwahl nicht allein von den Kräutern beeinflussen. Salbei kann ziemlich dominant hervortreten, verwenden Sie ihn sparsam. Siehe auch Pfefferminze und Sauerampfer (unten), sowie Thailand, Seite 138.

MEERRETTICH Meerrettich schadet dem Wein, denn er entzieht ihm Frucht und Aroma. Leider paßt der Wein, der sich noch am besten gegen ihn durchsetzen kann, körperreicher Condrieu oder kalifornischer Viognier, nicht zu Rindfleisch (weder kalt noch warm). Er ist auch für Räucherfisch zu kräftig. Wenn Sie auf Meerrettichsauce nicht verzichten wollen, gehen Sie großzügig mit Sahne und kleinlich mit Essig oder Zitrone um. Versuchen Sie es mit einem Dolcetto oder Beaujolais Cru zu Rind und einem Chablis Premier oder sogar Grand Cru zu Räucherforelle. Wasabi, der japanische grüne Meerrettich, ist sogar noch schärfer und kriecht noch mehr in die Nase. Wenn es ihn zu rohen Fischgerichten wie Sashimi und Sushi gibt, versuchen Sie es mit einem guten Sauvignon, zum Beispiel aus Neuseeland (und sprechen Sie ein Stoßgebet). Siehe auch Japan, Seite 140.

PFEFFERMINZE & MINT SAUCE Pfefferminze verträgt sich gut mit Wein, vor allem mit Cabernet Sauvignon (speziell australischem), der einen leichten Minzeton hat. Allerdings schaden Mint Sauce (englische Pfefferminzsauce) und Mint Jelly (amerikanisches Pfefferminzgelee) mit ihrem Zucker und Essig dem Wein, speziell Rotwein.

SAUERAMPFER Dem scharfen Zitronengeschmack von Sauerampfer begegnen Sie am besten mit einem säurereichen Wein. Die ausdrucksvollen Sauvignons der Loire, Neuseelands und Chiles sind ideal, ebenso Savennière, ein knochentrockener Loire-Weißwein aus der Chenintraube.

SENF Sehr scharfer, sehr essighaltiger und jeder süße Senf sollten extrem vorsichtig verwendet werden. Dijon-Senf paßt überraschend gut zu Weiß- und Rotweinen, denn er verbindet sich wundervoll mit dem Tannin. Weißweine sollten entweder voll und rund sein, wie Chardonnay, oder ein perfektes Säure-Süße-Gleichgewicht aufweisen wie guter deutscher Riesling (vor allem Mosel Kabinett). Rotweine sollten mittelschwer bis körperreich und, wenn Sie es wünschen, auch tanninbetont sein. Verwenden Sie niemals sehr alten oder zarten Wein. Wenn Sie zu kaltem Braten Rotwein trinken möchten, obwohl eigentlich

Weißwein angebracht wäre (siehe Seite 35), reichen Sie Senf dazu. Er zerteilt das kalte Fett und übertönt das Tannin.

SOJASAUCE Der Salzgeschmack der Sojasauce verlangt Weißweine mit markanter Säure und, je nach Geschmack, etwas Süße. Zum Glück sind das genau die Weine, die auch zu der ganzen Palette von chinesischen und japanischen Gerichten passen (siehe China, Seite 136, und Japan, Seite 140). Wenn Sie ein Steak mit Sojasauce servieren, dann bedenken Sie, daß Tannin und Salz sich nur schlecht vertragen, und wählen Sie einen körperreichen, fruchtigen Rotwein (siehe Salz, Seite 13).

OBST

GRAPEFRUIT Probieren Sie den säurereichsten Wein, den Sie bekommen können (Gros Plant, Pouilly-Fumé, trockenen Vinho Verde). Oder lassen Sie die Grapefruit weg.

OLIVEN Dem Salzgeschmack einfacher Oliven, ob grün, schwarz oder violett, begegnen Sie am besten mit einem Fino- oder Manzanilla-Sherry. Bei warmen Gerichten, wie der üppigen Daube (in Rotwein geschmortes Rindfleisch), richten Sie sich nach den Hauptzutaten, oder, wenn der Olivengeschmack sehr betont ist, wählen Sie einen körperreichen, fruchtigen Wein, am besten Rotwein, mit pflanzlichen Aromen (zum Beispiel aus der Provence). Bei Salaten passen spritzige, trockene Weiß- und Roséweine gut zu Oliven, aber nehmen Sie auch Rücksicht auf die übrigen Zutaten.

ORANGE Bei Orangen muß wie bei anderen Zitrusfrüchten die Säure berücksichtigt werden, ob das Gericht nun süß oder pikant ist. Eine ganze Reihe von Süßweinen paßt gut zu Orangendesserts und -kuchen, doch es lohnt sich, den entsprechenden Geschmack bei einem passenderweise so genannten kalifornischen oder australischen Orange Muscat zu suchen. Wenn nicht vorhanden, eignen sich auch andere Muskatellerweine. Passen Sie wie gewöhnlich die Schwere des Weines der des Gerichts an (siehe auch Schokolade): Trinken Sie zum Beispiel Asti Spumante zu Orangengelee oder einem Fruchtsalat mit Orangen und einen Muskateller-Likörwein zu einer sehr üppigen dunklen Schokoladenmousse mit Orangengeschmack. Zu einem festen, aber nicht zu süßen Orangen-Mandel-Kuchen paßt der geschmacklich etwas an Orangenmarmelade erinnernde Mocatel de Setúbal aus Portugal. Botrytisbetonte Sémillonweine, inklusive Sauternes, Chenin Blancs aus dem Loiretal und Bouvierweine aus Österreich eignen sich ebenfalls.

Die Süße und Säure einer Orangensauce zu pikantem Essen schadet dem Aroma des Weins. Wenn Sie selbst kochen und trockenen Rot- oder Weißwein servieren wollen, sollten Sie mit der Orange (Saft oder Schale) sparsam umgehen und wenig Zucker verwenden. Zu dem klassischen Entengericht können Sie eine deutsche Spätlese oder Auslese (Riesling, Scheurebe oder Rieslaner) je nach Süßegrad und Herkunft servieren (Pfälzer Weine schmecken kräftiger und süßer als die von der Mosel). Sie können auch andere vollmundige Süßweine dazu reichen, zum Beispiel aus dem Sauternes und Österreich, aber für manche Menschen ist das einfach zuviel.

TOMATE Nehmen Sie sich vor der Säure der Tomate in acht. Sauvignon Blanc ist dafür der beste Allroundwein. Es gibt ihn in großer Auswahl. Vin de Pays des Côtes de Gascogne ist eine preiswertere Alternative. Wenn Sie gern Rotwein trinken wollen, probieren Sie es mit einem italienischen Barbera oder anderen jungen italienischen Rotweinen (wegen ihrer Neigung zum Adstringieren). Dem ausgeprägt rauchigen Geschmack von sonnengetrockneten Tomaten in Olivenöl muß mit entsprechend charaktervollen Weißweinen begegnet werden: mit der Süße von Pfälzer Riesling Spätlese oder der mit Säure verbundenen Reife eines neuseeländischen Chardonnays.

ZITRONE/LIMETTE Australischer Verdelho und ungarischer Furmint sind der Limette geschmacklich verwandt. Riesling hat eine Affinität zu Zitrone und Limette, doch bei pikanten Gerichten müssen Sie die Säure der Zitrusfrüchte mit der des Weines abstimmen (siehe Säure, Seite 12). Zu Zitronen- oder Limetten-Süßspeisen paßt ein Riesling aus der Neuen Welt sehr gut, ebenso Sémillonweine, auch Sauternes, vor allem wenn Sahne dazu serviert wird oder in der Speise enthalten ist.

Käse

Die Vorstellung, daß Wein und Käse perfekte Partner sind, ist leider eine Legende, die vielleicht aus den beiden vorbildlichen Musterehen entstanden ist – Portwein und Stilton sowie Roquefort und Sauternes. Generell ist Käse, was die Weinwahl angeht, eines der schwierigsten Nahrungsmittel. Aber ist das ein Wunder? Käse hat oft einen kräftigen und durchdringenden Geschmack; er ist oft sehr fetthaltig; er kann säurereich sein; er ist oft sehr salzig; und er kann klebrig sein, so daß er am Gaumen haftet. Einige Käse vereinen sogar all diese den Wein und die Geschmacksknospen irritierenden Eigenschaften – und das ganze Thema wird noch schwieriger durch die Tatsache, daß jeder Käse von Hersteller zu Hersteller und im Reifegrad variiert – genauso wie der Wein.

Im Gegensatz zur landläufigen Meinung leiden trockene Rotweine unter Käse wesentlich mehr als trockene Weiße (eine weitere Legende stirbt), und Süßweine schmecken dazu oft besser als trockene. Fast ohne Ausnahme müssen sie allerdings sehr süß sein und zumindest körperreich (die leichte und elegante Süße deutscher Auslesen eignet sich nur selten). Die Kraft süßer aufgespriteter Weine, vor allem von Portwein und Recioto della Valpolicella (beide trocken und süß), kommt bei würzigen Blauschimmelkäsen zur Geltung. Sie sollten sowohl an Portwein – Jahrgangs-Port (oder Typ Jahrgangs-Port) – als auch an Bual Madeira und Banyuls denken.

Nach diesen allgemeinen Hinweisen sollten Sie die folgenden Punkte besonders beachten.

- Da der Gerbstoff oder das Tannin im Rotwein oft mit dem Käse kollidiert (es verdirbt den Geschmack des Weines mehr als der Käse selbst), eignen sich angemessen gealterte Rotweine mehr als junge.
- Außerdem harmonieren die komplexen Aromen gereifter Rotweine besser mit den komplexen Aromen vieler Käse als die lebendigen, reinen Fruchtaromen junger Weine.
- Seien Sie dennoch vorsichtig mit der Wahl eines sehr reifen, feinen Weines zum Käse. Wenn Sie solch einen Wein zum Käse reichen wollen, wählen Sie Mimolette oder alten Gouda, wie es in Bordeaux üblich ist.
- Tanninreiche Rotweine passen am besten zu Hartkäse, wenn diese nicht zu kräftig oder zu salzig sind (Salz verstärkt die Bitterkeit des Tannins). Tatsächlich sind Hartkäse (wachsweich oder krümelig) am besten für den Genuß mit Wein geeignet.
- Französische Weichkäse in der Art von Camembert und Pont l'Évêque sind, besonders im reifen Zustand, eine Zumutung für den Wein. Zum Wohl des Weines versuchen Sie, ihn zu kaufen, bevor er flüssig (und gewöhnlich zu durchdringend im Geschmack) ist.
- Weiche, sahnige, fetthaltige Käse (wie Chaource) brauchen einen säurehaltigen Wein, also am besten Weißwein.
- Je säurereicher der Käse ist, desto säurereicher muß auch der Wein sein – zum Beispiel Sauvignon Blanc zu Ziegenkäse.
- Wiegen Sie sich nicht in falscher Sicherheit bei milden Käsesorten: Emmentaler, Jarlsberg, Edamer und Caerphilly sind nicht so einfach, wie Sie vielleicht meinen, und Ziegenkäse ist heikel, auch wenn er mild schmeckt.
- Einen passenden Wein zu einer Käseplatte mit einem Stück Blauschimmel, einem reifen Camembert, einem Ziegenkäse und einem Hartkäse zu finden, wird nur selten von Erfolg gekrönt sein. Wenn Sie statt dessen einen einzigen erstklassigen Käse wählen, können Sie fast sicher mit einem Erfolg rechnen.
- Wenn Sie in Verlegenheit sind, wählen Sie einen Wein aus der Region – kräftigen Munster zu einem Elsässer Gewürztraminer, Maroilles zu Champagner ohne Jahrgang, Vacherin zu reifem Pinot Noir.
- Käse in warmen Gerichten stellt normalerweise kein Problem dar – und ein Käsesoufflé bietet eine gute Gelegenheit, einen feinen Rot- oder Weißwein zu kredenzen. Siehe auch Schweiz, Seite 110.

HARTKÄSE

Hartkäse harmonieren mit einer breiten Palette von Weinen, inklusive Rotweinen mit mittlerem bis hohem Extrakt, vorausgesetzt, sie sind nicht zu alt und zu würzig. Dazu gehören Cantal im Entre-Deux-Alter (der Reife zwischen der jüngsten und den beiden ältesten Kategorien), Parmesan und Grana Padano, Manchego und ähnliche spanische Käse, viele französische reine Schafkäse, reifer Gouda (Mimolette), Gruyère und englische Bauernkäse wie Cheddar, Red Leicester und vor allem Double Gloucester. Doch nicht alle englischen Hartkäse sind gleich: Junger weißer Wenslaydale mit seiner krümeligen, klebrigen Konsistenz und seiner Säure ist sehr schwierig (er schmeckt am besten mit Sauvignon oder kräftigem Chardonnay aus Übersee); die Schärfe und die feste Konsistenz von reifem Lancashire bietet einige Schwierigkeiten (versuchen Sie es mit einem vollen, würzigen südfranzösischen Rotwein).

WEICHKÄSE

Ob mit weißer (wie bei Brie und Camembert) oder gewaschener Rinde (wie beim Pont l'Évêque) – die Weichkäse sind am schwierigsten zu kombinieren, vor allem wenn sie aus Rohmilch stammen und reif sind. Probieren Sie einen weißen Burgunder zu einem Brie und einen Rotwein zu Camembert – reifen Saint-Émilion oder Pomerol, roten Burgunder oder Chianti Classico Riserva. Reifer Pont l'Évêque ist noch schwieriger: Probieren Sie es mit einem kräftigen sizilianischen Rotwein oder einem alten Tawny Port. Für Chaumes findet man leichter einen Partner: Saint-Émilion schmeckt gut dazu.

BLAUSCHIMMELKÄSE

Die Kombination von Blauschimmelkäse und Wein reicht von idealer Partnerschaft (Roquefort mit Sauternes, Stilton mit Jahrgangs- oder altem Tawny Port) bis zu schrecklichen Kollisionen. Dänischen Blauschimmelkäse sollte man um keinen Preis mit Wein genießen – ebenso wie viele andere pikante Blauschimmelkäse, zum Beispiel den pikantesten Gorgonzola und brennend scharf gesalzene französische Varianten (oft als billige Alternative zu Roquefort angeboten, vor der Sie sich hüten sollten). Zu milderem Gorgonzola können Sie Recioto di Soave probieren. Wenn Sie unsicher sind, reichen Sie einen Tawny Port oder einen Bual Madeira. Zu mildem, sahnigem Blauschimmelkäse paßt oft ein Tokaji Aszù (4 oder 5 puttonyos), zum Dolcelatte ein reifer Rioja oder Ribera del Duero.

ZIEGENKÄSE

Die Verwandtschaft zwischen Ziegenkäse und Sauvignon Blanc macht Pouilly-Fumé und Sancerre zum idealen Begleiter, gefolgt von neuseeländischem Sauvignon, der besonders gut zu warmem Ziegenkäse auf frischem Salat schmeckt. Neuseeländische Chardonnays und andere Chardonnays der Neuen Welt mit ausreichend Extrakt und Säure sind gute Alternativen, besonders zu Salat mit Walnüssen; weißer Crozes-Hermitage und Pinot Blanc (Elsässer usw.) sind ebenfalls gute Partner. Unter den Rotweinen stellen Cabernet-Franc-Weine von der Loire (Bourgueil, Saint-Nicolas-de-Bourgueil, Saumur-Champigny und Chinon) eine zuverlässige Auswahl. Zu reifem Käse (jedoch nicht zu hart oder scharf) paßt ein reifer, kräftiger Syrah und zu halbreifem Käse ein roter Shiraz-Schaumwein.

RÄUCHERKÄSE

Die Wahl ist sehr schwierig: Probieren Sie Elsässer Gewürztraminer, australischen Shiraz oder einen Süßwein.

DER EINFLUSS DER

Garmethoden

ZUTATEN SPIELEN EINE WICHTIGE ROLLE, ABER MAN DARF BEI DER WAHL DES PASSENDEN WEINES DEN EINFLUSS DER VERSCHIEDENEN ZUBEREITUNGS- UND GARMETHODEN AUF KEINEN FALL UNTERSCHÄTZEN. KEIN KOCH BEWERTET DAS ERGEBNIS EINES REZEPTS ALLEIN NACH SEINEN ZUTATEN. EBENSO KANN NIEMAND EINEN WEIN ALLEIN NACH DER GESAMTHEIT DES ROHMATERIALS WÄHLEN.

Pochieren, Dämpfen & Dünsten

Fritieren, Braten & Ausbacken

Schmoren

Grillen

Im Ofen garen

Saucen

Kochen mit Wein

Pochieren, Dämpfen & Dünsten

Es ist wirklich seltsam, daß die Standardregeln über Essen und Wein und viele zeitgenössische Ratschläge sich fast ausschließlich auf den Geschmack der Zutaten und die Schwere und Harmonie des Gerichts konzentrieren, jedoch die Garmethoden kaum berücksichtigen. Dabei kann die Garmethode einen entscheidenden Einfluß auf den Geschmack des Essens ausüben. Ein gedünstetes Lachssteak schmeckt wesentlich feiner als ein über Holzkohle gegrilltes. Im Backofen gegartes Gemüse schmeckt wesentlich intensiver als in Wasser gekochtes. Deshalb sollte die jeweilige Garmethode unbedingt bei der Wahl des Weines mitberücksichtigt werden.

Pochieren und Dünsten sind die sanftesten Garmethoden und werden entsprechend bei feinen Nahrungsmitteln angewendet; bei feinem Geschmack oder einem Geschmack, dessen Frische erhalten bleiben soll; bei zarter Konsistenz oder wenn Feuchtigkeit und natürliche Säfte erhalten bleiben sollen. Die Chinesen, für die Konsistenz, Frische und das Aussehen der Gerichte eine große Bedeutung haben, verwenden diese Methoden, vor allem das Dämpfen, vielleicht häufiger als jedes andere Volk. Jedes andere Land, in dem frisches Gemüse, Fisch, Schaltiere, Hähnchen, Bries, Eier oder leckere Klößchen gegessen werden – und das ist fast überall –, wird sicherlich die eine oder andere dieser Methoden irgendwann einmal anwenden. Die Gesundheitswellen und -moden der letzten zwanzig Jahre haben sie neben anderen fettfreien Garmethoden wieder mehr in unser Bewußtsein gebracht.

Pochiertes, gedämpftes und gedünstetes Essen verlangt nach einem leichten oder zumindest nicht mehr als mittelschweren Wein. Das bedeutet, daß es hier eine wesentlich größere Auswahl an Weiß- als an Rotweinen gibt. Tannin (das hauptsächlich in Rotwein vorkommt) ist ein Feind dieser Art von Speisen, während die säurereiche Frische von spritzigem, trokkenem Weiß- oder Roséwein zarte Geschmacksnoten zur Geltung bringen kann. Im ganzen gesehen passen die zarteren Geschmacksnoten oder die geringere Schwere europäischer

Weißweine hier besser als die der meisten Weißweine der Neuen Welt. Die am besten geeigneten Rotweine stammen aus den kühleren europäischen Weinbaugebieten, wie der Loire und dem Elsaß in Frankreich, den deutschen und den Schweizer Weinbaugebieten sowie den norditalienischen Regionen wie dem Bardolino.

In der Praxis wird außerhalb von Diätkliniken das Essen selten ganz einfach pochiert oder gedünstet und dann ohne irgendeine Sauce oder Beilage gereicht – sogar Spargel wird meist mit zerlassener Butter, wenn nicht gar mit einer üppigen Hollandaise serviert. Wenn Sie einmal anfangen, andere Zutaten hinzuzufügen, müssen Sie diese bei der Weinwahl mitberücksichtigen. Das prägnante, leicht nach Kräutern schmeckende Aroma und die rassige Säure eines typischen neuseeländischen Sauvignon Blanc sind viel zu stark für pochierte Jakobsmuscheln, doch wenn Sie die Muscheln in einem thailändischen Sud pochieren (mit Zitronengras, Ingwer, Knoblauch, Limetten und Chillies), bekommen Sie plötzlich eine ideale Partnerschaft – die Herzhaftigkeit des Weines paßt zu dem scharfen, sauren Geschmack. Ebenso ist ein ganz einfach pochiertes Huhn nicht mit einem klassischen französischen Poule au pot zu vergleichen, für das man ein geschmackreiches, älteres Tier, das zum Braten zu zäh wäre, mit Schweinefleisch oder Schinken füllt und in Wasser oder einer Fleischbrühe mit Gemüse und Kräutern langsam garziehen läßt. Das Ergebnis ist ein Gericht mit genügend Substanz und Geschmack, zu dem man am besten einen mittelschweren Rotwein wie Minervois oder körperreiche Weißweine genießt. Ein noch extremeres Beispiel bietet der italienische Vitello tonnato, bei dem die üppige Thunfisch-Mayonnaise-Sauce für den Wein mehr Bedeutung hat als das geschmacklich zarte gekochte Kalbfleisch (siehe Saucen, Seite 36).

Sogar bei scheinbar ganz einfachen Gerichten sollten Sie auf die Kochflüssigkeit achten. Wasser, Fleischbrühe und Court Bouillon werden am häufigsten verwendet, in einigen Fällen auch Milch (bei dem klassischen italienischen Gericht mit in Milch gekochtem Schweinefleisch). Milch macht das Fleisch saftig und ergibt zugleich die Sauce; Wein kann viel Geschmack beisteuern und – im Falle von Weißwein – erhöhte Säure, die natürlich zum Tischwein passen muß. Eine kräftige Fleischbrühe bringt zusätzliche Geschmacksstoffe mit. Wenn Pilze, besonders Steinpilze verwendet werden, wird vielleicht ein Rotwein besser dazu schmecken.

Obst wird entweder in Zuckersirup oder in Wein pochiert. Birnen in Rotwein ist ein klassisches französisches Gericht: Dieses Gericht bietet eine der wenigen Gelegenheiten, bei denen ein Rotwein im Essen von einem Weißwein im Glas begleitet werden kann. Deutsche Riesling Beerenauslese sowie einige andere botrytisbetonte und spät gelesene Rieslinge passen ausgezeichnet dazu. Mit diesen Weinen können Sie auch bei jedem anderen Dessert aus pochiertem Obst nichts falsch machen (siehe auch Schmoren, Seite 30–31).

Das Sieden ist eine stärkere (und altmodischere) Garmethode, die man nicht so sehr wegen des kräftigeren Geschmacks anwendet, sondern um mit unterschiedlichen Konsistenzen fertig zu werden. Bei grünem Gemüse möchte man durch schnelles Kochen (Blanchieren) Farbe, Biß und Geschmack erhalten. Bei Fleisch können die weniger wertvollen, härteren Stücke, die sonst fett oder zäh (oder beides) bleiben würden, langsam mit Gemüse und Gewürzen gekocht (oder vielmehr zum Kochen gebracht und dann auf kleiner Flamme geköchelt) werden, damit sie zart werden und ihren Geschmack verbessern. Rinderbrust und -keule werden oft auf diese Weise gegart. Das geschmackliche Ergebnis ist nicht so intensiv wie bei gebratenem oder gegrilltem Rind, und so ist, abhängig von den Gemüsen und Saucen, die dazu gereicht werden, eine ganze Reihe von mittelkräftigen, nicht zu tanninreichen, nicht zu großen Rotweinen dafür geeignet. Der klassische Bollito misto aus dem Piemont (verschiedene Stücke von Rind und Kalb, auch solche mit reichlich Gallert, zusammen gekocht und mit einer scharfen grünen Sauce serviert) ist ein üppiges Mahl, zu dem robustere Rotweine passen. Nebbiolo-Weine sind ideal, Syrah (oder Shiraz) und die größeren toskanischen Weine bieten eine gute Alternative.

Tatsächlich läßt man die meisten als »gekocht« beschriebenen Gerichte normalerweise den größten Teil ihrer Garzeit nur sanft sieden, denn das meiste Fleisch würde durch sprudelndes Kochen hart, und die Häute von kochenden Würsten würden platzen.

Das sprudelnde Kochen ist nur bei einer Gelegenheit wirklich wichtig: bei der Zubereitung von Bouillabaisse und ähnlichen Fischsuppen und -gerichten. Der Sud muß am Kochen gehalten werden, damit das Olivenöl sich mit dem Wasser mischt und nicht in Klecksen an der Oberfläche schwimmt. Einige Fische werden erst gegen Ende der Kochzeit hinzugefügt, damit sie nicht zerfallen. Trockene, pflanzliche Roséweine mit mittlerem Körper ohne zu stark hervortretende Blüten- oder Fruchtaromen passen am besten zu diesen dicken Suppen (vor allem Roséweine aus der Provence, der Toskana und Navarra) oder aber trockene Weiße ähnlicher Art aus Südfrankreich und Italien.

Fritieren, Braten & Ausbacken

Das Braten ist wegen der damit verbundenen Angst vor Fett und der vermuteten ungesunden Wirkung in den letzten zwanzig Jahren ein bißchen unmodern geworden. Aber das ist eine Verleumdung: Es gibt andere Zubereitungsarten, die auf Fett beruhen, und außerdem gibt es unter den verschiedenen Bratmethoden eine, die ganz ohne Fett auskommt: das trockene Braten. Darüber hinaus kann Braten, sogar das Fritieren, die einfachsten Nahrungsmittel verfeinern. Gute Pommes frites schmecken königlich, ebenso fritierte Salbeiblätter und frisch fritierte Zwiebeln.

All diese Methoden beruhen auf schnellem Garen von kleingeschnittenen Produkten bei großer Hitze. Die Varianten hängen von unterschiedlichen Faktoren ab: der Fettmenge, der Hitze und der Fettsorte – geschmackloses Öl wie Erdnußöl, fruchtiges oder pfeffriges Olivenöl, Schmalz, normale oder geklärte Butter; ob die Zutat zuerst paniert oder mit Teig umgeben wird und welche Art von Gefäß man verwendet – ein großes, tiefes für das Fritieren in Öl oder Fett, eine Standard-Bratpfanne zum Braten in wenig Fett, eine gerillte Pfanne zum Braten ohne Fett oder einen Wok zum Rührbraten. Das Potential für so viele Varianten bedeutet, daß das Braten eine breite Skala von Nahrungsmitteln und Gerichten mit vollkommen unterschiedlichen Ergebnissen umfaßt, vom schweren bis hin zum ultraleichten Essen.

Zum Fritieren wird das meiste und das heißeste Fett verwendet. Aber das ist noch nicht alles: Man umgibt das Gargut, um es am Austrocknen zu hindern, mit Ausbackteig,

Panade oder Mehl. Die Gesundheitsapostel nehmen das alles kaum zur Kenntnis, aber Gerichte wie Fritto misto (aus Fleisch und Gemüse oder Fisch), Tempura (Fisch oder Gemüse), panierte Kalbsschnitzel, Hühnerkroketten und sogar, wenn sorgfältig zubereitet, die riesigen Mengen englischer Fish and Chips beweisen, daß das Fritieren seinen Sinn und seinen Platz hat.

Wenn man bedenkt, wie oft in Fett gebackenes Essen mit einem erfrischenden Zitronenschnitz serviert wird, dann muß man annehmen, daß eine Spur erfrischender Säure auch in dem dazu servierten Wein enthalten sein sollte. Gottlob schmecken die meisten Nahrungsmittel, die sich zum Garen in der Fritüre eignen, auch gut zu Weißwein. Sie sollten dabei die Schwere der Zutaten beachten: Ein Fritto misto aus Meeresfrüchten und eine Tempura sind wahrscheinlich recht leicht, aber in den meisten Fällen sind in Fett ausgebackene Produkte ziemlich schwer, und dem muß der Wein standhalten. Chablis, neuseeländischer Chardonnay und andere moderne Übersee-Chardonnays, einschließlich der nicht in Eiche gelagerten der neuen Welle, passen normalerweise zu Fisch, Huhn und Kalb. Aber auch Sauvignons, wie Sancerre, Pouilly-Fumé und Weine der gleichen Traube aus Österreich, Neuseeland und Chile, haben einen intensiven, kräftigen Geschmack, der einen lebendigen Kontrast bildet, besonders zu Fisch. Das gleiche gilt für den österreichischen Grünen Veltliner. Leichtere Fisch- und Gemüsegerichte verlangen nach leichteren Weinen wie den norditalienischen, den Vins de Pays des Côtes de Gascogne, Rueda, Vinho Verde, Colombard aus Übersee, Schweizer Chasselas und Sauvignon-Sémillon-Verschnitten wie weißem Bergerac.

Einige Gerichte werden entweder in der Fritüre gebacken oder in schwimmendem Fett gebraten. Fleischbällchen sind so ein Fall. In der Regel verlangen sie nach Rotweinen, aber es gibt so viele Varianten (Polpette aus Italien, Frikadeller aus Dänemark, Keftethes aus Griechenland – das alles klingt so viel verlockender als Fleischbällchen), daß man kaum spezifische Empfehlungen geben kann. Grob gesagt schmekken fein gewürzte Kalbsbällchen zu guten Rotweinen mit mittlerem Körper, mit Kräutern gewürzte griechische Lammbällchen passen gut zu mittelschweren südfranzösischen Rotweinen, und die amerikanischen Rindfleischbällchen mit Knoblauch, Zwiebel, Oregano und Tomatensauce verlangen nach robusten, fruchtigen Rotweinen wie Teroldego Rotaliano, Montepulciano d`Abruzzo sowie Copertino und Primitivo aus Apulien. Nur wenn die Fleischbällchen – auf indische Art – sehr kräftig gewürzt sind, können Sie auf Weißwein zurückgreifen – vielleicht einen Muskateller oder einen Viognier.

Das Braten in Fett umfaßt eine Spanne von einem Punkt nahe dem Ausbacken im Fettopf und ähnlichen Fritiergefäßen in sehr heißem Fett bis hin zu dem sanften Braten von Delikatessen wie Seezunge, die nach großen, feinen Weinen verlangen (Chablis oder Arneis zum Beispiel). Dazwischen stehen all die Steaks, Koteletts, Filets und anderen Scheiben von Fleisch, Geflügel und Fisch, die kurz gebraten mit rosa Innerem und brauner Kruste oder durchgebraten serviert werden. Bei der Weinwahl müssen Sie sich nach der Hauptzutat richten und wie üblich dabei die hinzugefügten Aromen mit berücksichtigen. Bedenken Sie, daß das Braten in Fett das Essen gehaltvoller macht, als wenn es einfach im Sud gekocht wird, und daß eine braune Kruste den gleichen intensiven Geschmack mitbringt wie beim Grillen und Garen im Backofen (siehe Seite 32 und 34).

Zarte Nahrungsmittel wie Edelfische und Hähnchen werden manchmal ohne Fett gebraten, wenn man das Gericht besonders leicht halten möchte. Oft werden, wie es heute Mode ist, Fleisch- und Fischscheiben (von Thunfisch, Lachs oder Schwertfisch) in einer Grillpfanne ohne Fett braun gebraten und schnell gegart. Die dabei entstehenden Steaks oder Schnitzel mit ihren rauchig schmeckenden Streifen und dem saftigen Inneren ähneln sehr gegrilltem Fleisch. Die Ähnlichkeit wird noch größer, wenn die Scheiben zuvor mariniert wurden (siehe Seite 32).

Das Rührbraten im Wok, von den Chinesen erfunden und zur Perfektion entwickelt, ist eine Methode, um schnell und gleichmäßig mit wenig Fett zu arbeiten, damit die Farbe, die Konsistenz und der Geschmack erhalten bleiben. Am besten eignet es sich für Gemüse und Meeresfrüchte, aber auch Streifen von Hähnchen und magerem Fleisch sowie Nudeln und Eier können auf diese Weise gegart werden. Bei dieser Methode behalten die Zutaten ihren Eigengeschmack, ohne einen extra Geschmack durch die Garmethode anzunehmen. Die daraus resultierenden Gerichte sind eher leicht mit reinen, klar definierten Aromen. Leichte Weißweine, besonders deutsche Rieslinge mit der geringen Süße und der Leichtigkeit eines Kabinett und einer halbtrockenen Spätlese, sind eine gute Wahl, die allerdings immer auch von der einzelnen Zutaten abhängt (siehe auch China, Seite 136).

Schmoren

Die große Familie der Schmorbraten und Eintöpfe, der Wild- und Wildgeflügelragouts, der Daubes, der Ratatouilles, Caponatas, außerdem geschmorter Chicorée, Fenchel und so weiter sind ein Beweis für die Tatsache, daß fast jede Art von Fleisch, Geflügel, Wild, Fisch mit festem Fleisch und Gemüse geschmort werden kann – und seit Jahrhunderten geschmort wird. Es ist die beste Methode, um zähe Fleischstücke und älteres Geflügel zart (siehe Bœuf bourguignon und Coq au vin unter Burgund, Seite 84) und die billigsten, fetten Fleischstücke, wie Rinderbrust, genießbar zu machen. Außerdem entwickeln sich einige der üppigsten und komplexesten Aromen jeder Art von Nahrungsmitteln erst durch das langsame Garen.

Trotz der unterschiedlichen Namen, die sich auf verschiedene Methoden und Kochgefäße beziehen, gibt es nur zwei Hauptversionen, und das Prinzip ist für beide gleich: Fleisch, Fisch oder Gemüse werden mit zusätzlichen Zutaten und Gewürzen langsam in einem zugedeckten Topf entweder im Backofen oder auf der Herdplatte gegart. Der Unterschied ergibt sich aus der Menge der Flüssigkeit und der Größe der Hauptzutat oder der Stücke, die gegart werden sollen. Bei dem einen Verfahren wird mehr Flüssigkeit dazugegeben, die Zutaten sind am Anfang von der Flüssigkeit bedeckt und das Fleisch ist oft in Stücke geschnitten, bei dem anderen verwendet man weniger Flüssigkeit – manchmal sogar sehr wenig –, und es werden Bratenstücke, Geflügel oder Fisch im Ganzen gegart, was einem Braten im Topf entspricht.

Von den Schmorgerichten auf Fleischbasis sind die besten üppig, sogar fett, weil theoretisch nicht so wertvolle Fleischteile verwendet werden. Teile wie das Wadenstück vom Rind, Kalbs- und Schweinehachse enthalten das wichtige Gallert, das den Geschmack und die Konsistenz verbessert, und Knochenmark und Fett verleihen dem Gericht Fülle und Geschmeidigkeit. Hinzu kommt, daß das Fleisch älterer Tiere und die am häufigsten gebrauchten Muskeln äußerst aromareich sind. Der Geschmack wird noch intensiviert, wenn das Fleisch vorher mariniert oder vor der Flüssigkeitszugabe angebraten wurde. Zarte, magere Fleischstücke dagegen werden durch langes, langsames Garen leicht trocken und fade.

Ganz abgesehen von den Marinaden ist die Kochflüssigkeit selbst zu bedenken. Wein und Brühe ergeben sicherlich ein würzigeres Gericht als klares Wasser. Wenn Rotwein verwendet wird, sollte der Wein dazu eigentlich immer rot sein, egal ob die Hauptzutat aus rotem oder weißem Fleisch oder aus Fisch besteht. Kommt Weißwein in den Topf, ist häufig, aber nicht zwangsläufig das Gegenteil angesagt: Weißwein erhöht die Säure einer Sauce mehr als Rotwein, aber die anderen Zutaten – zum Beispiel Fleisch, Brühe, Pilze – können dem Gericht eine Schwere geben, die nach Rotwein verlangt. Apfelwein als Kochflüssigkeit jedoch verlangt fast immer nach Weißwein mit reichlich Säure, während in Bier gegarte Eintöpfe Rotwein, aber einen tanninarmen wie Chinon, Bourgueil oder Saumur-Champigny von der Loire benötigen.

Es ist klar, daß man für eine so riesige Menge von Gerichten auf der Grundlage einer schier unendlichen Variationsbreite von Zutaten kaum einen Weintyp oder eine Gruppe von idealen Weinen als Begleiter empfehlen kann. Man kann jedoch sagen: Je üppiger, je komplexer die Aromen in dem Gericht, desto kräftiger muß der Wein sein – und in den meisten Fällen wird es Rotwein sein. Die gehaltvollsten Rind- und Wildeintöpfe können recht tanninreichen Weinen gewachsen sein (einschließlich Nebbiolo und Syrah von der Rhône). Wenn jedoch ein größerer Anteil an Zwiebeln, Möhren oder anderem Gemüse vorhanden ist (die eine gewisse Süße mitbringen) oder wenn die Basis Geflügel oder Kaninchen ist, brauchen Sie einen tanninärmeren und weicheren, fruchtigeren Wein – zum Beispiel McLaren Vale Shiraz, Vacqueyras, Côtes du Roussillon, einen Pinot Noir aus Übersee oder Rosso di Montalcino.

Doch nicht alle Schmorgerichte sind dunkel, kräftig und intensiv im Geschmack. Blanquette de veau ist ein typisches Beispiel für das Gegenteil: Das Fleisch ist mild, die Sauce sowohl cremig (Eigelb und Sahne) als auch leicht süß durch Zwiebeln, Möhren und Muskatnuß, und Nelken und Muskat machen es auch leicht würzig. Hierzu paßt Weißwein am besten: Er muß charaktervoll und konzentriert sein, doch nicht zu barriquebetont, fruchtig oder scharf. Trockener Vouvray (und sogar halbtrockener) paßt gut, ebenso Elsässer Pinot Blanc, Lugana,

Favorita, der beste trockene Soave und ein feiner, reifer weißer Graves. Chardonnay ist gut, wenn Sie eine Flasche mit dem richtigen Hauch von buttriger, weicher Komplexität bekommen. Die beste Wahl ist aber ein Mâcon von einem erstklassigen Erzeuger aus einer der besten Gemeinden.

Bei anderen Schmorgerichten ist die Weinwahl noch weniger eindeutig. Osso buco ist Kalbfleisch, ein sogenanntes helles Fleisch, ein Teil der Kochflüssigkeit besteht aus Weißwein, das mitgekochte Gemüse – Zwiebeln, Möhren, Sellerie und Tomaten – passen besser zu Weißwein. Außerdem wird es mit Risotto milanese (mit Safrangeschmack) serviert. Und doch: Wenn Sie sich zu Tisch setzen und Rot- und Weißwein dazu probieren, werden einige Rotweine – Dolcetto und moderner, junger, frischfruchtiger, geschmeidiger Pinot Noir – am meisten befriedigen.

Ratatouille, den bekanntesten Gemüseeintopf überhaupt, kann man noch eher als Chamäleon bezeichnen. Da die meisten Gemüse, auch wenn sie gekocht sind, besser zu Weißwein passen, serviert man sinnvollerweise trockene Weißweine mit guter Säure und leichtem Pflanzen- oder Zitrusaroma (besser als reife Tropenfruchttöne) zu Ratatouille; Roséweine vom Mittelmeer mit ähnlich jugendlicher Spritzigkeit dürften ebenso gut passen. Doch auch viele Rotweine aus dem Languedoc-Roussillon und der Provence sind geeignet, und das ist vor allem dem Einfluß der Garmethode zu verdanken, die ein so aromatisches und relativ kräftiges Gericht hervorbringt.

Obstkompott hat einen schlechten Ruf, zumindest in Großbritannien, wo die Schulspeisung der sechziger und siebziger Jahre dafür mitverantwortlich ist. Mehr Ansehen genießt pochiertes Obst, das man zunächst in viel Flüssigkeit gart, welche man am Ende einkochen läßt, um einen konzentrierten, sirupartigen Saft zu erhalten. Für die Weinwahl spielt es keine große Rolle, ob das Obst mit mehr oder weniger Flüssigkeit gegart wurde. Durch ihre Süße und Säure sind deutsche Riesling Beerenauslesen und botrytisbetonte Riesling Spätlesen aus anderen Ländern die besten Allroundweine; süße Loireweine, wie Coteaux du Layon und Vouvray moëlleux sind die nächstbesten, und Sauternes und andere botrytisbetonte Sémillons schmecken besonders gut, wenn Sahne hinzukommt.

Grillen

Der Unterschied zwischen Braten und Grillen ist nicht immer eindeutig zu definieren: Eine Scheibe aus der Hammelkeule wird gegrillt, ein ganzes Lamm wird gebraten, es sei denn man bezeichnet den Vorgang – so das Braten im Freien geschieht – als Barbecue oder Grillen, egal wie groß das Tier oder das Stück ist. Beim Braten im Ofen wie beim Grillen wird trockene Hitze verwendet, doch das Braten geht manchmal langsam und bei niedriger Temperatur vor sich, während Grillen fast immer schnell erfolgt, indem das jeweilige Nahrungsmittel mittels starker Hitze gebräunt wird und das Innere saftig bleibt. Auf diese Weise verändert der Bräunungsvorgang den Geschmack der Speise, er wirkt intensiver – rauchig und karamelisierend. Das Grillen über Holzkohlenfeuer verleiht dem Essen einen sehr intensiven Rauchgeschmack.

Es ist in Theorie und Praxis eine verlockend unkomplizierte Methode, aber unkompliziert bedeutet noch nicht einfach. Es ist entsetzlich schwierig, das Grillgut genau bis zum richtigen Grad zu garen, ob auf dem Elektrogrill oder über offenem Feuer oder Holzkohle im Freien. Das Timing ist äußerst heikel, und es gibt nur wenig Spielraum, um Fehler zu korrigieren. Grillen kann man deshalb nur wirklich erstklassige Fleischteile, doch ist diese Garmethode auf wesentlich mehr Nahrungsmittel anwendbar als das Braten. Grillen eignet sich nicht nur für alle Fleischarten, Geflügel, Innereien und Würste, sondern auch für viele Fische und Meeresfrüchte, für Gemüse und Käse und sogar für Salate wie Radicchio und Obst wie Ananas.

Wegen der ausdruckvolleren »braunen« Geschmacksstoffe können die Weine zu gegrillten Speisen kräftiger sein als zu gebratenen (oder natürlich zu gekochtem Essen). Junge Weine mit Aromen von Frucht, Eiche, Tannin und Säure, die für einen Braten zu kräftig wären, passen gut zu Grilladen, und Weine mit leicht, jedoch nicht übertrieben rauchigen Aromen bieten oft eine passende Entsprechung – zum Beispiel Syrah oder Shiraz, Zinfandel, Sangiovese, Nebbiolo, Pinotage und Mourvèdre bei den roten, in Eichenholz gereifter Chardonnay, Marsanne und Pinot Gris bei den weißen Sorten. Hier ist auch festzuhalten, daß gegrillte Speisen gut mit dem Röst- oder Raucharoma, das in Weinen durch das Lagern in neuen Eichenholzfässern entsteht, harmonieren, also Rot- und Weißweine mit deutlichem Barriqueton eher vertragen können als die meisten anderen Speisen. Darüber sollte man in einer Welt voller Barriqueweine, die nicht so leicht zum Essen passen, froh sein.

Beachten Sie außerdem die Wirkung von rohem Fleisch auf Tannin: Ein dickes, englisch gebratenes Steak kann gut zu einem tanninreichen Rotwein gegessen werden. Aber hüten Sie sich in diesem Fall vor zuviel Salz: Es macht den Tanningeschmack bitter. Pfeffer dagegen kann die Geschmacksstoffe in einem recht gewöhnlichen, einfachen Wein hervorheben und ihn kräftiger und komplexer erscheinen lassen.

So wie ein Braten wird gegrilltes Fleisch selten ohne weitere Zutaten bereitet. Knoblauch und Kräuter (siehe Im Ofen Garen, Seite 34) werden oft reichlich verwendet, und die Zitronenscheibe, die in manchen Ländern zu gebratenem Fleisch gereicht wird, ist für den Lammspieß, das Hähnchen, das Kalbsschnitzel, die gegrillten Sardinen oder Scampi das geschmackliche Tüpfelchen auf dem »i«. Zitrone wäre aber sicherlich der Tod für jeden feinen alten Rotwein, ebenso würde sie jeden billigen, säurearmen kalifornischen Chardonnay mit etwas Restsüße sowie jeden milden, neutralen, säurearmen anderen Weißwein komplett ruinieren. Wo das Fleisch nach Rotwein verlangt, werden Sie ganz sicher einen jungen, leicht adstringierenden Wein brauchen. Italienische Rotweine der Toskana und nördlich davon (Chianti, Dolcetto und Barbera) sind oft richtig, doch sollten Sie tanninreiche Weine wie Nebbiolo meiden: Die Zitrone bringt die Bitterkeit des Tannins zu stark zur Geltung.

Grillsaucen sind wegen ihrer Süße ein weiterer Stolperstein. Die Süße und die kristallklare Säure deutscher Kabinettweine (Riesling und ein paar neuere Sorten, jedoch nicht aus der Pinotfamilie) könnten gut dazu passen, doch deutsche Weine eignen sich wegen ihrer Zartheit nicht als Begleiter zu kräftigen Speisen vom Grill. Gewürztraminer ist annehmbar, aber er kann etwas zu dominant sein. Rotweine müssen sehr fruchtig und tanninarm sein. Zu den verläßlichen Weinen gehören australischer Shiraz (auch als Schaumwein), Zinfandel, chilenischer und kalifornischer Merlot, südafrikanische Weine der neuen Welle und mit Vorbehalt kalifornischer Pinot Noir.

Und dann die Marinaden. Während diese manchmal nur verwendet werden, um das Fleisch zarter zu machen und vor dem Austrocknen zu bewahren, ist das Ziel in den meisten Fällen, den Geschmack aufzuwerten – den Eigengeschmack zu heben, aber auch gänzlich neue Aromen hinzuzufügen. Je länger das Grillgut in der Marinade liegt, desto ausgeprägter ist der Geschmack von Fleisch, Geflügel oder Fisch. Eine einfache Marinade aus Olivenöl, Wein (oder Weinessig), Knoblauch, Kräutern und Pfeffer, die man ein paar Stunden vor der Zubereitung aufträgt, verändert das Fleisch nicht so sehr, doch sollten Sie es vermeiden, entweder Ihre feinsten, reifen oder Ihre leichtesten, zartesten Weine dazu zu servieren. Marinaden mit Soja, Ingwer und Sherry, indischen Gewürzen oder thailändischen Kräutern und Gewürzen wirken sich stärker aus, besonders wenn man das Grillgut um die zehn Stunden darin liegen läßt. Wenn Sie chinesische, indische, thailändische oder japanische Gerichte damit zubereiten, werden Sie über Weine nachdenken müssen, die genau zu diesen Länderküchen passen (siehe Seite 134–141). Wenn das Resultat nicht so stark von der Marinade beeinflußt ist, dann brauchen Sie nur an Weine mit etwas kräftigerem Geschmack zu denken – herzhafte, deutlich frische Weißweine wie Sauvignon Blanc aus Übersee oder Chablis, provenzalischen Rosé und würzige, fruchtige Rotweine, zum Beispiel aus Primitivo, Tempranillo oder Grenache.

Bei Gemüse können einige Sorten nicht gebraten, sondern nur gegrillt werden und umgekehrt (Wurzelgemüse können nur gegrillt werden, wenn sie zuvor gegart wurden), aber die Wirkung ist beim Grillen etwa die gleiche wie beim Braten – nur etwas stärker. Der Geschmack wird eher etwas süßlicher und konzentrierter, hinzu kommt noch das rauchige Aroma vom Grill oder der Holzkohle. Dazu passen die gleichen Weine wie zu gebratenem Gemüse (siehe Seite 35), dazu frische, fruchtige Roséweine und fruchtige, milde Rotweine.

Im Ofen garen

Für einen leidenschaftlichen Koch ist ein einfach im Ofen gebratenes Stück Fleisch nicht gerade eine Herausforderung. Wenn Sie jedoch einen Rotwein edelster Herkunft und vollkommenster Reife haben, können Sie ihm nichts Besseres antun, als einen Braten aus dunklem Fleisch oder Schwein im eigenen Fleischsaft und mit nichts anderem als Kräutern und Knoblauch bestreut zu servieren: Eine Lammkeule bringt auf unvergleichliche Art die Qualität eines feinen Médoc oder Graves zur Geltung. Ganz einfach gebratenes Wildgeflügel, Gans und Ente schmeicheln einem feinen Rotwein aus Pinot Noir oder Syrah ebenso.

Als Garmethode stellt das Braten genau das Gegenteil von Dünsten, Pochieren oder Kochen dar. Während bei letzteren Methoden das Nahrungsmittel in bzw. mit mehr oder weniger Flüssigkeit gegart wird, um den Eigengeschmack und die eigene Konsistenz zu erhalten, beruht das Braten so wie das Grillen auf trockener Hitze, die den Geschmack intensiviert und das besondere »Röst«-Aroma hinzufügt. Diese besondere Geschmacksrichtung ist auf das Bräunen des Fleischs zurückzuführen; die Aromen der äußeren Schichten, aus denen der Saft gerade entwichen ist, werden konzentriert, und an der Kruste, wo diese Säfte eingetrocknet sind, entsteht eine feine Karamelschicht. Schnelles Braten mit starker Hitze steigert diese Eigenschaft und paßt besser zu von Natur aus zarten, edlen Fleischteilen, die man auch englisch servieren kann, um ihre Säfte im Inneren zu erhalten. (Rohes Fleisch, vor allem Rindfleisch, hat die angenehme Eigenschaft, den Gerbstoff bei tanninreichen Rotweinen zurücktreten zu lassen.)

Sanfteres, längeres, langsameres Braten erzeugt ein weniger intensives Röstaroma, und es eignet sich vor allem für zähere Fleischteile und für Geflügel und Fleisch wie Schwein, das durchgebraten werden muß. In der Praxis kombiniert man meistens beide Methoden. Man beginnt mit starker Hitze, um eine knusprige Kruste zu erhalten (die Säfte werden dadurch gleichzeitig im Inneren eingeschlossen), und reduziert dann die Hitze für den Rest der Garzeit. Man kann auch nach der alten Methode das Fleisch über offenem Feuer gleichmäßig drehen, so daß es sich mit dem abschmelzenden Fett selbst begießt.

Im Backofen gebratenes Fleisch ist zwar der ideale Partner für feinen Rotwein, doch wird es manchmal mit etwas gepreßter Zitrone serviert, so daß sich die Skala der passenden Weine in Richtung Weiß oder Rosé oder leicht adstringierende Rote wie Barbera und Chianti verschiebt. Der Bratensatz kann mit Madeira oder Balsamico-Essig aufgekocht worden sein, so daß fruchtige Rotweine zu empfehlen sind.

Eine Kruste mit Kräutern, Senf oder Honig kann sich ebenfalls auswirken. Für sich allein schmecken die meisten gebräuchlichen Kräuter besser mit Weiß- als mit Rotweinen (Rosmarin und Thymian sind Ausnahmen), aber das Fleisch fordert vielleicht einen Rotwein (Rind, Lamm, Känguruh und das meiste Wild). In diesem Fall sollte man Rotwein mit Pflanzen-, Tabak- oder leichten Gewürzaromen wählen – zum Beispiel Weine aus der Provence und dem Languedoc-Roussillon, Sangioveseweine, Rotweine aus Apulien (soweit nicht zu kräftig), Zinfandel, portugiesische Rotweine und nur kurz im Eichenfaß gereifte Tempranillos. Senf macht, wenn er nicht zu scharf, sauer oder süß ist, weder bei Rot- noch bei Weißwein Schwierigkeiten. Sparsam eingesetzt, verleiht Honig dem Gericht lediglich einen üppigeren, ausgeprägteren Karamelgeschmack, doch wenn er in größeren Mengen verwendet wird, wirkt sich seine Süße aus, und Sie sollten einen Weißwein mit etwas Süße dazu wählen – einen halbtrockenen Vouvray oder Montlouis oder eine deutsche Spätlese.

Denken Sie auch an all die Füllungen, Saucen, Gelees und Relishes, für die jedes Land seine eigenen Traditionen hat. Die richtige Weinwahl zu Gerichten wie diesen wird dadurch vereinfacht, daß die meisten Zutaten und sogar Füllungen vom verwendeten Fleisch unabhängig sind. So kann man sie einzeln in Betracht ziehen und entscheiden, wie sich der Einfluß von allen zusammen auswirkt. Das bedeutet auch, hier und da Kompromißbereitschaft zu zeigen. Sie können auf Ihren reifen klassischen Lieblingswein (dessen Feinheiten und Nuancen unter der Vielzahl ausgeprägter Geschmackseindrücke verschwinden würden) zugunsten eines kräftigeren, lebhafteren Weines, wahrscheinlich aus Übersee, verzichten. Oder Sie geben dem Wein den Vortritt und opfern jene Beilagen, die einem subtilen, komplexen Wein am meisten schaden würden. (Könnten Sie Lamm ohne die traditionelle englische Mint Sauce essen, oder wären Sie bereit, Dijon-Senf statt Meerrettich zu Rindfleisch zu servieren?) Oder Sie stellen Ihren Lieblingswein und Ihr vielschichtiges Gericht auf den Tisch, weil Sie gern beide genießen möchten, selbst wenn die Zusammenstellung nicht gerade ideal ist.

GEMÜSE UND FISCH

Fisch, auch wenn man ihn im Ofen gart, nimmt niemals den spezifischen »Röst«-Geschmack an, während sich das Braten im Ofen auf Gemüse genauso auswirkt wie auf Fleisch, indem der Geschmack intensiviert wird und die Feuchtigkeit verdunstet. Da die Gemüsearten, die sich zum Schmoren im Ofen eignen, zu Süße neigen (Pastinaken, Zwiebeln, Möhren, Zucchini, Süßkartoffeln, rote Paprikaschoten und, obwohl eigentlich kein Gemüse, Tomaten), werden sie durch diese Garmethode noch süßer. Weißweine passen normalerweise besser dazu als Rotweine, vor allem intensiv schmeckende, aromatische Weine mit ausreichend Säure, so wie neuseeländischer Sauvignon oder Riesling, junger australischer Verdelho, elsässische Weißweine und ungarische Weiße aus einheimischen Rebsorten wie Hárslevelü, Pinot Gris oder Gewürztraminer. Den Wein allerdings ausschließlich dem Gemüse anzupassen, ist nur sinnvoll, wenn man es für sich allein genießt. Wenn Sie es mit Fleisch oder Geflügel oder mit Fisch servieren, dann gelten für den Wein andere Prioritäten. Sie sollten jedoch immer auf eine mögliche Disharmonie mit trockenen, tanninreichen Rotweinen achten.

KALTER BRATEN

Ein Wein, der perfekt zu einem Braten oder Geflügel paßt, schmeckt nicht zu den Resten desselben Bratens am nächsten Tag. Wenn gebratenes Fleisch abkühlt, scheint die Konsistenz fester und der Geschmack intensiver zu werden. Vielleicht hat die Veränderung etwas mit der Gerinnung des Fetts zu tun. Das mag erklären, warum Weine, die traditionell gekühlt oder kühl getrunken werden – also Weine mit einer Säure, die das Fett zerteilt – gut dazu passen. Tannin schmeckt überhaupt nicht zu festem, kaltem Fett. Beaujolais Villages und Crus schmecken gut zu kaltem Rind, Schwein und Wild. Lamm paßt gut zu Weißweinen, zu edlen Burgundern von der Côte Chalonnaise und dem Mâconnais und zu einem weichen Saint-Émilion. Gutstrukturierter, nicht zu üppiger oder barriquebetonter Übersee-Chardonnay eignet sich gut zu Geflügel, Fasan, Rebhuhn und Schwein, doch Wildgeflügel kann auch gut mit Jahrgangs-Champagner genossen werden. Deutscher Riesling, vor allem Spätlese, paßt gut zu Schwein, Ente und Gans; zum kräftigen Geschmack von Gans und Barbarie-Ente kann man auch kalifornischen oder australischen Cabernet höchster Qualität trinken. Mit Pinot Noir, der einen relativ niedrigen Tanningehalt aufweist, kann man bei kalten Braten kaum etwas falsch machen.

Saucen

Die Saucen außer acht zu lassen, wäre riskant – man kann ihre Bedeutung für die Wahl des passenden Weines nicht überschätzen. Kaum ein Gericht wird ganz ohne Sauce, Brühe, Fleischsaft, Dressing oder Relish serviert – und die einzigen Beigaben, die keinerlei Einfluß auf den Geschmack des Essens oder auf den Wein haben, sind diejenigen, die ungegessen auf dem Tellerrand liegenbleiben.

Es gibt verschiedene Systeme, um Saucen zu klassifizieren – Grundsaucen und komplexe Saucen, kalte und warme Saucen, Saucen auf der Basis von reduziertem Fond, Saucen auf der Basis von Einbrenne, helle Saucen auf der Basis von Ei und ohne Ei – und es ist hilfreich, wenn man ein Grundwissen von den verschiedenen Zubereitungsmethoden hat. Wenn Sie nur die einzelnen Zutaten ansehen, können Sie ungefähr abschätzen, wie die Sauce schmecken wird. Sauce béarnaise und Sauce tartare sind beide pikant, doch die Eibasis bei Sauce hollandaise bzw. Mayonnaise ist üppig, ein bißchen zitronig, aber unter keinen Umständen scharf. Wenn Sie den passenden Wein zu einer Sauce suchen, müssen Sie sich überlegen, ob diese Sahne, Butter, Eier, Knoblauch, Kräuter, Käse enthält, ob sie konzentriert ist und auf Fleisch basiert, ob sie pikant ist durch Essig, scharf durch Zitrone, süß, süß-sauer, scharf-sauer, scharf-würzig, süß-würzig oder salzig durch Anchovis und Oliven. Natürlich kann sie auch mild sein, wie die nach dem Krieg in England übliche weiße Sauce, aber auch das müssen Sie wissen.

Doch da gibt es noch einen wichtigen Punkt, der zu klären ist, bevor Sie sich mit den Zutaten und Zubereitungsmethoden befassen. In welchem Ausmaß ist Sauce/Dressing/Relish fester Bestandteil des Gerichts oder lediglich eine Beigabe? Befinden sich Fleisch, Fisch oder Gemüse bereits in der Sauce, bevor sie auf den Teller kommen, wird die Sauce hinzugefügt, wenn das Gericht serviert wird, oder ist sie nur ein Extra, von dem sich jeder wahlweise bedienen kann oder auch nicht?

Gott sei Dank, obwohl vielleicht nicht zufällig, sind viele der heikelsten Saucen von der wahlfreien Extrasorte – darunter Preiselbeermus, rotes Johannisbeergelee, andere süße und oft scharfe Fruchtsaucen, Mint Sauce (oder Jelly), Sauce béarnaise, Chutneys und Meerrettichsauce. Ein deutscher Spitzen-Riesling Kabinett mit seiner Säure und Süße kann sich gegen all diese Aromen besser durchsetzen als die meisten volleren Weine, aber nicht jeder möchte einen Riesling Kabinett zu dunklem Fleisch oder Truthahn trinken.

Andere Saucen sind im Vergleich zu den oben genannten leicht zu handhaben, das heißt jedoch nicht, daß sie ganz harmlos sind. Zu dieser Kategorie gehören die Saucen auf der Basis von stark eingekochtem, intensiv schmeckendem Fleischfond oder Glace. Sie waren allerdings eine größere Gefahr in den achtziger Jahren, am Ende der Nouvelle Cuisine, doch ich bin immer noch mißtrauisch gegenüber jedem kleinen Spiegel aus dunkler, glänzender, kastanienbrauner Sauce auf einem großen weißen Teller. Ihr Geschmack ist mit höchster Wahrscheinlichkeit hoch konzentriert – zu stark für die meisten Rotweine, obwohl kräftige Rotweine aus Kalifornien und Australien, Rotweine von den nördlichen Côtes du Rhône, Ribera del Duero, Brunello di Montalcino und Barbaresco ihr gewachsen sein sollten. Diese Weine setzen sich auch gut gegen Rotwein- und Madeirasaucen durch. Wenn trockener Weißwein stark eingekocht wurde, zum Beispiel für Beurre blanc, muß die sich daraus ergebende hohe Säure durch einen entsprechenden Weißwein kompensiert werden. Ob das jedoch durch Chablis, Aligoté, Sauvignon, Muscadet, Vinho Verde oder einen anderen Weißwein geschieht, hängt vom Rest des Gerichts und von anderen wichtigen Komponenten der Sauce ab. Eine Sahne-Weißwein-Sauce braucht noch etwas Säure, paßt aber auch zu volleren Weinen, vielleicht zu einem Chardonnay oder zu einem halbtrockenen Jurancon oder Vouvray.

Obwohl die Bewohner von Sauternes ihren Wein in die Speisen geben, damit sie ihn auch dazu trinken können, erfordert eine Sauce mit süßem Wein zu einem pikanten Essen nicht unbedingt einen vollsüßen Wein als Begleiter. Allerdings ist ein Weißwein und zwar einer mit Körper und einem Hauch Süße beinahe obligatorisch – vielleicht ein halbtrockener Vouvray, eine Spätlese aus dem Elsaß, eine Pfälzer Scheurebe oder eine Rieslaner Spätlese halbtrocken.

Für Saucen mit Essig als wesentlichem Element (Vinaigrette und Teufelssauce) gilt im Prinzip das gleiche wie für Saucen mit trockenem Weißwein – Säure kommt zu Säure (siehe auch Schwierige Partner, Seite 19). In anderen Saucen mag Essig lediglich ein Mittel sein, um Üppigkeit oder fadem Geschmack zu begegnen – zum Beispiel in Mayonnaise oder Buttersauce. Tomatensaucen benötigen ebenfalls Säure. Der ausgeprägte Geschmack und die leichte Schärfe von Sauvignon passen gut zu Tomate, aber wenn in der Sauce außerdem Fleisch mitgegart wurde (so wie in der Bolognese), sollten Sie lieber zu einem vollen, fruchtigen, nicht zu tanninreichen Rotwein greifen – chilenischem, australischem oder italienischem (Rosso Cònero, Rosso di Montalcino, Montepulciano d'Abruzzo und Torgiano). Kalte Salsas mexikanischer Art, meist auf der Grundlage von Chillies, Tomaten, Zwiebeln, Knoblauch und Koriander, sind unterschiedlich scharf. Hier ist Sauvignon wieder die beste Wahl. Wenn das Gericht nach Rotwein verlangt, meiden Sie die ganz feinen Sorten, denn Chili betäubt den Gaumen.

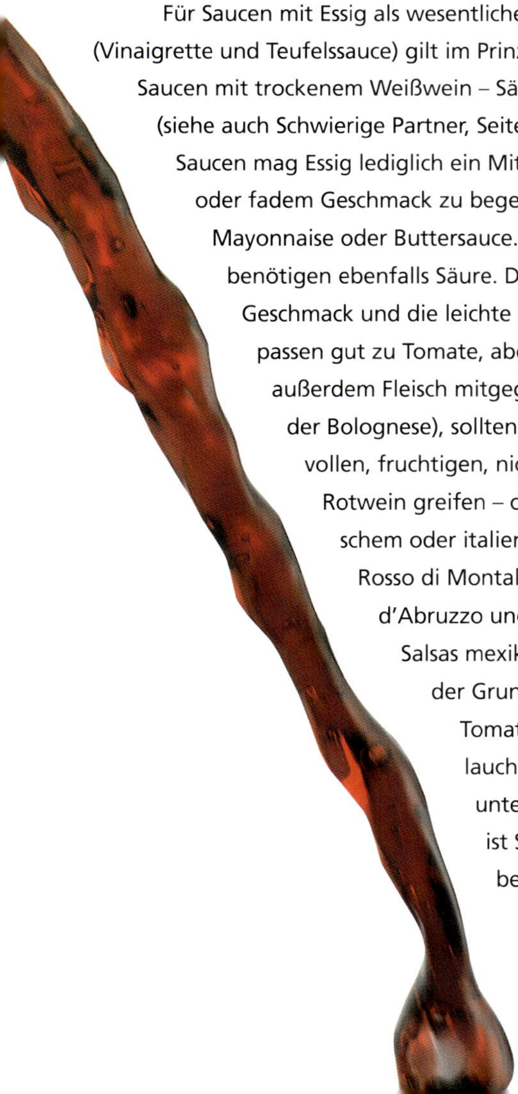

Eisaucen wie Hollandaise und Mayonnaise bereiten nicht die gleichen Schwierigkeiten wie Eier (siehe Schwierige Partner, Seite 18), doch kann man sie nicht gerade als Aufwertung für den Wein bezeichnen. Sie passen weitaus besser zu Weißweinen als zu Rotweinen (Tannin ist hier der entscheidende Faktor), eine Faustregel, die im Falle von Fisch mit Sauce tartare hilfreich ist – auch hier ist Sauvignon die richtige Wahl –, doch weniger günstig, wenn Sie Steak zu einer Sauce béarnaise servieren. Dolcetto und Beaujolais Cru kommen hier in Frage. Als Alternative probieren Sie es einmal mutig mit einem teureren, konzentrierten neuseeländischen Chardonnay (oder einem anderen überseeischen Wein mit ähnlicher Struktur, Intensität und Qualität). Wenn Sie kräftige Frucht, geschmeidige Komplexität, Barriqueton und rassige Säure gegen das Steak setzen, ergibt sich ein überraschend schöner Kontrast. Ich will damit nicht sagen, daß die beiden sich gegenseitig aufwerten, aber es gibt auch keine Reibungspunkte. Hollandaise mit ihrem üppigen Buttergeschmack und andere Buttersaucen sind ideale Partner für Chardonnays mit einem Hauch von Butteraroma, aber hüten Sie sich auch hier wieder vor geringer Säure.

KOCHEN MIT WEIN

Ob Sie ein halbes Glas Wein gegen Ende der Garzeit an Fisch oder Fleisch geben, um das Aroma aufzufrischen, oder ob sie von Anfang an eine ganze Flasche in einen langsam köchelnden Eintopf gießen – Wein kann das bescheidenste Mahl in ein Luxusgericht verwandeln. Meiner Meinung nach sollten Sie nicht den größten Wein verwenden, aber es ist ein Fehler, mit Weinen, die gekippt oder fehlerhaft sind, zu kochen – sei es, daß sie nun einen Essigstich, Korkgeschmack oder Muffton haben. Der Fehlgeschmack wird durch das Kochen konzentriert. Auch die Säure wird verstärkt. Meiden Sie also saure Weißweine, und gehen Sie bei Weißweinen sorgsam mit der Menge um. Grob gesagt, brauchen Sie mit Weißwein vielleicht die gleiche Menge Fleischbrühe oder Wasser, während ein Rotwein die einzige Kochflüssigkeit sein kann. Auch Zucker wird durch das Kochen verstärkt, also geben Sie süße Weine sehr vorsichtig dazu. Das Tannin in jungen Rotweinen ist im Gegensatz zum Barriqueton kein Problem, bei Weiß- wie bei Rotweinen. Vergeuden Sie keine aromatischen, blumigen, fruchtigen Weine zum Kochen – die flüchtigen Aromen sind schnell verflogen –, doch verwenden Sie körperreiche Weine, denn diese geben mehr oder weniger alles, was in ihnen steckt, an das Essen weiter.

DIE

Planung

DIE WAHL DES RICHTIGEN WEINES ZUM ESSEN IST EINE SACHE. DIE WAHL DES RICHTIGEN WEINES FÜR EINEN BESTIMMTEN ANLASS EINE ANDERE. ES BESTEHT EIN HIMMELWEITER UNTERSCHIED ZWISCHEN DER AUSWAHL EINES WEINES ZU VERSCHIEDENEN GÄNGEN UND DER SUCHE NACH EINER AUSGEWOGENEN UND PASSENDEN REIHE VON WEINEN FÜR DIE ABFOLGE VERSCHIEDENER SPEISEN. WEINE FÜR EINEN GRILLABEND IM FREIEN MÜSSEN ANDERS AUSGEWÄHLT WERDEN ALS WEINE FÜR EIN OFFIZIELLES BANKETT.

Servieren:
DIE WEINFOLGE

Besondere Gelegenheiten

Besondere Flaschen

Serviervorschläge

Servieren: DIE WEINFOLGE

Es ist wichtig, über die Grundregeln der Abstimmung von Wein und bestimmten Speisen, Zutaten und Zubereitungsarten Bescheid zu wissen. Die Kenntnis der besonderen Affinität von Speisen und Weinen ist sehr nützlich, aber genau wie Sie ein Menü planen müssen, damit am Ende ein ausgewogenes Mahl herauskommt, müssen Sie auch die Weinfolge planen, wenn mehr als ein Wein das Mahl begleiten soll.

Gottlob gibt es ein paar traditionelle Richtlinien für das Servieren: Reichen Sie trockenen Weißwein vor rotem; leichten Wein vor schwerem; jungen Wein vor altem; trockenen Wein vor süßem und einfachen Wein vor feinem, komplexem Wein. Das bedeutet zum Beispiel, Sie servieren südafrikanischen Colombard oder elsässischen Sylvaner vor Petite Sirah oder Nemea; Pinot Grigio oder australischen Riesling vor Meursault oder kalifornischem Chardonnay; einen 1993er Rioja Crianza vor einem 1989er Rioja Gran Reserva oder 1988er Brunello; neuseeländischen Sauvignon Blanc vor einer Beerenauslese; und Vin de Pays vor einem Cru classé und Mâcon Blanc vor einem Puligny-Montrachet.

Wenn man vom leichteren und einfacheren zum volleren und/oder süßeren Wein übergeht, kann man sicher sein, daß kein Wein durch die Qualität, das Gewicht oder die Süße des Vorgängers überlagert wird. Aber das sind keine strengeren Regeln als all die anderen Richtlinien über Speisen und Wein.

Manchmal muß die konventionelle Abfolge ohne Rücksicht auf das Essen verändert werden. Der subtile, recht zarte Geschmack von sehr alten, großen Weinen könnte nach einer Reihe guter jüngerer Weine überdeckt werden, besonders wenn letztere noch viel Tannin zeigen. Ein Mosel Kabinett muß trotz seiner Süße vor einem körperreichen Chardonnay genossen werden. Und nach einem Sherry Fino zum Aperitif mit Oliven und anderen Tapas ähnlichen Kleinigkeiten muß nicht ein Wein von gleichem oder höherem Alkoholgehalt serviert werden. Tatsächlich gibt es nur wenige Weine gleicher Stärke – Export-Fino enthält ungefähr 15 % Alkohol, dennoch machen ihn seine appetitanregende Frische und Trockenheit zum idealen Aperitif.

Noch öfter erfordert das Essen eine Veränderung der normalen Weinfolge – dazu gehören jene merkwürdigen idealen Partnerschaften, bei denen reichhaltige Gerichte (pikant oder süß) nach einem leichten, aber süßen oder süßlichen Wein verlangen. Ein gutes Beispiel dafür ist Gänsestopfleber (oder Leberpastete von ähnlicher Üppigkeit), die zu Beginn eines Menüs mit einem sehr süßen und vollmundigen Wein wie Sauternes, Monbazillac, elsässischem Pinot Gris Vendange tardive oder einem etwas leichteren, aber dennoch süßen Recioto di Soave serviert wird. Die Kombination von einem vollen, süßen Wein mit einer üppigen, weichen Leber ist für ein Menü ein opulenter Auftakt, für die meisten Liebhaber von Gänsestopfleber aber ein Muß. Nehmen wir an, daß das Menü keine reine Sauternes-Angelegenheit ist (Gänsestopfleber gefolgt von einer Ente mit Orangen und Honig, Roquefort, französische Aprikosen-Tarte), dann läßt man auf diesen Gang am besten eine kulinarische Pause mit einem Schluck Wasser folgen. Darauf sollte ein recht vollmundiger, aromatischer Wein folgen. Er muß sicherlich nicht gerade süß sein, doch ein leichter, trockener Wein würde wohl kaum seinen Weg durch die vorhergegangene Üppigkeit finden und dünn und sauer schmecken, wenn er direkt nach dem letzten Schluck süßem Wein getrunken wird.

Aromareiches, fettes Fleisch wie Gans oder Ente können, wie wir bereits gesehen

haben, durch die Kraft eines feinen deutschen Rieslings mit der Süße einer Spätlese oder Auslese gekontert werden. Achten Sie darauf – wegen der Harmonie in der Weinabfolge – keine zu schweren, vollen Barriqueweine auszuwählen. Ein deutscher QbA oder Kabinett – nicht unbedingt Riesling – bieten sich unter diesem Gesichtspunkt ebenfalls an. Andere aromatische Weißweine, traditionelle junge Chablis, Chardonnays ohne Barriqueton und unkomplizierte Sauvignons eignen sich auch. Sogar ein leichter, tanninarmer Rotwein (aus Deutschland, von der Loire, aus dem Elsaß oder Nordostitalien) ist möglich. Auch eine Spätlese oder Auslese bringt keine Schwierigkeiten für die nachfolgenden Weine mit sich, denn sie sind nicht extrem süß und angenehm leicht im Körper. Jeder gewichtigere, süßere Wein kann darauf folgen (deutsche, österreichische, französische, spanische, ungarische, australische, amerikanische und andere). Auch trockene Rotweine sind wegen ihres größeren Gewichts nicht ausgeschlossen. Dennoch sollten Sie sich bewußt sein, daß die Süße in einer Spätlese oder Auslese die tanninbedingte Trockenheit und die verbliebene Härte in einem klassischen mittelschweren Médoc deutlicher hervorheben wird. Die aromatische Frucht und der niedrige Tanningehalt eines Pinot Noir eignen sich besser (nach einer Pause mit Wasser oder Brot, die den Gaumen reinigt), ebenso Weine mit der üppigeren, reiferen Frucht warmer Länder und aus Rebsorten wie Syrah (oder Shiraz), portugiesischer Periquita und Zinfandel (in Italien Primitivo). Süße Rotweine schmecken gut danach, aber es gibt nicht viele davon – Recioto Amabile, Portwein oder Banyuls.

Ziegenkäse mit der stahligen Frische eines Sauvignon Blanc – von der Loire, aus Neuseeland, die besten aus Chile und Südafrika – ist ein weiteres Beispiel für eine ideale Partnerschaft, die die traditionelle Reihenfolge durchbricht. Die Schwierigkeit dieser delikaten Verbindung besteht darin, daß Sauvignon nicht so einfach nach einem Rotwein getrunken werden kann (außer den Cabernet Francs von der Loire wie Chinon und Bourgueil). Auch nach manchen Weißen paßt er nicht: Körperreiche, barriquebetonte, buttrige Weißweine wie Chardonnay betonen seine Schärfe und seine recht gerade, einfache Art. Es gibt zwei Lösungen: Reichen Sie vor dem Käse Spargel, Salate, Meeresfrüchte und anderen einfachen Fisch, der gut zu Sauvignon Blanc paßt, oder servieren Sie Ziegenkäse als Vorspeise, leicht gegrillt zu einem grünen Salat mit Walnüssen.

Schließlich noch ein Vorschlag, um die normale Weinfolge zu durchbrechen: Sie müssen die Tafel nicht mit dem schwersten, vollsten Wein beschließen, sondern Sie können den leichtesten am Ende servieren: einen leichten schäumenden Asti zu einem frischen Obstsalat, Obst oder einer Schokoladenmousse.

Besondere Gelegenheiten

Sie können ein Gericht betrachten und eine einigermaßen vernünftige Entscheidung bezüglich des passenden Weines treffen. Sie kennen die Zutaten, die eine ansonsten richtige Zusammenstellung sabotieren können, und Sie wissen, wie Sie die Weinfolge durch ein Menü hindurch planen. So weit, so gut – aber das ist noch nicht alles. Die Gelegenheit spielt auch eine Rolle: die Jahreszeit, die Umgebung, die Gesellschaft. Sie können natürlich fast die gleichen Gerichte, oder zumindest einige, zu einer Party, einer Hochzeit, einem Picknick, einem Grillabend, einem Lunch, einem zwanglosen Abendessen, einem offiziellen Diner zu Hause oder im Restaurant wählen, aber die dazu passenden Weine sind vollkommen unterschiedlich. Passende Weine für bestimmte Gelegenheiten auszuwählen, ist fast so wichtig für Ihren Erfolg als Gastgeber wie die richtige Wahl der Weine zu einem Essen.

OFFIZIELLES DINER: WELCHER WEIN ZU WELCHEM GANG?

In vielerlei Hinsicht sind diese Menüs am einfachsten zu handhaben, denn Sie werden wahrscheinlich für jeden Gang einen anderen Wein wählen, statt nach einem für alle zu suchen, und Ihr Budget wird für diesen Anlaß nicht so begrenzt sein wie sonst. Außerdem ist oft die Art des Essens eher klassisch als modern, so daß die erprobten Zusammenstellungen und die konventionelle Weinfolge Sie nicht im Stich lassen werden und niemanden verärgern.

Aber das bedeutet nicht, daß Sie sich streng danach richten müssen. Sie könnten edle Übersee-Versionen statt europäischer Klassiker servieren – einen Clare Valley Riesling statt eines elsässischen, einen Marlborough Sauvignon statt eines Pouilly-Fumé, einen Pinot Noir aus Oregon statt eines roten Burgunders, einen reifen argentinischen Malbec statt eines Saint-Émilion. (Unter diesem Aspekt können Sie auch Weinkarten im Restaurant betrachten.) Oder Sie unterbrechen die Folge klassischer Weine und versuchen Neues – einen Arneis statt eines weißen Burgunders, einen roten Douro statt eines roten Bordeaux, einen kanadischen Eiswein statt einer deutschen Trockenbeerenauslese oder Eiswein.

Die größte Schwierigkeit bei der Weinwahl für eine solche Gelegenheit sind vielleicht die grenzenlosen Wahlmöglichkeiten – aber ich kenne schlimmere Probleme.

WEINE FÜR ZWANGLOSE ESSEN: EIN WEIN, VIELLEICHT ZWEI?

Paradoxerweise sind die Gelegenheiten, die die Weinwahl verzwickt machen, die zwanglosesten, alltäglichen – Essen, für die Sie nur einen Wein vorgesehen haben, die aber mehr als einen Gang haben, oder fernöstliche Menüs mit mehreren Gerichten (das kann in einem Restaurant genauso vorkommen wie zu Hause).

Wollen Sie nur einen Wein servieren, sollten Sie diesen der Schwere und dem Geschmack des Hauptgangs anpassen. Sie können dann immer noch eine geeignete Vorspeise dazu wählen (Ideen dazu finden Sie unter Rebsorten und Weine) und/oder einen geeigneten Käse (siehe Seite 22). Ein Pinot Noir, zum Beispiel aus Oregon, könnte zu Lachs und anschließend Wild passen. Gamay, die rote Beaujolais-Traube, eignet sich ebenfalls als Begleiter zu Fisch und Fleisch. Rote Loireweine aus Cabernet Franc (wie Saumur-Champigny, Chinon, Bourgueil usw.) können zu Spargel, Fisch, Wurst und leichten Fleischspeisen wie jungem Lamm, Kaninchen und in Bier geschmortem Rindfleisch getrunken werden. Mittlere bis schwere Chardonnays eignen sich für eine Reihe von Fischen, Fleischsorten und Gemüsen, und wie wir bereits gesehen haben (Weinfolge, Seite 41), sind Sancerre und andere Sauvignon Blancs geeignet für Spargel, einige Fische und Ziegenkäse.

Natürlich erweitern zwei Sorten Wein Ihren Spielraum erheblich – Sie können zum Beispiel Ihrer Leidenschaft für wuchtige, schwere Rotweine frönen, wenn Sie einen frischen, aromatischen Wein wie Muscat oder einen einfachen, fruchtigen Wein aus der Colombard-Traube an den Anfang setzen. Zu einer süßen warmen Nachspeise sollten Sie einen süßen Wein trinken (siehe Süße, Seite 14; Schwierige Partner, Seite 17; und Sémillon, Chenin und Riesling im Kapitel über Rebsorten und Weine, Seite 58–61). Süße Weine haben auch den Vorteil, daß sie gut zu Käse passen (Seite 22).

ESSEN UND TRINKEN IM FREIEN

Für diejenigen unter uns, die in einer kühlen Klimazone leben, hat das Essen im Freien eine magische Anziehungskraft – trotz Fliegen, Wespen, Sand, Wind und ermüdender Hitze. Und dennoch ist strahlende Sonne nicht der richtige Ort, um feine, ehrwürdige oder edle Weine zu genießen. Heiße Sonne und der geringste Windhauch vertreiben die Weinaromen, bevor Sie auch nur die geringste Chance hatten, Ihre Nase in die Nähe des Glases zu bringen, um dem Wein auch nur eine Spur seines eigentlichen Charakters zu entlocken. Die besten Weine für den Genuß im Freien sind kräftig in Geschmack und Aroma (fruchtig, blumig, würzig, pflanzlich), jedoch nicht unbedingt schwer. Tatsächlich ist ein hoher Alkoholgehalt an einem heißen Tag nicht gerade wünschenswert, ebensowenig der hohe Tanningehalt mancher Rotweine. Tanninarme Rotweine, die kühl serviert werden können, kommen gut zur Geltung (beachten Sie hier die Weinregionen Loire, Elsaß, Deutschland, Nordostitalien, und ziehen Sie preiswerte junge Rotweine der neuen Art in Betracht). Die Säure von Weiß- und Roséweinen macht sich auch gut (vorausgesetzt, der Wein bleibt gut gekühlt; siehe Seite 47) und sogar ein Rosé-Champagner, wenn die Situation es erfordert.

Natürlich wirkt sich auch das Essen und nicht nur die Temperatur und die Umgebung auf die Wahl des Weines aus. Der Wein für den Genuß im Freien kann ganz einfach eine jüngere, etwas anspruchsvollere Überseeversion eines europäischen Cabernet Sauvignon oder Pinot Noir sein, den Sie zu dem gleichen Essen im Haus trinken würden. Das Essen kann auch aus kalten Gerichten bestehen – Gemüse, Salat, Fisch und Fleisch –, das extra für ein Menü im Freien konzipiert wurde. Chardonnay, Sauvignon Blanc, Riesling, Gewürztraminer, Viognier, Favorita, Pinot Grigio und trockene portugiesische Weine der neuen Art (aus Rebsorten wie Fernão Pires) sind nur einige der zahlreichen Möglichkeiten unter den Weißen. Trockene Rosés sind eine weitere gute Wahl. Unter den Roten sollten Sie fruchtige, relativ tanninarme Weine wie Beaujolais und andere Gamay-Weine, Überseeweine aus Pinot Noir, Dolcetto, jungen Chianti, Cabernet Franc von der Loire, Merlot (nicht die teuersten Flaschen) und preiswerten Tempranillo sowie australischen Shiraz wählen. Kalter Braten hat (im Gegensatz zu Schinken und Wurst) seinen eigenen Charakter. Wenn er als Hauptgericht gereicht wird, lesen Sie unter »Im Ofen garen« im Kapitel über die Auswirkung der Garmethoden nach (Seite 34).

Speisen vom Grill, die auf andere Weise ihre Eigenarten haben, werden unter »Grillen« behandelt (Seite 32). An dieser Stelle möchte ich nur sagen, daß der typische kräftige Geschmack – nach Rauch, Karamel, Gewürzen, Kräutern – Weine mit ähnlicher Geschmacksintensität und ziemlich viel Körper erfordert. Außerdem bieten Grilladen eine gute Gelegenheit, tanninreiche Weine zu trinken.

Besondere Flaschen

Die meisten Menschen wählen den Wein zum Essen aus und nicht umgekehrt. Es kann jedoch vorkommen, daß jemand, der sich für Wein interessiert, eine oder mehrere spezielle Flaschen trinken und sich dazu ein passendes Menü ausdenken möchte. Wenn es eine feste Regel für die Zusammenstellung von Wein und Speisen gibt, dann vielleicht diese: je feiner der Wein, desto einfacher das Essen. (Etwas lästig für die, die hier am liebsten exakte Vorschriften lesen würden, doch das Gegenteil ist einfach nicht richtig.) Die Empfehlung eines einfachen Essens ist vor allem zu beachten, wenn der Wein, den Sie präsentieren möchten, tatsächlich sehr alt ist. So wie bei Menschen und Antiquitäten ist alter Wein sehr zart (vielleicht muß man ihn dekantieren – siehe Seite 46). Und all das sollten Sie selbstverständlich auch beachten, wenn Sie mit einer speziellen Flasche im Restaurant Aufsehen erregen wollen.

Empfehlungen für diese speziellen Weinarten finden Sie in zwei Kapiteln dieses Buches sowie im Abschnitt zum schnellen Nachschlagen über Wein und Speisen im Anhang (Wein und Essen, Seite 142–155), aber im ersten Anlauf sollten Sie vielleicht die kurze Liste der idealen Partnerschaften ansehen (siehe Seite 10). Denken Sie jedoch immer daran, daß nicht nur diese Speisen zu diesen Weinen passen. Genauere Hinweise finden Sie in den Kapiteln über Rebsorten und Weine und »Klassische Kombinationen in aller Welt« (Seite 48–73 bzw. 74–141). Das erste Kapitel zum Beispiel wird Sie auf Austern und Schaltiere zu feinem, relativ jungem Chablis, aber Seezunge und Steinbutt zu reiferen Jahrgängen hinweisen; auf Hummer und feinen Fisch in schwerer Sauce zu erstklassigem Côte de Beaune; und auf Wild – besonders nicht zu sehr abgehangenes Wildgeflügel – zu rotem Burgunder (wobei zu bedenken ist, daß Wild reifen, guten Wein besser zur Geltung bringt, wenn es einfach im Ofen gebraten ist). Unter den »Klassischen Kombinationen in aller Welt« finden Sie jene Gerichte, die zu diesen großen Flaschen in ihrer Heimat passen – zu reifem Barolo gehaltvolles Rinderschmorfleisch, Brasato al Barolo; zu einem phantastischen Médoc eine ganz einfach gebratene Keule vom Pré-Salé-Lamm; zu einem Chianti Classico Riserva ein über Holzkohle gegrilltes Steak. Aber achten Sie darauf, daß es durchaus einen regionalen Geschmack gibt. Was die Einheimischen zusammen essen und trinken, schmeckt nicht unbedingt den Bewohnern von London, New York, Frankfurt oder Sydney.

ANLÄSSE, PARTYS, HOCHZEITEN

Wenn Sie Wein und Essen ohne weitere Vorgabe planen und keinen einzigen Anhaltspunkt haben, dann ist es eine verlockend einfache Idee, Essen und Wein einer bestimmten Region zu wählen (das kann auch ein wertvoller Tip für das Restaurant sein). Essen und Wein der Provence oder der Toskana sind immer ansprechend, wenn auch nicht gerade die originellste Wahl, und Sie können sich immer noch für etwas Ungewöhnlicheres entscheiden – den äußersten Süden Italiens oder das spanische Baskenland. Oder auch für die Champagne.

Ich habe niemals ganz begriffen, warum die Bewohner der Champagne reifen Jahrgangs-Champagner zu Wild und dunklem Fleisch trinken – mit der ehrwürdigen und überraschenden Ausnahme von kaltem gebratenem Wildgeflügel zu Jahrgangs-Champagner –, aber ein festliches Mahl kann sehr gut mit einem Champagner Blanc de Blancs zu Räucherlachs oder einem normalen Champagner Brut zu Austern oder Beluga-Kaviar beginnen und dann mit einem Rosé- oder reifen Jahrgangs-Champagner zu Fisch wie Hummer in Sahne- oder Buttersauce oder gekochtem Wildlachs mit Sauce fortgesetzt werden.

Der Vorteil regionaler Speisen ist, daß sie sich für offizielle Essen wie auch für Buffets und Partys eignen. Die Tapas-Party wird in England vielleicht schon ein bißchen zu oft veranstaltet, doch wenn Sie mit echten Tapas und dem trockensten Fino oder Manzanilla aufwarten, dann ist das eine feine Sache (siehe Seite 100).

Wenn Sie das Essen so weit geplant haben, aber noch ein übergreifendes Motto für die Weinauswahl suchen, ist ein spezieller Jahrgang (der weithin erfolgreiche 1990er zum Beispiel), aus dem man verschiedenartige Weine zusammenstellt, interessant, ebenso eine Reihe von Weinen aus der gleichen Rebsorte aus verschiedenen Teilen der Welt – zum Beispiel Chardonnay (obwohl er die Palette der Speisen begrenzt).

Wenn Sie Weine für eine Party aussuchen, dann müssen Sie weniger die Art des Essens als die Menge beachten. Wenn es wenig zu essen gibt, meiden Sie säurereiche Weißweine (siehe Säure, Seite 12), tanninreiche Rotweine (siehe Tannin, Seite 15) und schwere, alkoholreiche Weine. Ich möchte kein Spielverderber sein, aber ich muß erwähnen, daß Schaumwein, wenn er auch sehr festlich ist, doch schneller zu Kopf steigt und daß Champagner zwar eine großzügige Geste darstellt, aber nicht so magenfreundlich ist wie andere nach der klassischen Methode hergestellte Schaumweine anderer Regionen. Letztere sind in der Säure milder als Champagner. Süße Weine verlieren nach einer Weile den Reiz, aber gute halbtrockene sowie nicht trockene deutsche Weine (vorausgesetzt, sie enthalten nicht zuviel Säure) sind oft beliebt. Deutscher Kabinettwein hat den Vorteil eines niedrigeren Alkoholgehalts (oft 8–9%). Frische, fruchtige, trockene Roséweine (französische, spanische, italienische, australische) sind die richtige Wahl, wenn Sie nur einen Wein anbieten wollen. Die Aussage über den Säuregehalt von Champagner sollte bei Hochzeiten beachtet werden. Für manche Menschen ist ein Champagner Brut nach ein paar Stunden zuviel des Guten. Der Übergang zu Stillwein wäre eine Möglichkeit, aber dann brauchen Sie besondere Getränke für die Trinksprüche. Und sicherlich wollen Sie es vermeiden, daß es zur Hochzeitstorte Brut oder halbtrockenen Champagner gibt. (Asti paßt besser zu beidem, aber ich gebe zu, daß ich zu meiner eigenen Hochzeit auch keinen Asti serviert habe.)

Serviervorschläge

Wenn Sie mir zustimmen, daß es möglich ist, ein gutes Essen durch schlechtes Servieren zu verderben – heiße Speisen werden kalt und erstarren, gekühltes Essen wird auf einem warmen Teller aufgetragen, so daß es schwitzt oder schmilzt, eine Menge verschiedener Speisen wird auf einem zu kleinen Teller aufgehäuft –, dann müssen Sie auch zugeben, daß das gleiche für den Wein zutrifft. Wenn Rot- und Weißweine zu warm eingegossen werden, leiden sie. Wenn sie in ungeeigneten Gläsern serviert werden, können Sie Aroma und Geschmack nicht voll genießen, aber auch ein schlammiges oder knirschendes Sediment im Mund ist nicht gerade ein angenehmes Erlebnis. Außerdem gibt es nichts, was den Weingenuß mehr beeinträchtigt als das Aufstellen anmaßender Dogmen oder das Verbreiten von Vorschriften, was richtig oder falsch sei. Richtig ist es in jedem Falle, sich nach der Umgebung und dem jeweiligen Anlaß zu richten. Wenn Sie Ihre mundgeblasenen Kristallgläser etwa zu einem ländlichen Picknick mitbringen, werden Sie Ihre Gäste weniger beeindrucken als vielmehr unter Streß setzen – auch wenn die Geste gut gemeint war.

GLAS

Das Grundprinzip eines Weinglases besteht darin, daß Sie den Wein so vorteilhaft wie möglich sehen, riechen und trinken können. Sie können verschiedene Glasformen speziell für verschiedene Wein- und Rebsorten kaufen, aber Sie brauchen kein breites Sortiment. Es gibt gute Allround-Gläser für Stillweine, und wenn Sie nicht gerade von Weiß zu Rot und von Trocken zu Süß übergehen, dann können Sie ein und dasselbe Glas für mehr als einen Wein benutzen. Das beste Glas für diesen Zweck ist fein, glatt und farblos, im Gegensatz zu dick, geschliffen und farbig. Es sollte einen Stiel haben (so daß Sie Ihre warme Hand nicht um den Wein legen müssen, es sei denn, Sie wollen ihn wärmen). Der Kelch sollte abgerundet sein, damit Sie den Wein schwenken können, um flüchtige Aromen freizusetzen, und er sollte sich nach oben zu verjüngen, damit die köstlichen Aromen nicht sofort entweichen. Aus den gleichen Gründen sollten Weingläser, ob für Rot-, Weiß- oder Roséweine, eine ausreichende Größe haben (der winzige Pariser Gobelet, ein becherförmiges Glas, taugt dafür nicht). Sie sollten ein Glas niemals mehr als zur Hälfte füllen müssen, um eine angemessene Qualität im Glas zu haben. Für Champagner ist die klassische Flöte ideal, um sowohl die Perlen als auch das Bukett zu erhalten, während die plumpe Sektschale beides entweichen läßt. Die traditionelle Copita paßt gut für Sherry, und wenn sie auch recht klein ist, so kann sie doch auch für Portwein verwendet werden.

Das passende Glas ist aber noch nicht alles. Sauberkeit ist in bezug auf Weingläser ein absolutes Muß. Spuren von Spülmittel oder Klarspüler, Flecken von schmutzigen Geschirrtüchern und staubigen Schränken oder Pappkartons gehen alle in den Wein über. Es mag für Sie schön sein zu hören, daß führende Glashersteller die Spülmaschine billigen – vorausgesetzt, die Gläser werden für sich allein oder nicht mit zu schmutzigem Geschirr gespült, es werden minimale Mengen Spülmittel, wenn überhaupt, verwendet und die Tür der Maschine wird am Ende des Spülvorgangs geöffnet, damit die Gläser nicht in der Feuchtigkeit stehen bleiben. Wenn Sie noch abgetrocknet werden müssen, verwenden Sie ein Leinentuch (das Sie um einen hölzernen Kochlöffelstiel wickeln, um in die Sektflöten hineinzukommen). Stellen Sie die Gläser in einen Schrank, damit sie keinen Staub ansammeln, aber stellen Sie sie aufrecht, damit sich keine abgestandene Luft darunter sammelt, und spülen Sie sie vor Gebrauch, wenn Sie sie eine Weile nicht benutzt haben.

DEKANTIEREN UND LUFT SCHÖPFEN

Der Zweck des Dekantierens ist, den Wein vom Bodensatz zu trennen. Erstklassige Rotweine, die für eine längere Lagerung vorgesehen sind (und gelegentlich auch teuere Weiße), setzen nach ein paar Jahren in der Flasche ein Depot ab. Dies ist ein gutes Zeichen, besonders bei Rebsorten wie Cabernet Sauvignon und Syrah, die ein dickes Depot absetzen können. Es beweist, daß die Weine nicht zu stark gefiltert wurden (und dadurch Geschmack verloren haben). Während ein großer Médoc immer ein Depot absetzt, fällt der Bodensatz bei roten Burgundern (aus Pinot Noir) wesentlich bescheidener aus. Billige und Massenweine jeglicher Sorte setzen nur selten ein Depot ab. Gottlob gibt es heute einen allgemeinen Trend zu weniger Filterung, so daß immer mehr Weine in der mittleren Preisklasse aus Ländern wie Chile und Australien ungefiltert auf die Flasche gebracht werden (achten Sie auf Etiketten mit dem Vermerk ›unfiltered‹ oder ›non filtré‹). Wenn Sie meinen, ein Wein könne ein Depot haben, stellen Sie ihn mindestens 24 Stunden aufrecht, bevor Sie ihn dekantieren. (Mit einer Lampe oder einer Kerze hinter und unter Flaschenhals und -schulter gießen Sie ihn langsam und vorsichtig in eine saubere Karaffe. Hören Sie auf, wenn Sie sehen, daß sich das Depot dem Flaschenhals nähert.)

Den Wein Luft schöpfen lassen, ihn durch Dekantieren oder frühzeitiges Öffnen der Flasche in Berührung mit Luft bringen, ist eine umstrittene Praxis. Unzählige (mehr oder weniger wissenschaftliche) Versuche haben zu keinem überzeugenden Ergebnis geführt. Sie sind auf der sicheren Seite, wenn Sie die – meisten – Weine eine oder zwei Stunden vor dem Einschenken öffnen, aber ich würde sehr alte Weine erst eine halbe Stunde davor entkorken und das Dekantieren auf den spätestmöglichen Zeitpunkt verschieben. Das Dekantieren belüftet den Wein stärker, ob es aber bei einem jungen Wein den Tanningeschmack und die Säure mildert (ein beschleunigter Mini-Reifungsprozeß), ob Aromen verlorengehen oder ob es keinen wesentlichen Unterschied bringt, ist eine rein akademische Frage. Vertrauen Sie auf Ihre eigene Erfahrung.

TEMPERATUR

Wenn Ihnen alle anderen Weinratschläge gleichgültig sind, beachten Sie wenigstens die Temperatur. Wenn Sie einen Wein zu warm oder zu kalt servieren, verderben Sie ganz sicher eine sonst feine Flasche. Jeder weiß, daß Weiß- und Roséwein gekühlt werden müssen, aber nicht alle (und sicherlich nicht alle Restaurants) scheinen zu wissen, daß Rotwein auf keinen Fall mit der Temperatur eines zentralbeheizten Raumes serviert werden darf. Die oberste Grenze für Rotwein ist 18 °C, und das nur für die kräftigsten Weine. Je leichter und tanninärmer ein Rotwein ist (und viele einfache moderne Rotweine sind fast tanninfrei), desto kühler sollte er sein – richtig kühl sollte einfacher Beaujolais sein (etwa 12 °C, für jene, die messen, aber ich persönlich verwende kein Thermometer). Die gleiche Temperatur eignet sich für die vollsten trockenen Weißweine, aber Weiß- und Roséweine mit mittlerem bis leichtem Körper, aromatische, säurereiche, süße und schäumende Weine sollten kühler sein, die billigsten bis herunter zu 5 °C.

Weißweine sollten Sie lieber ein bißchen zu stark herunterkühlen, denn Wein erwärmt sich schnell im Glas, und Sie können immer noch Ihre Hände um den Kelch legen, um ihn ein bißchen zu wärmen. Die schnellste Methode, Wein zu kühlen (ohne eine der speziell dafür entworfenen gefrorenen Hüllen), ist, ihn in Eiswasser zu stellen. Ein Kühlschrank braucht bis zu zwei Stunden, um Weißwein gut zu kühlen. Rotwein kann in einem Gefäß mit warmem Wasser gewärmt werden.

REBSORTEN UND

Weine

BIS VOR KURZER ZEIT BESCHRÄNKTEN SICH DIE EMPFEHLUNGEN FÜR DIE ZUSAMMENSTELLUNG VON WEIN UND ESSEN AUF DIE BERÜHMTEN KLASSISCHEN WEINE EUROPAS UND REGIONALE SPEZIALITÄTEN. DIE TRADITIONELLEN WEINE SIND AUCH HEUTE NOCH WICHTIG, ABER AN IHRER SEITE STEHT JETZT EINE BEACHTLICHE NEUE GENERATION VON WEINEN – VON WEINEN, DIE ZWAR OFT DEN HERKÖMMLICHEN KLASSIKERN NACHEMPFUNDEN, ABER MEHR AUF DIE REBSORTE UND DIE DAMIT VERBUNDENEN FRUCHTAROMEN AUSGERICHTET SIND UND DIE DAHER DEN SPEISEN ENTSPRECHEND ZUGEORDNET WERDEN MÜSSEN.

Wein heute

Chardonnay

Sauvignon Blanc

Riesling

Andere weiße Rebsorten

Cabernet Sauvignon

Pinot Noir

Syrah

Andere rote Rebsorten

Wein heute

Hätte ich dieses Buch vor 25 Jahren geschrieben, dann wäre das Kapitel über die wichtigsten Weinarten sicherlich ganz anders ausgefallen als das folgende. Vor allem wäre niemand auf den Gedanken gekommen, es »Rebsorten und Weine« zu nennen. Jeder wußte, daß Wein aus Trauben gemacht wird (man hoffte es zumindest), und es waren immer die Trauben, die in der Region gewachsen waren. Zugegeben, manchmal wurden ein paar robustere Sorten von anderswo daruntergemischt (zum Beispiel Rebsorten aus Südfrankreich oder Nordafrika, um rotem Burgunder und Bordeauxweinen mehr Gewicht zu geben), aber auch das entsprach der Tradition und diente nur dazu, den jeweils etablierten Charakter der Weine hervorzuheben. Die große Mehrzahl der europäischen Weine aller Qualitätsstufen wurde nach ihrer Herkunft – Beaujolais, Chablis, Champagner, Chianti, Rioja, um nur einige zu nennen – und ihrem Erzeuger benannt, und nur auf der untersten Stufe, dem Vin de table, ausschließlich nach dem Erzeuger. Auf deutschen Weinetiketten wurde der Überlegenheit der Rieslingtraube Rechnung getragen, die auf dem Etikett genannt wurde. Elsässische Weine wurden (und werden), höchst ungewöhnlich für Frankreich, nach ihren Rebsorten benannt, und es gab ein paar Weine, wie den italienischen Brunello di Montalcino, bei denen die Rebsorte (in diesem Fall Brunello) Teil des Weinnamens geworden war. Mehr Rebsorten wurden in Europa bis in die achtziger Jahre kaum genannt.

Daß wir uns nicht falsch verstehen: Die herkömmlichen europäischen Weine werden immer noch nach ihrer Herkunft gekennzeichnet, aber die Rebsorten haben heute ein wesentlich ausgeprägteres Profil – und manche von ihnen, wie der Chardonnay, sind fast zu Markenzeichen geworden. Dies ist das Ergebnis der Entwicklung in der Neuen Welt.

Als Kalifornien anfing, Weine mit dem Image der großen französischen Klassiker zu keltern, verwendeten die Erzeuger bekannte Rebsorten – Cabernet Sauvignon, Chardonnay und so weiter. Australien und andere Länder folgten nach, und obwohl viele dieser Weine zunächst die Namen ihrer französischen und in geringerem Ausmaß ihrer deutschen Vorbilder annahmen, wurden die Weine nach der Hauptrebsorte benannt. Der Begriff vom sortenreinen Wein war geboren. Innerhalb weniger Jahre war die Weinwelt oder zumindest die Welt der trinkbaren exportfähigen Tischweine (im Gegensatz zu den aufgespriteten Weinen, wie australischem »Sherry«, oder reiseunfähigen lokalen Weinen) um vieles größer geworden, und eine Handvoll Rebsorten hatte sich über den ganzen Globus verbreitet.
Aber in den letzten zwanzig Jahren hat sich weit mehr ereignet als nur die Expansion und der Aufstieg bestimmter Modesorten. Die technologische Revolution hat viele Aspekte der Weinbereitung und noch gründlicher den Geschmack des Weines verändert. Das ist der Neuen Welt zu verdanken – oder anzulasten, wenn Sie eine traditionelle Meinung vertreten.

Auf dem niedrigsten Niveau gibt es viel weniger schlecht gemachte und instabile Weine, daher ist der Kauf von billigem Wein nicht mehr so riskant wie einst: Das Schlimmste, was Ihnen passieren kann, ist eher, daß der Wein fade schmeckt. Weine fast jeder Qualitätsstufe schmecken fruchtiger und reifer als früher – vom preiswerten Bordeaux bis zu Barolo oder Muscadet. Früher strebten französische, spanische und portugiesische Weinerzeuger nicht so sehr den Fruchtgeschmack an. Tatsächlich scheinen Portugiesen und Spanier so lange gewartet zu haben, bis jeder Hauch von Frucht verschwunden war, bevor sie ihre Weine auf die Flasche zogen oder tranken. Auch in diesen Ländern hat sich der Geschmack gewandelt.

Ganz allgemein tendieren Weißweine (sogar wenn sie reif sind), zu mehr Frische als früher, und Rotweine – junge wie alte – schmecken weicher, runder, weniger hart und tanninbetont. Besonders Rotweine werden für frühere Trinkfähigkeit bereitet (also mit weniger Tannin), nicht weil es den Weinfreunden in aller Welt an geeigneten, kühlen, feuchten Lagermöglichkeiten fehlte, sondern weil die Menschen ihrem Lebensstil gemäß lieber Weine für den täglichen oder wöchentlichen Konsum kaufen, genauso wie sie auch ihre Nahrungsmittel einkaufen. Es gibt immer noch Weine zum längeren Lagern, aber sogar die größten Bordeaux-Rotweine sind jetzt früher trinkfertig. Man weiß allerdings noch nicht, ob sie sich auch ebenso lange halten.

Der nächste weitreichende Aspekt in der Veränderung des Geschmacks moderner Weine ist die Lagerung im Eichenfaß. Ursprünglich wurde das Eichenholzfaß als normales Gefäß zur Weinbereitung und -lagerung verwendet, aber man hat bald erkannt, daß es, richtig eingesetzt (mit dem richtigen Einsatz geschmackreicher neuer Eiche und der idealen Faßgröße), vielerlei feine Geschmacksnoten und eine bessere Struktur beisteuern kann. Edelstahltanks, die von den sechziger Jahren an die alten Beton- und Holzgefäße ersetzten, waren weitgehend verantwortlich für die Auffrischung des Weingeschmacks – die Kellermeister konnten bei ihnen die Temperatur des gärenden Mostes kontrollieren, so daß dieser nicht zu heiß wurde und die Weine keine rauhen, zufälligen Aromen erhielten. Edelstahl trägt jedoch von sich aus nichts zum Weingeschmack bei. Seine Rolle ist eine rein hygienische.

Als die Weinerzeuger der Neuen Welt damit begannen, neue Eichenfässer einzusetzen, wie sie es in Burgund und Bordeaux gesehen hatten, verwendeten sie diese in hohem Maße, und sie entdeckten, daß die Geschmacksnoten aus dem Eichenholz – Vanille, Toast, Gewürz, Rauch und Kokosnuß – verlockend waren. Die Ära der Weine mit ausgeprägtem Barriqueton war angebrochen. Sie dauert noch an (nicht zuletzt, weil die Weinerzeuger billigere Methoden gefunden haben, ihn in den Wein zu bringen). Aber es gibt auch einen Trend, der von den zu stark betonten Barriqueweinen wegführt – was sich günstig auf die Zusammenstellung von Weinen und Speisen auswirkt. Mehr über Barrique und andere Tricks und Trends in der Weinerzeugung finden Sie auf Seite 55. Dort erfahren Sie auch einiges über die Techniken, die bei Chardonnay, der modernsten und flexibelsten Rebsorte der Welt, angewendet werden.

Chardonnay

Chardonnay ist der Liebling fast jeder Weinregion und kann jede Art von Wein hervorbringen, vom langlebigen, komplexen Wein bis hin zum schlichten Alltagsweißwein, je nachdem, wie und wo er angebaut und vinifiziert wird. Die Speisen, die zu den verschiedenen Arten von Chardonnay passen, sind entsprechend unterschiedlich – von Fisch und Geflügel bis zu Käse, gewürzten Gerichten und Nußsaucen –, und gleichzeitig kann man mit Chardonnay wesentlich weniger falsch machen als bei anderen Sorten. Fette Fische wie Makrelen und Sardinen sollten vermieden und Pilze nur mit Vorsicht dazu genossen werden, aber außer diesen Einschränkungen bestehen die Hauptnachteile für seine Zusammenstellung mit Essen darin, daß er in der Neuen Welt einen zu niedrigen Säuregehalt, starke Frucht und (hinzugefügten) Barriqueton hat. Die Fruchtigkeit verträgt sich aber gut mit fernöstlichen Gewürzen und kräftigen Mittelmeerspezialitäten.

Die Chardonnay-Rebe ist so außergewöhnlich flexibel, weil sie von sich aus keinen starken Charakter mitbringt. Statt dessen reflektiert sie wie ein Spiegel den Willen des Kellermeisters und die aktuelle Mode. Nur Chablis in Nordburgund erzeugt eine Art von Chardonnay, die bis heute nirgendwo anders gemacht werden kann, und das liegt wohl an dem kalkhaltigen Mergelboden dieses Gebiets. In anderen Gegenden spielt das Klima eine größere Rolle. Kühle Regionen bringen leichte, neutralere Weine mit Apfelaroma hervor, die sich für die Reifung in neuen Eichenholzfässern nicht eignen. Je wärmer das Klima, desto voller ist der Wein, bis hin zum heißen australischen Hunter Valley, wo er schwer wird und Karamelaromen zeigt.

Die gewichtigen Weine eignen sich hervorragend zur Reifung in neuer Eiche, wodurch dem Chardonnay Vanille- und Toastaromen zugeführt werden, die ideal zu seinem buttrigen Charakter passen. Wenn Sie allerdings Chardonnay ohne Barriqueton probieren möchten, dann ist die Auswahl begrenzt. Eine Möglichkeit ist Chablis ohne Barrique, eine andere die Südtiroler Chardonnays.

Chardonnay und Essen

Im folgenden stelle ich die verschiedenen Arten von Chardonnay in der Welt vor – ob die Rebsorte als Bestandteil in einem Verschnitt oder allein im Wein vorkommt. Einige sind so ähnlich, daß es Ihnen schwerfallen würde, sie bei einer Blindprobe zu unterscheiden, doch andere sind vollkommen verschieden und müssen mit ganz unterschiedlich schmeckenden Speisen kombiniert werden.

SÜDTIROL & FRIAUL

Norditalienische Chardonnays gehören zu den leichtesten und spritzigsten und sind zu zart für viel neue Eiche. Mit ihren apfeligen, blumigen Geschmackstönen sind sie ideale Aperitifs, aber sie schmecken auch zu allen Speisen, die durch zuviel Geschmack im Glas leicht übertönt würden: mild gewürzte Pasta und Risotto; einfacher weißer Fisch mit einem Spritzer Zitrone; leichte Salatvorspeisen.

UNGARN & MOLDAUREGION

Es gibt eine Handvoll neuer ungarischer Gutsweine aus Chardonnay, die in Säure und Intensität an neuseeländische erinnern, aber der Großteil der Produktion kommt von in Australien ausgebildeten, »fliegenden« Kellermeistern, die frische, herbfruchtige, preiswerte, leichte bis mittelschwere Weißweine mit einer angenehmen Säure erzeugen. Diese können für sich allein getrunken werden oder zu leichten alltäglichen Gerichten wie Fisch, Geflügel oder Pasta (Spaghetti mit Pesto zum Beispiel). Die Weine aus der Moldauregion (wiederum von »fliegenden« Kellermeistern gemacht) sind ähnlich, jedoch ein bißchen voller und reifer; das Essen dazu kann entsprechend schwerer sein – zum Beispiel Schweinefleisch.

CHABLIS

Traditioneller Chablis ist der Inbegriff von konzentriertem, stahligem, mineraligem Chardonnay ohne Eiche, wie man ihn sonst nirgendwo findet. Einige lagert man im Barrique, was ihn runder, gefälliger macht, jedoch ist der nicht in Eiche gelagerte Chablis der klassische Begleiter zu Fisch und Schaltieren. Wählen Sie einen jungen Chablis zu leichten Aromen wie Austern, aber zu Lachs, Steinbutt und Seezunge den reiferen Premier oder Grand Cru. Letzterer hat auch genügend Gewicht für einen Fisch in üppiger Sauce und für fetthaltigen Käse wie Chaource.

MÂCONNAIS & CHALONNAIS

Eine Reihe von einfach als Weißer Burgunder gekennzeichneten Weinen kommt aus Mâcon und der Côte Chalonnaise – dem südlichen Burgund –, wo die Weine niemals die Qualität der Côte de Beaune erreichen, aber dennoch etwas von ihrem Wohlgeschmack aufweisen. Weine aus bestimmten Gemeinden haben mehr Charakter. Gute Beispiele dafür sind im Mâconnais Pouilly-Fuissé und Saint-Véran mit Sahne- und Apfelaromen und jene von der Côte Chalonnaise, vor allem Montagny, die voller im Körper und nussiger sind. Letztere kommen dem eigentlichen Burgunder näher. Die Weine passen gut zu Pasta, Geflügel und Fisch in Sahnesauce (aber heben Sie den feinsten Fisch für größere Burgunder auf). Sie schmekken auch gut mit Schweinefleisch und, wenn sie jung sind, zu Parma-, Serrano- und Bayonneschinken (vorausgesetzt er ist nicht zu salzig), wenn Sie einmal keinen Rotwein trinken möchten.

CÔTE DE BEAUNE

Dieser südliche Teil der Côte d'Or ist das Herzland des weißen Burgunders (außer Chablis). Es ist die Heimat so legendärer Namen wie Meursault, Puligny-Montrachet und Corton-Charlemagne: alle körperreich, komplex und nussig, meistens buttrig, manchmal honigartig, manchmal rauchig. Jede Gemeinde produziert ihre eigene hochfeine Variante zu diesem Thema. Es sind Weine zu besonderen Anlässen zu den besten Fischen und Meeresfrüchten (Hummer, Wildlachs, Steinbutt, Jakobsmuscheln), und ihre Fülle reicht für üppige Saucen aus.

VINS DE PAYS

Die Vins de Pays du Jardin de la France ähneln in Schwere und Art den norditalienischen Chardonnays, sind jedoch nicht so intensiv. Sie können für sich allein oder zu leichten Gerichten wie einfachen Schaltieren, Dim sum oder Avocado getrunken werden. Vins de Pays de l'Ardèche haben etwas von der nussigen, wohlschmeckenden buttrigen Art der Burgunder von der Côte Chalonnaise und schmecken gut zu Saucen mit Butter. Die Vins de Pays d'Oc schmecken nach Art der Neuen Welt nach reifen Früchten und Eiche und passen zu Fisch mit Kräutern und Knoblauch sowie Geflügelgerichten.

CHILE

Chilenische Chardonnays verbessern sich sprunghaft. Mit ihrer kraftvollen, reifen Frucht und etwas Barrique sind die meisten eine Spur leichter als die australischen und kalifornischen und sollten relativ jung getrunken werden. Sie kommen gut mit Gewürzen zurecht, jedoch nicht mit zu scharfen.

SÜDAFRIKA

Hier entwickelt sich ein anderer Stil mit großem Tempo, besonders seit in den achtziger Jahren bessere Chardonnay-Klone in Südafrika zur Verfügung stehen. Es besteht immer noch die Tendenz, die Eiche zu überstrapazieren, aber generell geht die Richtung zu einem Mittelding zwischen europäischer Feinheit und der deutlicheren Frucht Kaliforniens und Australiens. Es sind Weine, die recht jung getrunken werden sollten, statt sie zu lagern. Und sie passen zu unterschiedlichen Gerichten von milden indischen Kormas bis hin zu gebratenem Perlhuhn oder sogar Hummer.

NEUSEELAND

Das kühle neuseeländische Klima, besonders um Gisborne, eignet sich hervorragend für Chardonnay und verleiht den Weinen eine klare, lebhafte Frucht und große Intensität, jedoch fehlen die tropischen Fruchtaromen Australiens. Feine Säure und ein toastiger Barriqueton machen die Weine harmonisch,

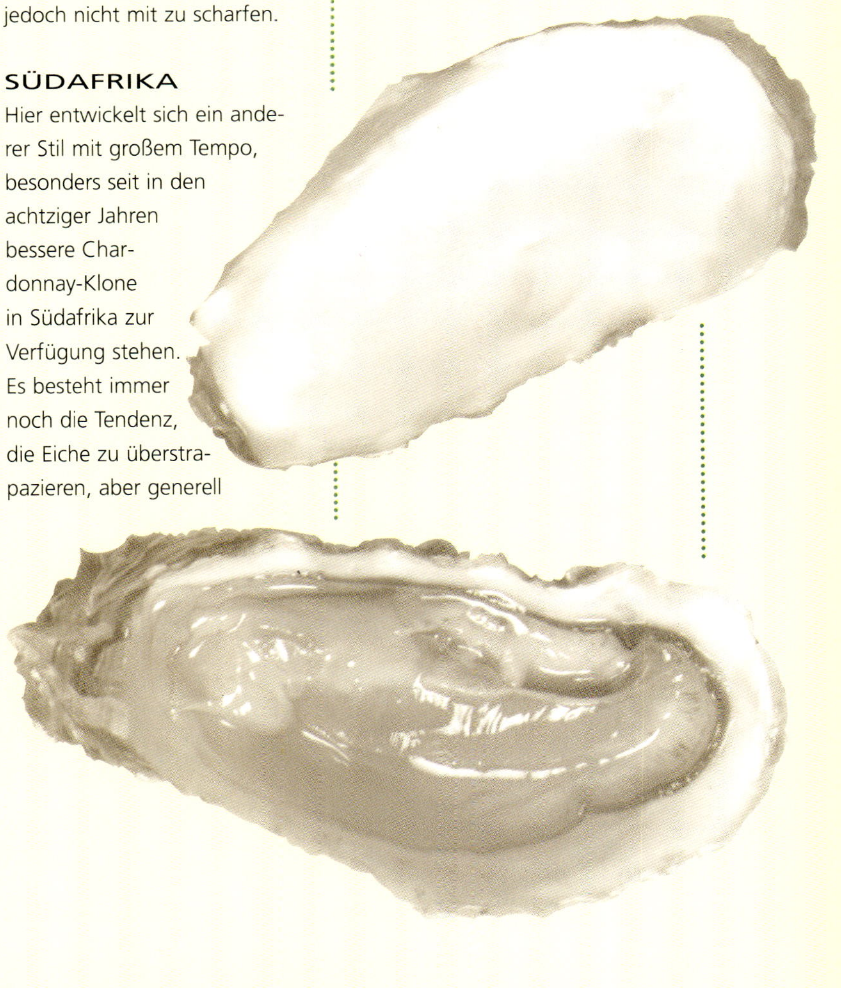

elegant und vergleichbar mit sehr guten Burgundern. Sie schmecken besonders gut zu geschmackreichem Fisch, üppigen Saucen und Mittelmeergemüse, können sich aber auch bei gegrilltem Steak gut durchsetzen.

KALIFORNIEN

Der ursprünglich mächtige, tropische, barriquebetonte Stil Kaliforniens ist in den letzten Jahren feiner geworden; und daher sind die Weine auch einfachere Begleiter zu Speisen. Die Liebhaber der kräftigen, geraden Art brauchen aber nicht zu verzweifeln. Sogar die kühlsten Landesteile (Carneros, Russian River, Teile von Santa Barbara, Monterey usw.) produzieren reifere, exotischere Weine als Burgund. Toastiger Barriqueton ist immer noch verbreitet, und die Säure liegt relativ niedrig. Bis auf wenige Weine sollten alle innerhalb weniger Jahre nach der Lese getrunken werden, denn sie entwickeln sich mit dem Alter nicht weiter. Den preiswertesten fehlt es an individuellem Charakter, und sie haben einen Hauch von Süße, die auch pappig sein kann. Es ist schwierig, allgemeine Hinweise zu geben, aber mit Ausnahme der den Burgundern ähnlichsten Weine (von denen es nicht viele gibt), passen kalifornische Chardonnays gut zu stark gewürzten Speisen wie geräuchertem Schellfisch mit Safran-Sahne-Sauce, Walnußsauce mit Pasta und den typischen, vom Mittelmeer beeinflußten Gerichten Kaliforniens, in denen Senf, gegrillte Paprikaschoten, geschroteter Pfeffer, Marinaden und ähnliches in reichlichem Maße zu den Hauptzutaten wie Schwein, Ente und Thunfisch genossen werden.

AUSTRALIEN

Dies ist vielleicht mehr noch als Kalifornien die traditionelle Heimat des reifen, exotisch fruchtigen Chardonnay, aber diese Art ist nur eine Seite der Medaille. Neben den üppigen, barriquebetonten Weinen aus den heißesten Gebieten wie Barossa und Hunter Valley, die jung mit stark gewürzten Speisen (zum Beispiel Ente mit Orange) oder für sich allein getrunken werden, gibt es Weine aus kühleren Regionen wie Yarra Valley, Margaret River, Adelaide Hills, Padthaway und Tasmanien. Hier fallen die Weine eleganter und feiner aus, so daß sie allgemein besser zum Essen passen. Es gibt auch hier einen Trend zu frischen Weinen ohne Eichenfaßausbau – wobei sicherlich an die wunderbaren australischen Schal- und Krustentiere gedacht wurde.

CHAMPAGNER & SCHAUMWEIN

Chardonnay ist die am wenigsten angebaute Sorte von allen Champagnerreben. Den größten Anteil der Rebfläche beansprucht Pinot Noir, dicht gefolgt von Pinot Meunier, doch Chardonnay ist trotzdem außerordentlich wichtig. Er wird sortenrein für den Blanc de Blancs verwendet, und trotz seines Renommees für Eleganz ist es die langlebigste Sorte, so daß sie für Jahrgangs-Champagner in Frage kommt. Chardonnay wird auch von Schaumweinproduzenten anderer Länder angepflanzt. Champagner ist der beste Aperitif, aber er wird traditionell auch zu Austern und Räucherlachs und zwangsläufig zu anderen Luxusgerichten serviert – Kaviar und sogar schwarze Trüffel und Stopfleber. Von den Bewohnern der Champagne wird er zu jedem Gang des Menüs getrunken. Das kommt mir etwas übertrieben vor, aber Sie sollten dennoch einmal einen trockenen Champagner zu Schaltieren aller Art probieren, ferner zu Räucherfisch oder Fisch in Sahnesauce, Spargel, chinesischem und thailändischem Essen sowie Sushi (siehe Seite 136, 138 und 140), außerdem zu kaltem Wildgeflügel. Der typische Übersee-Schaumwein ist voller, fruchtiger und milder – er paßt nicht so gut zu Austern oder Wildgeflügel, doch dafür zu einer ganzen Reihe von leicht gewürzten Speisen. Beachten Sie, daß süßer Champagner selten süß genug für Süßspeisen und Kuchen ist.

MASSGESCHNEIDERTER CHARDONNAY

Unter einigermaßen hygienischen Bedingungen beginnen gequetschte oder ausgepreßte Trauben zu gären, und das Ergebnis ist Wein (ohne Hygiene kommt Essig heraus). Bei einigen Rebsorten brauchen Sie nichts weiter zu tun. Da gibt es Sorten wie Riesling und Sauvignon Blanc, von denen man die Finger lassen sollte, denn sie haben selbst eine starke Persönlichkeit und mögen es gar nicht, wenn die Weinmacher mit ihnen experimentieren. Doch andere Sorten wie etwa Chardonnay sind nicht so kapriziös. Im folgenden finden Sie einige Techniken und andere Faktoren, die den Geschmack des Weins beeinflussen.

EICHE: TRICKS & KNIFFE

Eiche wird eher bei Rot- als bei Weißweinen eingesetzt, doch unter allen weißen Rebsorten sieht der Chardonnay das Innere eines Eichenfasses oder einen Sack mit Eichenspänen am häufigsten. Späne? Eichenspäne, kleine Stückchen von Eichenholz, die in riesige Weintanks gehängt werden, sind in der Tat das billigste Mittel, dem Wein Eichengeschmack zuzuführen. Seit ihrem ersten Auftreten vor ein paar Jahren haben sie vor allem billigen australischen Weinen einen Hauch von Eiche verliehen, während früher neue Eiche den teuren Weinen vorbehalten war. Dem mit Spänen behandelten Wein fehlt es meist an Feinheit und Komplexität im Geschmack, doch wenn man den Wein mit den Spänen vergären läßt, statt diese erst nachher für eine gewisse Zeit einzubringen, ist das Ergebnis noch schlechter. Man kann aber nicht nur zwischen Faß und Spänen wählen, sondern auch zwischen teurer französischer Eiche und der billigeren amerikanischen mit ihrem stärkeren, würzigeren Vanillearoma, die vor allem bei spanischen und oft auch bei australischen Rotweinen Verwendung findet. Auch das Toastaroma kann man bestimmen: stark, mittel oder leicht, je nachdem, wie stark es sein soll. Bei Weißwein muß man sich ganz einfach entscheiden, ob man den Wein in Holzfässern reifen lassen will oder ihn auch in ihnen vergärt. Letzteres ist teurer, doch ist die Struktur nachher fester und reicher. Der Zeitaufwand spielt eine Rolle, ebenso das Alter der Fässer: Nach drei oder vier Jahren Gebrauch bleibt nur noch wenig Eichengeschmack übrig.

REBSTÖCKE: ALTER, JUGEND & ERTRAG

Alte Rebstöcke (vieilles vignes) werden höher bewertet, denn mit dem Älterwerden bringen sie nach und nach weniger Trauben, diese jedoch mit intensiveren und komplexeren Aromen hervor. Die jüngsten Rebstöcke (meist drei Jahre alt) ergeben oft sehr klare, fruchtige Geschmacksnoten, doch dann verlieren sie an Glanz und gehen durch ein paar recht stumpfe Jahre. Die Ertragsbegrenzung (die alte Rebstöcke von Natur aus durchmachen) trägt zur Konzentration des Aromas bei.

HEFE & BUTTER

Wilde Hefen (die auf den Beerenschalen sitzen oder sich im Keller angesammelt haben) können wundervolle Weine erzeugen, aber sie können auch instabil und daher ein Risiko sein. Hinzu kommt, daß viele Kellermeister in Übersee – vor allem jene sogenannten »fliegenden«, die um die Welt sausen, um alljährlich an mehreren Stellen Weine zu machen – die Geschmacksnoten bevorzugen, die eigens gezüchtete Hefen hervorrufen. Beim Chardonnay verleihen diese Hefen den Weinen, die jung getrunken werden sollen, zusätzlich Pfirsich-, Ananas- und Tropenfruchtaromen.

Eine weitere Eigenschaft, die gefördert werden kann, ist das Butteraroma. Chardonnay hat von Natur aus eine leicht buttrige Art, aber diese wird oft durch eine zweite Gärung, die Äpfelmilchsäuregärung, zu einem reicheren, fetteren Butteraroma verstärkt. Dieser Geschmack ist jedoch nicht der einzige Grund für diese Art der Gärung. Kellermeister leiten sie bei den meisten Rotweinen (wo der Buttergeschmack nicht so deutlich hervortritt) und einigen Weißen, insbesondere aus kühleren Regionen, ein, denn sie senkt den Säuregrad.

SORTENREINHEIT ODER VERSCHNITT?

Bis vor kurzem wurde Chardonnay nur selten mit anderen Rebsorten verschnitten – nicht so wie Sémillon mit Sauvignon Blanc oder Cabernet mit Merlot und Freunden. Champagner war hier die große Ausnahme (zusammen mit anderen Weinen ähnlichen Stils aus anderen Regionen). Aber knappe Erntemengen und gleichzeitige Preissteigerungen zu Beginn dieses Jahrzehnts führten dazu, daß – vor allem in Australien – Chardonnay jetzt oft Partner von Sorten wie Semillon, Colombard, Chenin Blanc und sogar vom anspruchsvollen Sauvignon Blanc ist. Insgesamt kann man nicht sagen, daß diese Verschnitte besser sind als die Summe ihrer Teile. Der geringe Zusatz von Chardonnay in den aus vielen Sorten bestehenden südfranzösischen Verschnitten steht auf einem anderen Blatt und hat sich inzwischen bewährt. Manchmal braucht man nur eine kleine Menge Chardonnay, um ein bißchen extra Körper und Fruchtaroma zu erreichen und einen interessanteren Wein zu machen.

Sauvignon Blanc

Sauvignon Blanc läßt sich von allen Rebsorten dank seines pflanzlichen, blumigen Stachelbeeraromas und seiner knochentrockenen, festen Art am leichtesten identifizieren. Seine Geschmacksskala ist beschränkter als die des Chardonnays, und er paßt sich schlechter an Klimazonen an, die wärmer oder kälter sind als die ideale. Beispielsweise bringt in den meisten Weinregionen Kaliforniens und Australiens die Hitze normalerweise recht plumpe Weine hervor, denen die für den Sauvignon so wichtige lebendige Frische fehlt.

Auf der anderen Seite ergibt er bei zu geringer Wärme dünne, saure Weine mit aggressivem Kräuteraroma. Jedoch ist der Sauvignon zweifellos eine Sorte für kühles Klima, die ihr Maximum an klassischer aromatischer Intensität und Frische im französischen Loiretal und in Neuseeland erreicht. Um diesen typischen Stil zu erhalten, meidet man bei der Mehrheit der Sauvignon Blancs, wo immer sie produziert werden, jeglichen Kontakt mit der an Vanille erinnernden Fülle und Sahnigkeit neuer Eiche. Man kann guten Sauvignon Blanc in neuer Eiche herstellen, aber das erfordert eine sehr behutsame Hand – und normalerweise auch die richtige Menge Sémillon im Verschnitt, so wie es bei den meisten Weißweinen in Graves gemacht wird. Sauvignon ist im Gegensatz zu Chardonnay keine Sorte, die sich im Keller leicht beeinflussen läßt.

Auch die höchsten Qualitäten von Sauvignon Blanc lohnen die Lagerung nicht. Die meisten werden am besten innerhalb des ersten Jahres nach dem Kauf getrunken. Wenn man sie länger liegen läßt, verlieren sie ihre Frische, ohne gleichzeitig an Komplexität zu gewinnen. Aber der gerade, fast eindimensionale Geschmack und die hohe Säure machen auch den Reiz aus, vor allem bei Speisen, die nach Säure verlangen – Tomatengerichte, Fischgerichte mit Zitrone, thailändische Spezialitäten, Ziegenkäse –, und Speisen, deren Üppigkeit nach Säure im Wein verlangt. Seien Sie jedoch vorsichtig mit grünem Gemüse: Broccoli, Spinat und sogar Zucchini könnten das Kräuteraroma des Weines zu sehr betonen.

Sauvignon Blanc und Essen

Im folgenden stelle ich die verschiedenen Arten von Sauvignon Blanc in der Welt vor – ob die Rebsorte als Bestandteil in einem Verschnitt oder allein im Wein vorkommt. Einige sind so ähnlich, daß es Ihnen schwerfallen würde, sie bei einer Blindprobe zu unterscheiden, doch andere sind vollkommen verschieden und müssen mit ganz unterschiedlich schmeckenden Speisen kombiniert werden.

SANCERRE, POUILLY-FUMÉ & ANDERE LOIREWEINE

Dies ist die wichtigste Region für Sauvignon Blanc in Frankreich. Hier findet man den mineralischen Feuersteingeschmack von Sancerre, Pouilly-Fumé und ihren Nachbarn (mit einer Spur Raucharoma bei Pouilly-Fumé). Die einfacheren Sauvignons der Loire, aus der Touraine und Haut-Poitou schmecken auf eine reizvolle Art grasig. Ziegenkäse ist hier der klassische Begleiter, neben verschiedenen Fischgerichten wie fritierten Gründlingen (eine französische Spezialität) und Fisch mit Sauerampfersauce. Auch Paprikaschoten- und/oder Tomatengerichte, Spargel (siehe jedoch Schwierige Partner) und Thai-Spezialitäten.

BORDEAUX, BERGERAC & CÔTES DU DURAS

Sauvignon Blanc wird im Bordeauxgebiet normalerweise mit Sémillon abgerundet, und zwar in seiner trockenen wie in seiner süßen Version (siehe auch Seite 60), aber sogar der reine Sauvignon aus dieser Region ist nicht so aromatisch und intensiv wie jener von der Loire. Es ist ein ordentlicher mittelschwerer Alltagswein zu weißem Fisch und Muscheln und sogar zu schwierigem fettem Fisch wie Makrele. Die Sauvignons aus Bergerac und von den Côtes du Duras sind etwas fruchtiger, wodurch sie einfacher mit Speisen zu kombinieren sind, jedoch sollte man sich an die leichteren Gerichte halten. Reifer Spitzen-Graves ist der richtige Wein für festliche Fischgerichte mit viel Sauce und auch für Hummer.

ÖSTERREICH

Der beste österreichische Sauvignon kommt aus der kühlen Steiermark, wo er auch Muskat-Sylvaner genannt wird. Wegen seiner Nervigkeit und Säure erinnert er an die Loireweine, kann aber etwas fruchtiger schmecken.

NEUSEELAND

Die neuseeländischen Sauvignons sind intensiv und haben den lebendigen, konzentrierten Fruchtgeschmack der Stachelbeere. Sie werden nicht ins Eichenholzfaß gelegt (oder nur selten). In Marlborough haben sie das ausgeprägteste Kräuteraroma, in Hawkes Bay sind sie ein bißchen geschmeidiger. Obwohl sie sich von den Sauvignons der Loire unterscheiden, passen sie zu den gleichen Speisen: Schaltieren, Gemüse wie Pastinake und Kumara oder Maori-Kartoffel (beide süßlich und oft mit Gewürzen zubereitet) sowie Fenchel.

USA

Die Barriqueart des in Kalifornien populären Fumé Blanc hat wenig Ähnlichkeit mit den anderswo ohne Eiche erzeugten Sauvignon Blancs. Der Sortencharakter verschwindet unter dem Eichenton und manchmal auch dem Restzucker, aber das paßt zu Maiskolben und anderen süßen Gemüsen wie Lauch. Einfacheren, klassischeren Sauvignon, der zu Fisch und Schaltieren paßt, kann man in Washington State finden. Auch Texas bringt ein paar gute Ergebnisse.

AUSTRALIEN

Ein paar Winzer, vor allem in den kühleren Adelaide Hills, haben damit begonnen, Weine mit echtem Sortencharakter und Feinheit zu erzeugen, die ideal zu Schaltieren passen.

CHILE & SÜD-AFRIKA

In den letzten Jahren wurde der chilenische Sauvignon, allen voran der aus der kühlen Umgebung von Casablanca, enorm verbessert, so daß er jetzt im Charakter und als Begleiter zum Essen gleich hinter dem aus Neuseeland rangiert. Südafrika muß seinen Stil erst noch entwickeln, doch seine besten Sauvignons erinnern an die neuseeländischen.

ANDERE LÄNDER

Ungarn stellt preiswerte, ziemlich leichte, würzige Sauvignons her, die gut zu Ziegenkäse, Spargel, Sushi und Sashimi passen. Die gleiche Art von Speisen harmoniert gut mit den besten italienischen Sauvignons – aus Collio –, während die Südtiroler leichter sind und am besten entweder für sich allein oder zu Fritto misto von Fisch oder Gemüse getrunken werden. Spaniens mittelschwere Rueda-Weißweine, die häufig dem Sauvignon etwas schuldig bleiben, passen gut zu weißem Fisch und Salaten aus Meeresfrüchten.

Sémillon

Sémillon zeigt nur in Bordeaux und im Hunter Valley in Australien Größe. In Bordeaux wird er fast immer mit Sauvignon verschnitten, wobei letzterer der üppigen, geschmeidigen Art des Sémillon Biß gibt. Eine Vergärung in neuen Eichenfässern war den großen weißen Graves vorbehalten, aber mehr und mehr profitieren auch mittelpreisige Weine von einem Hauch Barrique, der ihnen mehr Komplexität gibt und sie für etwas schwereres Essen geeignet macht. Bordeaux ohne Eiche sollte jung zu leichten Vorspeisen und Fisch gereicht werden. Viele australische Semillons werden in den unteren Qualitäten mit Chardonnay verschnitten. Die sortenreinen Weine aus dem Hunter Valley sind in der Jugend frisch und zeigen im Alter Toastaromen und honigartige Komplexität. Junge Barrique-Versionen sind üppiger, altern jedoch nicht so gut. Trinken Sie junge Weine ohne Barrique zu gewürztem oder gegrilltem Fisch, alte oder Barrique-Weine zu Brathähnchen mit Honig.

Riesling

Der Riesling, zur Zeit ein Opfer der Moden, ist und bleibt eine der wenigen großen Rebsorten. Delikat in der Jugend und dennoch fähig, sich zu einem komplexeren Wein zu entwickeln, hat er vor allem in Deutschland Eigenschaften, die ihn für eine breite Skala von Gerichten geeignet machen, darunter auch einige, die kaum zu anderen Weinen passen. Kalter Braten, vor allem von Schwein und Ente, Senf, Kapern, grüne Oliven, chinesische Spezialitäten, rote Bete, Hummer, geräucherte Makrele und luftgetrocknete Tomaten sind nur einige davon.

Die meisten großen deutschen Weine werden aus Riesling gemacht (die wichtigsten Synonyme lauten Johannisberg, White Riesling, Rheinriesling oder Riesling Renano, jedoch nicht Laski Rizling, Olasz Rizling, Riesling Italico oder Welschriesling, die einer geringeren Spezies angehören). Billige deutsche Weine – Liebfraumilch, Bereich Nierstein und andere –, die den Ruf deutscher Weine (und der Rieslingweine anderer Länder) ruiniert haben, enthalten nur selten einen Tropfen von echtem Riesling.

Riesling hat ein vielfältiges Geschmacksbild: Pfirsich, Aprikose, Honig und Apfel, plus eine Spur Rauch und Mineralien in einigen Gebieten von Rhein und Mosel, ein Hauch Gewürz in der Pfalz und ein Tupfer Limette in Australien. Riesling kann knochentrocken, halbtrocken, halbsüß und süß sein, und er kann jung getrunken oder so lange gelagert werden, bis er seinen einzigartigen Charakter erhält.

In Deutschland gedeiht er in kühlem Klima, obwohl er in Österreich die großen Qualitäten in viel wärmeren Gegenden hervorbringt. Es sind vollere Weine mit Toastaroma, die selten so alt werden können wie die deutschen, wo die klassischen halbtrockenen bis sehr süßen Varianten von Kabinett, Spätlese und Auslese eine Nervigkeit und messerscharfe Ausgeglichenheit zwischen Süße und Säure aufweisen, wie sie bei keinem anderen Wein vorkommt. Die süßeren Weine, Beerenauslesen, Trockenbeerenauslesen und Eisweine, erreichen wegen ihres ebenso hohen Säuregehalts eine immense Lebensdauer. Die Edelfäule, von der die Sorte befallen werden kann (siehe Seite 60), verleiht Auslesen, Beeren- und Trockenbeerenauslesen Tiefe und Komplexität.

Riesling und Essen

Im folgenden stelle ich die verschiedenen Arten von Riesling in der Welt vor – ob die Rebsorte als Hauptfaktor in einem Verschnitt oder allein im Wein vorkommt. Einige sind so ähnlich, daß es Ihnen schwerfallen würde, sie bei einer Blindprobe zu unterscheiden, doch andere sind vollkommen verschieden und müssen mit ganz unterschiedlich schmeckenden Speisen kombiniert werden.

DEUTSCHLAND

Der leichteste Riesling kommt von der Mosel, wo der Alkoholgehalt sehr niedrig liegen kann. Dennoch haben diese Weine, die in der Jugend nach grünen Äpfeln, Rauch und Blumen schmecken können, ein stahliges Gerüst und können viele Jahre reifen. Am Rhein werden (relativ) gewichtigere Weine gemacht, die im Süden, in der Pfalz und in Baden, würzig ausfallen können; auch sie altern gut. Die süßen Weine sind herausragend, honigartig und komplex, jedoch niemals dick und plump. Manchmal sind sie sogar zu leicht für ein Essen und werden besser danach getrunken, um dann ihre Eleganz und Feinheit am vorteilhaftesten zur Geltung bringen zu können. Deutsche Gutsweine hoher Qualität schmecken hervorragend als Aperitif, aber sie sind auch bei Tisch unentbehrlich. Probieren Sie einen feinen

Mosel Kabinett zu Gravad lax oder Sushi und Kabinett oder Spätlese halbtrocken zu chinesischem Essen oder auch zu Jakobsmuscheln, Forelle oder Räucherfisch. Trinken Sie eine süßere Spätlese oder Auslese aus der Pfalz oder dem Rheingau zu Schwein, Ente und Gans mit fruchtiger Sauce. Oder eine Auslese zu leichten, nicht zu süßen Obstkuchen oder Johannisbeeren. Die süßeren Varianten können es auch mit Süßspeisen aufnehmen – bis hin zu Pecannuß-Pie oder Sirupkuchen. Eine besondere Übereinstimmung gibt es zwischen süßem Riesling und Apfeldesserts.

AUSTRALIEN

Die besten australischen Rieslinge kommen aus dem Clare und dem Eden Valley im Süden Australiens, wo die Trauben Limetten- und Passionsfruchtaromen entwickeln. Mit dem Altern entwickeln die Weine Toastaromen und honigartige Tiefe, aber nicht jenen Petroleumton reifer deutscher Rieslinge. Reichen Sie sie zu Terrinen aus Räucherfisch, kaltem Schweinebraten, Senfsaucen, luftgetrockneten Tomaten, roten Paprikaschoten und zu asiatischen Gerichten, wenn diese nicht zu scharf gewürzt sind.

Die spät gelesenen Botrytisweine sind schwerer als ihre deutschen (oder neuseeländischen) Pendants und passen zu einer ganzen Reihe von Süßspeisen (mit Sahne, Frucht, Baiser oder auch zu Kuchen).

NEUSEELAND

Das kühle Klima bringt Rieslinge hervor, die den deutschen mehr ähneln als alle anderen in der Neuen Welt. Obwohl es ihnen an der stahligen, mineraligen Art der besten Rhein- und Moselweine fehlt, passen sie zu ähnlichen Speisen und etwas stärker gewürzten Gerichten. Es gibt auch einige konzentrierte und sehr süße Botrytisweine, die viel jünger getrunken werden als die entsprechenden deutschen, die aber wie diese relativ wenig Alkohol enthalten und auf keinen Fall so üppig sind wie zum Beispiel Sauternes. Sie schmecken sehr gut zu allen Süßspeisen mit Obst.

USA

Riesling wird in Kalifornien kaum ernst genommen; die meisten sind nicht trocken, sondern mild, billig und selten interessante Essensbegleiter. Es gibt jedoch ein paar hervorragende, konzentrierte süße Varianten, die entweder spät gelesen, wie Eiswein hergestellt und auch Ice Wine genannt werden oder aus edelfaulen Beeren stammen. Sie sollten generell jung zu Süßspeisen, vor allem mit Obst, Zimt oder Mandeln, getrunken werden. Washington State, Oregon, Ontario und New York State – vor allem letzterer – erzeugen elegantere, trockene bis nicht trockene Rieslinge deutscher Art, die zu asiatisch beeinflußten Gerichten passen. Ontario erzeugt auch sehr feine Eisweine zu Süßspeisen.

ELSASS

Im Elsaß, der einzigen Region Frankreichs, wo diese Traube wächst, werden trockene und süße Rieslinge gemacht. Sie haben jenen Hauch von Würze, der für elsässische Weine typisch ist, sind alkoholreicher und kräftiger als ihre deutschen Pendants. Daher passen sie auch gut zu üppigeren Speisen wie Räucherfisch jeder Sorte, Fisch in Sahnesauce und Pasteten aller Art. Die süßeren Vendanges tardives (Spätlesen) können zu gebratener Gans mit Äpfeln gereicht werden, während die sehr süße Sélection de grains nobles besser zu Süßspeisen paßt.

ÖSTERREICH

Es gibt hervorragende österreichische Rieslinge. Sie sind trockener und alkoholreicher als die deutschen und leichter, aber fruchtiger als die elsässischen. Sie altern gut, erhalten aber selten die Gelegenheit dazu. Sie passen sehr gut zu frischem oder geräuchertem weißem Fisch.

Andere weiße Rebsorten

EDELFAULER SÉMILLON/SAUTERNES

Sauternes ist einer der aufregendsten Weine: Er wird aus faulen Sémillon-Beeren gekeltert. Aber es ist nicht irgendeine Fäule. Botrytis cinerea ist ein Pilz, der unter besonderen Bedingungen im Herbst reife Trauben befällt und den Saft verzehrt. Die Trauben werden braun und schimmelig, bevor sie schrumpfen, und dies verändert den Geschmack des Weines von Grund auf. Dieser erhält eine ungewöhnliche Konzentration von Süße und Säure, mit prächtiger, üppiger Konsistenz und honigartigen Aprikosen- und Pfirsicharomen – der Geschmack ist schwer zu beschreiben und doch sofort zu erkennen.

Die wichtigsten Rebsorten des Sauternes sind die gleichen wie für trockenen weißen Bordeaux: Sémillon und Sauvignon Blanc, in dieser Reihenfolge und fast immer miteinander verschnitten. Die Säure des Sauvignon gleicht den üppigen, saftigen Sémillon mit seiner öligen Konsistenz aus. Große Sauternes sind oft in der Jugend delikat, aber sie leben und entwickeln sich jahre-, ja sogar jahrzehntelang.

Wegen ihrer Intensität und Fülle passen Sauternes zu den meisten Süßspeisen und, wenn jung und kräftig, zu Schokoladendesserts (ein reiferer, komplexer Sauternes wäre eine Verschwendung). Sie sind jedoch auch berühmt als Begleiter zu Stopfleber und Roquefort, in Sauternes selbst werden sie oft sogar zu Hauptgerichten getrunken – zum Beispiel Ente mit Pfirsichen oder Bries in Sauternes-Sahne-Sauce.

Die spät gelesenen Semillon-Sauvignon-Verschnitte aus Übersee (Australien, Neuseeland, USA und Chile) haben klassischen Geschmack und Konzentration, sind aber nicht so fein. Dadurch passen sie jedoch zu süßen, schweren oder stark gewürzten Süßspeisen wie Schokoladenmousse oder Käsegebäck.

Leichtere Weine kommen aus den Sauternes benachbarten Regionen, vor allem Monbazillac, Cérons und Loupiac. In guten Jahren gibt es dort ein paar schöne Weine (zu günstigen Preisen), doch seien Sie bei der Auswahl vorsichtig. Die Standardweine sind sehr unterschiedlich, und in schlechten Jahren können es sich viele Winzer nicht leisten, ihre Weine zu deklassieren.

Ein paar seltsam aussehende Trauben bringen die klarsten Weißweine hervor. Von links nach rechts: geschrumpfte, von Pilz befallene Sémillon-Trauben für Sauternes und ähnliche Weine; Chenin Blanc, der knochentrockene bis sehr süße Weine ergibt; Colombard; der rosafarbene Gewürztraminer.

CHENIN BLANC

Guter Chenin Blanc ist einer der am meisten unterschätzten Weine der Welt, aber armseliger Chenin aus einem zu kühlen Jahr ist so sauer wie kein anderer Wein. Um die Geschmacksstoffe der Traube in Apfel- und Aprikosennoten, dennoch hohe Säure, jedoch mit einem Hauch von Honig zu verwandeln, sind viel Sonne und ein guter Kellermeister unentbehrlich.

Die Weine können trocken, halbtrocken, halbsüß oder vollsüß und botrytisbetont sein. An der Loire, dem europäischen Ursprung der Rebe, sind die flachsten, sauersten Weine wenigstens als Grundweine für trockenen oder halbtrockenen Schaumwein wie Saumur, Vouvray und Montlouis geeignet. Die trockenen Stillweine aus Savennières haben eine stahlige Intensität, durch die sie jahrelang reifen und eine beachtliche Komplexität entwickeln können. Die edelfaulen Süßweine von den Coteaux du Layon, Quarts de Chaume, Bonnezeaux und Vouvray zeigen eine sehr süße honigartige Frucht und eine Spur von Marzipan. Sie sind extrem langlebig, sollten aber nicht zu sehr süßen Desserts serviert werden. Obsttartes und Flans, besonders mit Äpfeln, und Kuchen mit Sahne und Mandeln oder Haselnuß sind ideal. Die halbtrockenen Weine ergeben einen feinen Aperitif, passen aber auch zu Bries und Fisch in Sahnesauce. Nirgendwo sonst in der Welt erreicht der Chenin diese Spitzenqualität.

COLOMBARD

Manchmal suchen Sie nach einem Wein ohne besonderen Geschmack – einem, der nur den Eindruck erfrischender, trockener Fruchtigkeit vermittelt, um zu leichtem Salat, Snacks oder spontan gekauften thailändischen Happen genossen zu werden. Ein Vin de Pays des Côtes de Gascogne aus der Colombard-Traube aus dem Armagnacgebiet und aus Südwestfrankreich paßten hier gut. In Eiche gereift, erhält er mehr Geschmack und Konsistenz, aber er wird niemals ganz groß. Kalifornische, südafrikanische und australische Varianten enthalten mehr Aromen von tropischen Früchten und haben mehr Kraft, aber auch hier sollte man nicht allzuviel von ihm erwarten.

GEWÜRZTRAMINER

Es gibt keine aromatischere Sorte als Gewürztraminer. Er wird meist als würzig beschrieben, und man spürt oft auch einen Hauch von Ingwer und Zimt im Geschmack. Der erste Eindruck ist jedoch der eines schweren, scheinbar süßen Duftes nach Lychees, Rosen und Niveacreme. Sogar in seiner trockenen Version ist er üppig, und die Qualität ist ständig in Gefahr, wenn die Säure in warmen Jahren zu niedrig gerät. Bei unzureichender Säure ist Gewürztraminer ölig und schlaff.

Im Elsaß hat er den besten Ruf, und es gibt ihn in drei Versionen: trocken, halbsüß (Vendange tardive) und sehr süß (Sélection de grains nobles). In Deutschland gibt es ihn in der Pfalz, gefolgt von Baden, und leichter, schlanker, aber immer noch typisch in Österreich und Südtirol.

Außerhalb Europas wird Gewürztraminer meist als Basis einfacher, nicht ganz trockener Weine mit keinerlei typischen Eigenarten betrachtet. Aber die Winzer in kühleren Klimazonen wie Neuseeland, Washington State und Oregon werden oft reich belohnt. Chile und Südafrika versprechen ebenfalls einiges.

Ein Wein mit so ausgeprägtem Charakter könnte ein Alptraum für jedes Essen sein und ist es auch manchmal, aber es gibt verwandte Geschmacksnoten im Essen, zu denen er paßt. Würzige Speisen gehören dazu, aber glauben Sie nicht, daß jede Art von indischen oder fernöstlichen Gerichten geeignet ist: Viele sind zu zart dafür. Die Süße von Zwiebeln, Lauch und roten Paprikaschoten paßt gut zu Gewürztraminer, ebenso einige kräftig schmeckende Käse, vor allem der aus dem Elsaß selbst stammende Munster. Eine Verbindung besteht auch zwischen Stopfleber und süßem Gewürztraminer: Vendange tardive ist süß genug, doch mit Sélection de grains nobles ergibt sich ein wundervoller, unwiderstehlicher Zusammenklang.

MARSANNE

Zusammen mit der feineren Roussanne ist Marsanne eine der Rebsorten für Hermitage und Crozes-Hermitage. Sie gedeiht auch in Südfrankreich, und in Australien wird ein sortenreiner Wein daraus gemacht. Sie ist recht gewichtig mit einer ausgeprägten Würze, Grasigkeit und in Australien einem Geschmack nach herber Limettenmarmelade. Ihre ausgeprägte Säure ermöglicht die Reife im Barrique und ein hohes Alter. Durch ihre Schwere, die würzige Art, Frische und feine Frucht passen die Weine gut zum Essen – schade, daß wir nicht mehr davon bekommen. Die australischen Versionen schmecken gut zu würzigem, sogar indischem Essen.

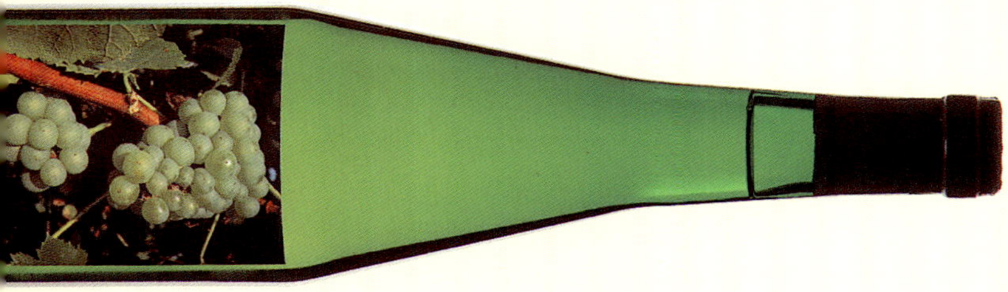

gnan, Saint-Jean de Minervois, Lunel und Rivesaltes sowie aus Beaumes-de-Venise, werden oft vor Ort als Aperitif getrunken, doch sie passen auch gut zu Süßspeisen, vor allem zu sehr süßen. Die viel dunkleren und süßeren Muskateller-Likörweine Australiens (meist von sehr hoher Qualität) sind zu stark für die meisten Süßspeisen, aber sie können zu den üppigsten, fettesten Schokoladespeisen, mit Ingwer gewürzten Desserts und Weihnachtspudding, Mince Pies und – sonst kaum mit Wein verträglichen – Eiscremes genossen werden.

Am anderen Ende der Skala befinden sich die nach frischer Traube schmeckenden, alkoholarmen, perlenden, süßen italienischen Moscatos (Asti ist der bekannteste). Obwohl häufig verachtet, sind es vielseitige Weine: passend zu leichtem Obstsalat und Obstspeisen, federleichter Schokoladenmousse und sogar als Erfrischung für den Gaumen zu Plum Pudding. Clairette de Die aus Frankreich ist ähnlich, aber nicht so süß und dabei alkoholreicher.

MUSCADET

Die Muscadet-Rebe ist eher als Melon de Bourgogne bekannt, aber heute wird sie fast nirgendwo anders mehr angebaut, so daß man sie mit dem Namen des Weines bezeichnet. Sie ist eine der neutralsten weißen Rebsorten und wird an der französischen Atlantikküste geschätzt, weil sie genügend Säure aufweist, um Austern, Krabben, Muscheln und andere Meeresfrüchte dieses Gebiets zu begleiten. Wenn Sie diesen Wein mit irgend etwas anderem genießen wollen, zum Beispiel leichten Vorspeisen oder Salaten, dann wählen Sie einen nussigen Sur Lie.

MUSKATELLER

Nur wenige Weine schmecken wirklich nach Trauben. Die aus der Muskateller-Familie sind eine Ausnahme, ob trocken, süß, still, schäumend oder auch aufgespritet. Andere wichtige Aromen sind Orange, Rose, Moschus und bei den aufgespriteten Weinen Rosinen.

Verschiedene Spielarten von Muskateller werden in zahlreichen Regionen angebaut, doch in den meisten Weinbauländern gibt es mehr als eine. Im Grad ihrer Finesse unterscheiden sie sich: Spanische Mocatels zum Beispiel sind, ob aufgespritet oder nicht, meist sehr süß und alkoholreich, während Beaumes-de-Venise sehr süß, sehr alkoholreich, aber meist wesentlich feiner ist. Elsässischer Muscat ist elegant und trocken und duftet nach Rosen (wird meist als Aperitif getrunken). Außer im Elsaß gibt es hier und da trockene Muskateller, aber die meisten sind süß. Die aufgespriteten Muscats aus Südfrankreich, aus Fronti-

PINOT BLANC

Man kann leicht nachvollziehen, warum es manchmal zu einer Verwechslung zwischen Pinot Blanc und Chardonnay kommt. Leichter Chardonnay ohne Barrique hat die gleiche Art von grüner, buttriger Frucht und apfeliger Säure wie der Pinot Blanc. Die Rebstöcke sehen ähnlich aus, sind aber nicht verwandt, und Pinot Blanc hat, obwohl in ganz Europa verbreitet, niemals die Popularität und Qualität seines Beinahe-Zwillings erreicht.

Er mag zwar als Rebsorte nicht so aufregend erscheinen, aber als Partner zum Essen ist er von Nutzen, denn er paßt fast immer. In seiner geschmackreichsten Variante – im Elsaß, wo er etwas von den aromatischen Eigenschaften der Region hat, und in Österreich, wo er ein leichtes Nußaroma zeigt (und Weißburgunder genannt wird) – schmeckt er gut zu ganz leicht gewürzten Gerichten, etwa zu einer leichten sahnigen Sauce an Fisch. Fischterrinen und Fischmousse passen ebenfalls gut dazu, ebenso die meisten einfachen Fischgerichte, viele gemischte Salate (jedoch nicht mit Hühnerleber), Rohkostgerichte und Schinken. Eine weitere Quelle charaktervoller trockener Pinot Blancs ist Süddeutschland, wo er in der Pfalz und Baden oft in neuen Eichenholzfässern reift und Weine für gehaltvolle Fischgerichte liefert. Im österreichischen Burgenland ergibt er Weine bis hinauf zur Trockenbeerenauslese – intensiv süß, langlebig und komplex –, die sich für üppige Vorspeisen eignen. Der norditalienische Pinot Bianco ist trocken, leicht und hat ein Aroma von grünen Blättern, vor allem der aus Südtirol, und einige Collio-Weine sind sehr interessant.

PINOT GRIS

Aus Pinot Gris gewinnt man knochentrockene bis üppig süße Weine. Er wird in ganz Mittel- und Osteuropa angebaut, im Süden bis Norditalien (unter der Bezeichnung Pinot Grigio der leichteste und neutralste), jedoch außerhalb Europas hat sich nur Oregon dafür interessiert und macht dort mittelgewichtige, trockene Weine mit leichtem Honigaroma daraus. Die feinsten Pinot Gris kommen aus dem Elsaß. In der Art stehen sie zwischen Pinot Blanc und Gewürztraminer, üppiger als der erste, aber nicht so exotisch wie der zweite. Auch in trockener Version sind sie voll und honigartig mit etwas Würze; je süßer sie sind, desto voller, honig- und nougatartiger sind sie im Geschmack. In ihrer süßesten Form passen sie zu Stopfleber, üppiger, geschmeidiger Leberpastete und zu Süßspeisen. Trockenere Versionen schmecken gut zu Quiche – mit Zwiebeln, Schinken oder Räucherlachs – und zu Räucherlachs allein. Es ist auch ein passender Weißwein zu Pilzen.

Deutschland, Österreich und die Schweiz machen reizvolle Weine unterschiedlicher Richtungen – von trocken bis sehr süß, mit oder ohne Barrique – unter verschiedenen Namen (Ruländer, Grauburgunder und Malvoisie). In Mitteleuropa macht Ungarn leicht nach Honig schmeckende, jedoch trockene Weine.

Drei von den ausdrucksvollsten weißen Rebsorten – Pinot Grigio (zweiter von links), Viognier (vierter von links) und Muskateller (untere Flasche auf der gegenüberliegenden Seite); und zwei der neutralsten – Ugni Blanc (dritter von links) und Muscadet (obere Flasche, gegenüberliegende Seite); sowie einer, der irgendwo zwischen beiden steht – Pinot Blanc (ganz links).

UGNI BLANC / TREBBIANO

Diese Sorte ist einer der Verschnittanteile in den Vins de Pays des Côtes de Gascogne und gedeiht im Languedoc (er wird auch zu Armagnac und Cognac destilliert). In Italien ergibt sie leichte, neutrale Weine – Soave, Frascati, Orvieto sind die bekanntesten. Da die Sorte nicht sehr viel Charakter aufweist, wird sie oft verschnitten: Guter Orvieto braucht Grechetto und Malvasia; geschmackreicher Frascati enthält Malvasia, und der delikate Recioto di Soave (aus getrockneten Trauben, in denen der Zucker konzentriert wird) besteht aus mehr Garganega als aus Trebbiano. Die trockenen Weine passen zu Pasta und weißem Fisch. Der Recioto eignet sich für nicht zu süße Desserts und französische sowie italienische Blauschimmelkäse.

VIOGNIER

Bis vor kurzem noch hatte der stark aromatische Wein aus Condrieu, aus der ausdrucksvollen Viognier-Rebe, im nördlichen Rhônegebiet nur wenig Konkurrenz: Die winzige Menge kalifornischer Viogniers war eindrucksvoll, aber teuer. Billigere Versionen kommen aus Südfrankreich. Sie haben zwar einen Aprikose-mit-Pfirsich-Charakter, jedoch die ganze Geschmacksfülle von Lindenblüte, Aprikose, Pfirsich und Moschus kommt nur aus Condrieu, wo der Wein sehr körperreich, aber immer trocken ist. Ich meine, man sollte ihn jung trinken, um den außergewöhnlichen Duft genießen zu können.

Viognier schmeckt zu Krebs und Hummer, aber auch zu Cantal-Käse. Er ergänzt das Aroma von schwarzen Trüffeln und paßt zu reichlich mit Rosmarin gewürztem Schweinebraten.

Cabernet Sauvignon

Cabernet Sauvignon wird in fast allen Weinregionen der Welt angebaut und zeigt mit bewundernswerter Stetigkeit das vertraute Aroma und den Geschmack von schwarzer Johannisbeere, vielleicht mit einem Hauch Vanille von neuer Eiche. Da kann eine Spur von Zeder im Falle von Bordeaux dabeisein, von Minze, wenn er aus Übersee – vor allem Australien – kommt, Marmelade, wenn es ein junger osteuropäischer ist, und Tabak und Gewürz, wenn er reifer ist. Aber zuerst und vor allem hat er einen eigenen Geschmack. Und dennoch ist seine Beliebtheit als Rebsorte eigentlich paradox, denn der Wein, der alle Nachahmungen überstrahlt – der rote Bordeaux – ist ein Rebsortenverschnitt, in dem Cabernet Sauvignon oft nicht einmal den Hauptanteil hat. In der Tat schmeckt der edle Cabernet besser und interessanter, wenn er mit anderen Rebsorten verschnitten wird – das Ganze ergibt mehr als die Summe der Teile. Die kalifornischen Winzer geben immer öfter etwas Merlot oder Cabernet Franc dazu, um mehr Komplexität zu erreichen. In Australien ist Cabernet Sauvignon mit Shiraz sehr erfolgreich. Chile gibt Merlot dazu, die Toskana verschneidet ihn manchmal mit Sangiovese, und in Spanien verwendet man Tempranillo.

Für sich allein in kühlem Klima kann er dünn und eckig sein, der grüne Pfeffer schmeckt zu sehr hervor und schwarze Johannisbeere und Schokolade nicht genügend. In Bordeaux macht ihn der weiche, pflaumige Merlot mit Hilfe des Cabernet Franc und seinem Johannisbeeraroma runder. Das Ergebnis umfaßt alle Varianten, vom alltäglichen Rotwein, den man bald nach der Ernte trinken kann, bis zum komplexen, gutstrukturierten Wein mit großer Tiefe und einem Tanningehalt, der ihn zwanzig Jahre haltbar macht. Die Übersee-Versionen sind im allgemeinen körperreicher mit reiferer Frucht, mehr üppiger Schokolade und deutlicherem Barriqueton.

Als Begleiter zum Essen ist Cabernet Sauvignon, sortenrein oder verschnitten, ideal zu dunklem Fleisch und etwas weniger zu Wild, mit einer speziellen Affinität zu Lamm. Im Idealfall sollte das Fleisch (von hoher Qualität) um so einfacher zubereitet sein, je besser der Wein ist.

Cabernet Sauvignon und Essen

Im folgenden stelle ich die verschiedenen Arten von Cabernet Sauvignon in der Welt vor – ob die Rebsorte als Bestandteil in einem Verschnitt oder allein im Wein vorkommt. Einige sind so ähnlich, daß es Ihnen schwerfallen würde, sie bei einer Blindprobe zu unterscheiden, doch andere sind vollkommen verschieden und müssen mit ganz unterschiedlich schmeckenden Speisen kombiniert werden.

BORDEAUX, BERGERAC, CÔTES DE BUZET & DE DURAS

Bordeaux ist die Heimat des klassischen Geschmacks nach Zeder/Zigarrenschachtel beim Rotwein und einer Qualitätsskala, die vom einfachen Bordeaux mit seinem pflanzlichen Aroma und Johannisbeergeschmack bis hin zu den größten, feinsten und langlebigsten Weinen der Welt, den Crus classés, reicht. In Médoc und Graves ist Cabernet Sauvignon die Hauptrebsorte, in Saint-Émilion und Pomerol (sowie den weniger bedeutenden Appellationen wie Bourg, Blaye und Castillon) gibt es mehr Merlot und Cabernet Franc, und die Weine sind deshalb auch weicher und pflaumiger. Die Randregionen von Bordeaux verwenden die gleichen Rebsorten und erzeugen ähnliche Weine, wobei die aus Bergerac und den Côtes de Duras mehr nach Gras und schwarzen Johannisbeeren tendieren und die von den Côtes de Buzet robuster sind. Lamm ist der klassische Begleiter zu Médoc; Rindfleisch schmeckt besonders gut dazu, wenn der Merlotanteil hoch ist. Guter Pomerol hat genügend Fülle, um zu Ente und Gans zu schmecken, und ein weicher (tanninarmer) Bordeaux-Rotwein der Mittelklasse ist ein guter Begleiter von Brathähnchen.

PAYS D'OC & PROVENCE

Die vollsten, reifsten Cabernets kommen aus der Provence. Ihr Aroma dort ist pflanzlich, sie haben ein gutes Gerüst und werden meist mit anderen Sorten verschnitten. Die Vins de Pays d'Oc haben mit ihrer weichen, nach schwarzen Johannisbeeren duftenden Frucht etwas von australischen Weinen. Trinken Sie sie zu mit Knoblauch und Kräutern gewürztem dunklem Fleisch und Wild.

USA

Die kalifornischen Cabernets sind kraftvoll fruchtig, barriquetönig und oft tanninreich – sauber und in ihren besten Qualitäten den feinsten roten Bordeaux ebenbürtig (aber früher trinkfertig und nicht so langlebig). Die geringeren Qualitäten haben einen einfachen, wenn auch lebendigen Johannisbeergeschmack und manchmal einen Hauch von Eukalyptus. Sie können ein Gericht übertönen, deshalb wählen Sie würzige, aromatische Speisen – Fleischtöpfe, marinierte Grilladen usw. Die Cabernets und Merlots aus Washington State sind denen aus Bordeaux in der Schwere ähnlich, doch Johannisbeere und Minze sind intensiver – gut zu Truthahn und den traditionellen süßen Beilagen.

AUSTRALIEN

Die Hauptmerkmale von australischem Cabernet sind Reife und Saftigkeit, wobei sich die Region Coonawarra besonders durch Geschmacksfülle (oft mit Minzetönen) auszeichnet. Die Tannine sind alle reif, der Barriqueton ist angenehm und würzig. Die besten Weine altern gut, können aber fast alle jung getrunken werden. Es sind sehr anpassungsfähige Weine, die von der Art her eher mehr als zu wenig Geschmack in den Speisen erfordern – Leber, Niere, Känguruh, aber auch Rind und Lamm.

NEUSEELAND

Die meisten erfolgreichen neuseeländischen Cabernets haben den grasig-kräuterähnlichen Geschmack vom kühlen Klima und werden daher mit Merlot abgerundet. In guten Jahren zeigen sie eine dem Bordeaux ähnliche Eleganz, jedoch eine etwas frischere Frucht. Lamm und Zicklein sind die besten Begleiter.

CHILE & ARGENTINIEN

Chilenischer Cabernet wird immer besser, und die besten Qualitäten weisen tiefere, komplexere Geschmacksnoten bei lebendigem Johannisbeeraroma auf. Die billigsten Weine haben einen einfachen, geschmeidigen, frischen Charme. Argentinischer Cabernet ist voller, mit würzigem Schokoladencharakter. Er paßt zu geschmackreichem, würzigem Essen, vor allem Rind.

SÜDAFRIKA

Südafrika muß seinen eigenen Cabernet-Stil erst noch entwickeln, und es herrscht immer noch eine Tendenz zu teerigen, aggressiv tanninreichen Geschmacksnoten, die nach deftigem Essen verlangen – ländlichen Ragouts und gegrilltem Fleisch. Aber es gibt auch eine steigende Anzahl von bordeauxähnlichen Verschnitten aus Cabernet und Merlot, die zu den gleichen Speisen getrunken werden können wie Bordeaux. Die wachsende Anzahl von modernen, fruchtigen Überseeweinen kann sogar zu Fleisch mit mehr Kräutern, Gewürzen und Knoblauch genossen werden.

OSTEUROPA

Bulgarischer Cabernet Sauvignon mit seiner weichen Zedern- und Tabaknote ist ein Ersatz für kleinere Bordeauxweine. Cabernets aus der Moldauregion haben mehr lebhafte Frucht, das Kennzeichen australischer Weinbereitung; und die rumänischen Versionen können mit ihrer weichen, fleischigen Frucht hervorragend sein. Genießen Sie sie mit allen möglichen Fleischgerichten von Würstchen bis Lasagne, Lammtopf bis Truthahn und Beilagen.

ITALIEN

Die Toskana erzeugt ausgezeichnete Cabernets und Cabernet-Sangiovese-Verschnitte mit Intensität, würziger Fülle und der Fähigkeit, in der Flasche noch mehr Komplexität zu entwickeln. Es sind Weine für Pestes, auf Holzkohle gegrilltes Fleisch, Braten und Wild sowie Wildschwein. Die typischen leichten, grasigen Cabernets (oft Cabernet Franc) aus dem Nordosten passen besser zu Pasta.

Pinot Noir

Pinot Noir ist die charmanteste aller Rebsorten. Seine Weine verbinden klaren fruchtigen Duft mit Fruchtaromen – Himbeere, Erdbeere, Kirsche, Preiselbeere, Rose – mit einer außergewöhnlich seidigen Konsistenz und gelegentlichen Anspielungen auf Sandelholz, Weihrauch und exotische Gewürze. Er ist tanninärmer als Cabernet Sauvignon und weniger langlebig, aber die besten Weine der berühmten Côte d'Or, vor allem jene der im nördlichen Teil gelegenen Côte de Nuits, gewinnen mit dem Alter und entwickeln eine außergewöhnliche Geschmacksvielfalt in einer endlos faszinierenden Abfolge von üppigen, würzigen, wildähnlichen, rustikalen Geschmacksnoten. Zumindest sollten sie es.

Sie tun es nicht immer, denn Pinot Noir ist von allen guten Rebsorten am schwierigsten zu kultivieren und zu vinifizieren. Er bevorzugt ein recht kühles Klima, weshalb er in Burgund zu Hause ist, aber in der Côte d'Or sind manche Jahre nicht warm genug. Das Ergebnis ist dann ein blasser, dünn schmeckender Wein.

In der Neuen Welt kennt man das gegenteilige Problem. Bei zu großer Hitze entwickelt Pinot Noir sehr rasch gekochte, gebackene Aromen, die die Eleganz und Geschmeidigkeit vertreiben. Die besten Pinot Noirs aus Übersee haben eine wundervolle Frucht, aber sie erreichen niemals ganz jenen magischen, vielschichtigen Goût de terroir eines großen Burgunders. Und ihre Erzeuger wünschen ihn auch gar nicht. Statt dessen haben die Weine oft einen deutlichen Vanille- oder Gewürz-Barriqueton, der gut zu den Frucht- und Blütenaromen des Pinot Noir paßt, vorausgesetzt, er ist nicht übertrieben.

Obwohl Pinot Noir empfindlicher gegenüber Klima, Boden und Kellermeistern ist als Cabernet Sauvignon, bietet er breitere Kombinationsmöglichkeiten mit Essen. Er überläßt das Lamm den Cabernet Sauvignons, aber er paßt zu vielen anderen Fleisch- und Wildarten, auch in Rotweinsauce gegarten Gerichten, und es ist der beste Rotwein zu Fisch, ob der Fisch nun in Rotwein gegart wurde oder nicht.

Pinot Noir und Essen

Im folgenden stelle ich die verschiedenen Arten von Pinot Noir in der Welt vor – ob die Rebsorte als Bestandteil in einem Verschnitt oder allein im Wein vorkommt. Einige sind so ähnlich, daß es Ihnen schwerfallen würde, sie bei einer Blindprobe zu unterscheiden, doch andere sind vollkommen verschieden und müssen mit ganz unterschiedlich schmeckenden Speisen kombiniert werden.

CÔTE D'OR

Pinot Noirs von der Côte de Nuits – Gevrey-Chambertin, Chambolle-Musigny, Vosne-Romanée, Nuits-Saint-Georges und andere – sind kräftiger und tanninreicher als Pommard, Volnay und Santenay von der südlicheren Côte de Beaune. Zu beiden paßt Wild – Haar- und Federwild, ganz einfach gebraten oder geschmort –, jedoch meiden Sie zu lange abgehangenes Fleisch. Côte de Beaune eignet sich mehr für milderes Wild: zum Beispiel Fasan, Frischling und Kaninchen, während ein Côte de Nuits stärkeren Geschmack verträgt – Taube, Wildente, Wildbret, geschmorter Hase. Ein leichter Beaune-Wein kann auch zu Delikatessen wie Kalbsbries und -nierchen serviert werden, während die schwereren Weine von der

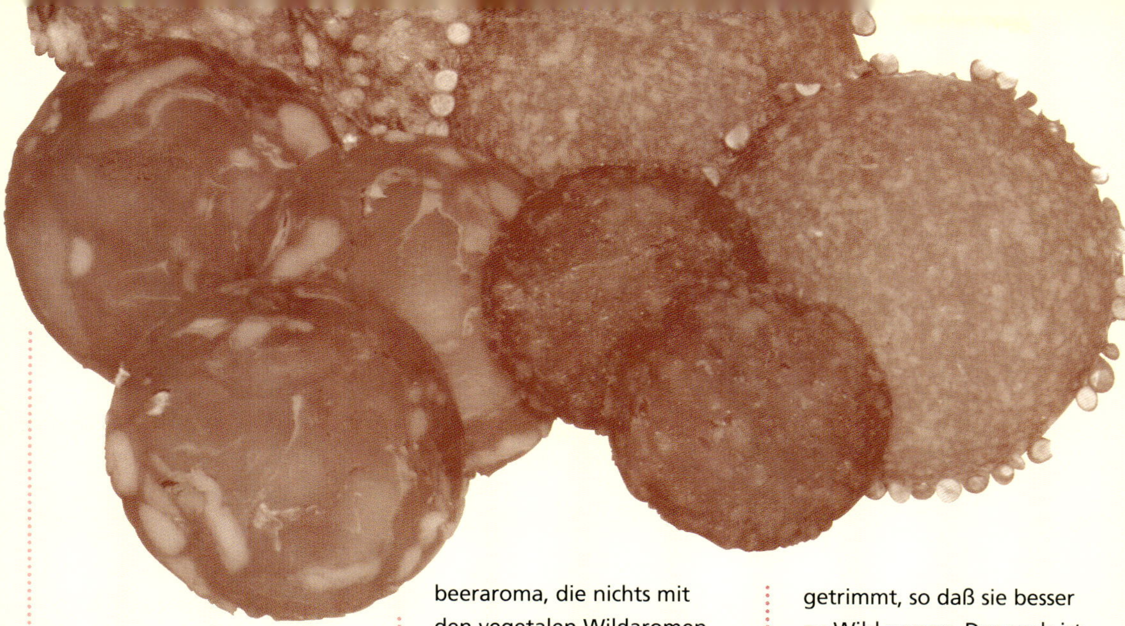

Côte de Nuits besser zu Rindfleischtöpfen passen. Ein geschickter Winzer von der Côte d'Or macht auch vielleicht einen leichter erschwinglichen, angenehmen Bourgogne Rouge, der schon jung trinkfertig ist.

CÔTE CHALONNAISE & MÂCON

Weine von der Côte Chalonnaise erinnern in der Art an die der Côte de Nuits im Norden, aber sie sind nicht so tief, komplex und langlebig, und sie weisen eine Spur von Erdigkeit anstelle der Geschmeidigkeit auf. Sie können zu (nicht zu edlem) Wild getrunken werden, aber auch zu in Rotwein gegartem Hähnchen und zu Schwein. Die roten Mâcon-Weine werden meist aus Gamay (siehe Seite 77) gemacht. Sie sind insgesamt nicht so interessant und passen zu Schwein oder Wurst, aber nicht zu sehr anspruchsvollen Gerichten.

ELSASS & SANCERRE

Mit gelegentlichen Ausnahmen im Elsaß, erzeugen die nordfranzösischen Regionen leichte Rotweine mit Erdbeeraroma, die nichts mit den vegetalen Wildaromen der Côte d'Or gemeinsam haben. Elsässischer Pinot Noir und Sancerre brauchen warme Sommer, um Farb- und Geschmacksintensität zu entwickeln, aber wenn sie kühl serviert werden, sind es angenehme Sommerweine, vor allem zu Fisch wie Rotbarbe und Lachs. Außerdem paßt Sancerre zu Stockfischpüree (Brandade).

KALIFORNIEN & OREGON

Kalifornien hat viel für den Pinot Noir getan. Die Traube wurde in relativ kühlen Gebieten in Carneros, Santa Barbara und Russian River Valley angepflanzt, um delikate und am Ende auch zunehmend komplexe Pinot Noirs zu erzeugen. Ihre saftigen Himbeer- und Kirscharomen, unterlegt mit französischer Eiche, machen sie geeignet für viele Gerichte, einschließlich Wachtel, Ente, Truthahn, Schinken und rotfleischigem Fisch. Die besten Pinot Noirs aus Oregon (einst als die Côte d'Or der Neuen Welt gepriesen) haben das gleiche klare Fruchtaroma wie die kalifornischen, doch hat man sie auf burgundische Saftigkeit getrimmt, so daß sie besser zu Wild passen. Dennoch ist Kalifornien das beständigere Erzeugerland.

AUSTRALIEN, NEUSEELAND, SÜDAFRIKA & CHILE

Viele Winzer in Australien möchten hinter das Geheimnis des Pinot Noir kommen, aber ihr Erfolg war bisher nicht durchschlagend. Yarra Valley, die Halbinsel Mornington und Geelong, alle in Victoria, produzieren bisher die elegantesten, geschmeidigsten Weine, obwohl es diesen an Komplexität fehlen kann. Sie lassen sich mit den gleichen Speisen kombinieren wie die kalifornischen Pinot Noirs.
Dank des kühlen Klimas in Neuseeland und der jungen, fortschrittlichen Weinindustrie sind schon einige feine Pinot Noirs produziert worden. Mit ihrer ausdrucksvollen dunklen Frucht passen sie gut zu Wild (speziell Wildbret) sowie zu Wachtel und Ente, während die leichteren zu Fisch wie Petersfisch getrunken werden können.

Bisher gibt es nur wenige Pinot Noirs in Südafrika, doch diese haben so viel von der burgundischen Komplexität, die gut zu Wildgeflügel paßt, und sind so exzellent, daß man dieses Land im Auge behalten sollte. In Chile wird der Pinot gerade erst jetzt zu einem angenehmen, fruchtigen Wein mit mittlerem Körper, der gut zu Lachs, Schinken und Schwein paßt.

DEUTSCHLAND, ÖSTERREICH & SCHWEIZ

In Deutschland wird Pinot Noir Spätburgunder genannt und ergibt hier meist helle, süßliche Rotweine, die zu Wurst, Fisch und sogar ein paar chinesischen Gerichten (siehe Seite 136) passen. In Baden jedoch gibt es ein paar außergewöhnliche Qualitäten, die im Eichenfaß reifen. Auch in Österreich (wo der Pinot Noir Blauburgunder heißt) werden immer mehr erfolgreiche Burgunder erzeugt, die zu Wild und Ente passen. Die Schweizer Pinot Noirs sind meist leichter und einfacher. Sie passen daher zu Wurst oder Perlhuhn.

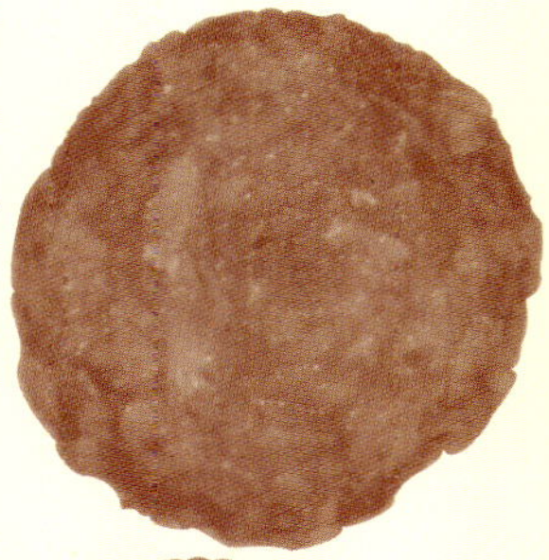

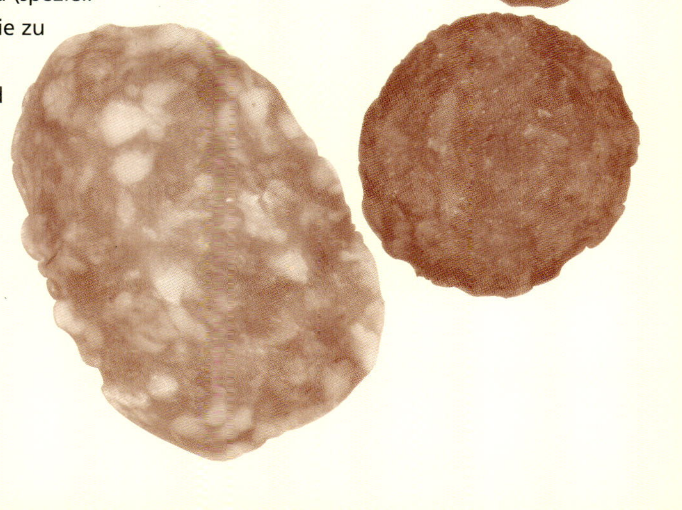

Syrah

Syrah kann die exotischsten und körperreichsten Rotweine hervorbringen, voller Gewürz und Leder, Teer, Wild, Brombeere und Himbeere. Er kann in kühleren Gegenden ganz einfache, fruchtige Weine mit Pfeffer-, Himbeer- und manchmal Kräuteraromen ergeben. In Australien verwendet man ihn auch zur Herstellung von rotem Schaumwein und in den heißesten Gebieten für eindrucksvolle, schwere, aufgespritete Weine im Portweinstil. Bei dieser Vielseitigkeit ist es erstaunlich, daß der Syrah nicht weiter verbreitet ist. In Frankreich ist er im Rhônetal zu Hause, wo tanninreiche Weine mit einer beachtlichen Konzentration und Komplexität erzeugt werden, die Jahre brauchen, um zu reifen – jedoch nicht so viele Jahre wie ein roter Bordeaux entsprechender Qualität. Im südlichen Rhônegebiet wird er mit anderen Rebsorten verschnitten, um wärmere, weichere Weine zu gewinnen. Unter dem Synonym Shiraz ergibt er in Australien (seiner zweiten Heimat) Weine vom einfachen, sehr weichen Wein mit Beerenaroma bis zu kräftigen, reifen, langlebigen Gewächsen mit Minzetönen. Jedoch die größten unter ihnen sind fast jünger trinkfertig als die von der nördlichen Rhône.

Obwohl die Sorte noch nicht sehr weit verbreitet ist, haben die Reben von der Rhône (weiße wie rote) insgesamt Anklang gefunden, und in Kalifornien werden von einer inoffiziell als Rhône Rangers bezeichneten Gruppe von Winzern ein paar hervorragende Weine gemacht. Südafrika verfügt über eine geringe Menge und nennt ihn ebenfalls Shiraz, aber er leidet ein wenig unter den für das Land typischen Aromen von gebranntem Teer. Neuere Beispiele aus Chile und Neuseeland lassen vermuten, daß diese Länder sich hier auf dem laufenden halten – nicht zuletzt weil Syrah ein sehr vielseitiger Tafelwein ist. Die körperreichen Sorten (die Mehrzahl) passen sehr gut zu allen Arten von stark gewürztem Fleisch und Wild, die viele Pinot Noirs übertönen oder zu schwer für viele Cabernet Sauvignons sind. Sie eignen sich auch für Gans und Ente, Schwein, Wurst und Hartkäse.

Syrah und Essen

Im folgenden stelle ich die verschiedenen Arten von Syrah in der Welt vor – ob die Rebsorte als Bestandteil in einem Verschnitt oder allein im Wein vorkommt. Einige sind so ähnlich, daß es Ihnen schwerfallen würde, sie bei einer Blindprobe zu unterscheiden, doch andere sind vollkommen verschieden und müssen mit ganz unterschiedlich schmeckenden Speisen kombiniert werden.

HERMITAGE & CÔTE RÔTIE

Der Syrah verfügt im nördlichen Rhônegebiet über mehr Konzentration und Tannin, mehr Komplexität und teerige, würzige Aromen als irgendwo sonst. Die feinsten Weine kommen aus Hermitage und der Côte Rôtie, wobei in letzterem Gebiet ein bißchen weißer Viognier hinzugefügt wird, um der Beerenfrucht des Syrah eine faszinierende, kaum wahrnehmbare Moschusnote zu verleihen. Relativ leichte, zugängliche Weine kommen aus Saint-Joseph und Crozes-Hermitage – der erste schön geschmeidig und letzterer eine etwas einfachere, aber doch sehr verläßliche Version des Hermitage. Cornas ist vom Typ her wuchtig und teerig. Diese Weine sollten mit üppigen Rindfleischtöpfen, Wild (das gut abgehangen sein kann) und englisch gebratenem Steak serviert werden.

CHÂTEAUNEUF-DU-PAPE

Châteauneuf-du-Pape ist das Flaggschiff der südlichen Rhône, wo der Syrah mit bis zu einem Dutzend anderer Rebsorten verschnitten wird, vor allem Grenache, für üppige, würzige, pflaumige Weine, die meist recht jung getrunken werden können. Gigondas, Vacqueyras und Lirac, die benachbarten Gemeinden, erzeugen ähnliche Weine zu niedrigeren Preisen. Diese Rotweine schmecken gut zu deftigem, rustikalem Essen – Eintöpfen und überbackenen Gerichten mit Lamm, Rind, Schwein, Gans, Ente, Würsten, Bohnen und Linsen.

CÔTES DU RHÔNE

Die Zusammenstellung der Trauben ist in diesem Gebiet ähnlich wie in Châteauneuf-du-Pape, wobei die besten einen hohen Anteil von Syrah für Feinheit und Geschmack haben. Die große Mehrheit ist weich genug, um jung und frisch getrunken zu werden, obwohl Côtes-du-Rhône Villages ein bißchen voller und schwerer ist. Es handelt sich um unkomplizierte Alltags-Rotweine, die zu einfachen Gerichten aus Fleisch oder Gemüse, von Würsten und Moussaka aufwärts, passen.

PROVENCE & LANGUEDOC

Syrah ist nur selten die Hauptsorte in den AC-Weinen des Südens, doch wird er dort als Verschnittanteil hinzugegeben, um den Weinen, die sonst sehr rauh wären, mehr Aroma und Feinheit zu verleihen. Corbières, Minervois und Fitou sind pflanzlich und erdig mit Himbeerfrucht. Die Skala reicht von leicht rustikalen Alltagsweinen bis zu anspruchsvolleren Sorten für anspruchsvollere Speisen – zum Beispiel Lamm mit grünen Bohnenkernen. Weiter östlich schmecken die Weine der Provence, vor allem die Coteaux des Baux-en-Provence mehr nach Brombeeren und enthalten oft einen kleinen Anteil Cabernet Sauvignon. Probieren Sie sie zu Braten und Wildgeflügel mit Kräutern. Es gibt auch ein paar preiswerte, würzige, fruchtige Vins de Pays aus Syrah, die jung getrunken werden und zu englischer Shepherd's Pie und nordafrikanischem Couscous oder griechischer Fassolia passen.

AUSTRALIEN

Shiraz ist hier insgesamt geschmeidiger in der Konsistenz bei üppigerer Frucht als an der Rhône (Syrah). Die fülligsten, üppigsten, langlebigsten kommen von alten Rebstöcken in Barossa; schlankere, grasigere Arten mit Kräuteraroma kommen aus kühleren Weinbergen. Außerdem gibt es eine große Menge von einfachen, billigen Weinen – mit Minze- und Brombeergeleetönen –, die weich genug sind, um für sich allein zu schmecken oder auch wie die teureren Weine zu gegrilltem Fleisch (Rind, Wildbret, Känguruh). Die mächtigsten Weine haben genügend Kraft, um als Begleiter zu stark gewürzten Fleischgerichten serviert zu werden. Rote Shiraz-Schaumweine – körperreich, dunkel, würzig, vollfruchtig – sollten leicht gekühlt bei Grillpartys serviert werden, auch zur Weihnachtspute oder, so seltsam es Ihnen vielleicht vorkommen mag, zur Stopfleber in allen Variationen.

Grenache

Dies ist eine typische Mittelmeersorte, die im heißen Klima von Südfrankreich, in Spanien (als Garnacha) und in Nordafrika gedeiht. Sie ergibt viel Fruchtaroma und Alkohol, aber da es ihr an Gerüst fehlt, wenn die Erträge nicht sehr niedrig gehalten werden, wird sie mit Rebsorten verschnitten, die etwas Rückgrat mitbringen – Syrah, Mourvèdre, Tempranillo (in Rioja) oder Cabernet Sauvignon. Sie stellt den Hauptanteil im Châteauneuf-du-Pape und im Côtes du Rhône und ist der Hauptgrund, wenn diese selten langlebig sind. In Australien ergibt sie billige Weine im Weinschlauch und aufgespritete Weine. In Barossa erfährt sie jedoch gerade eine Renaissance, denn dort hat man in Parzellen alter Grenache-Rebstöcke ihre Fähigkeit zu sehr körperreichen, fruchtigen, pfeffrigen Weinen entdeckt. Hier erscheint die Grenache jetzt auf den Etiketten. Außerhalb der Mittelmeerländer nehmen nur ein paar kalifornische Winzer diese Sorte ernst genug, um ein paar gute Weine im Stil der Rhône daraus zu machen. Mit Ausnahme von Châteauneuf-du-Pape ist der durchschnittliche Grenache-Wein weder sehr fein noch besonders raffiniert. Wählen Sie das Essen dazu entsprechend. Servieren Sie zum Beispiel Peperoni, P zza, Spare Ribs mit Barbecue-Sauce oder den spanischen Chorizo dazu.

Andere rote Rebsorten

BARBERA

Die Barbera, die im Piemont im Schatten ihres adeligen Bruders Nebbiolo steht, bringt ähnliche, aber viel leichtere Weine hervor: Ein säuerlicher Kirschgeschmack steht an der Stelle des Teers bei Nebbiolo und Lakritze anstelle des Tannins bei Nebbiolo. Aber Barbera verträgt sehr gut neue Eichenfässer und ergibt in den richtigen Händen eine rauchige Intensität, die ihre hohe Säure ausgleicht.

Obwohl die ausdrucksvollste Barbera aus dem Piemont kommt, taucht sie in verschiedenen Erscheinungsformen in ganz Italien auf, wo ihre Fähigkeit, trotz der Sonne ihre Säure zu behalten, geschätzt wird. Aus demselben Grund wird sie in Kalifornien, Mexiko und Argentinien angepflanzt und hier vor allem als Verschnittsorte verwendet.

Junge Barberas passen gut zu Wurst und Anchovis und Broccoli. Sie schmecken gut zu Lammnieren und -leber, und ihre Säure macht sie auch zum einzig möglichen roten Begleiter zu Räucherlachs. Die mächtigeren Barriqueweine passen gut zu würzigem Wildgeflügel.

CABERNET FRANC

In Bordeaux und den Regionen, wo die Zusammensetzung roter Bordeauxweine nachgeahmt wird, fügt man den tanninärmeren Cabernet Franc wegen seiner Aromen von grünen Paprikaschoten, schwarzen Johannisbeerblättern und Himbeere dem Cabernet Sauvignon zu. An der Loire – Chinon, Bourgueil, Saumur-Champigny und die meisten Anjou Villages – macht sich der Cabernet Franc selbständig und zeigt, was er allein vermag. Aber er braucht ein sehr warmes Jahr, um die Tiefe von Schokolade, Paprika und Himbeeraromen sowie ein potentielles Alter von fünf bis acht Jahren zu erreichen. Weine aus den besten Jahrgängen passen gut zu Kaninchen, Schwein und in Bier geschmortem Rindfleisch (ein schwieriges Gericht für Wein). Die leichteren, tanninärmeren Weine aus durchschnittlichen bis kühlen Jahren sind gute Begleiter zu Fisch wie Rotbarbe, Lachsforelle und Petersfisch sowie zu Spargel. Sie können auch zu Käsefondue und den traditionellen Rillettes (Schmalzfleisch) getrunken werden.

DOLCETTO

Dolcetto ist der saftige, junge, nach Schattenmorellen schmeckende Rotwein, der in Piemont zu Antipasti und Pastagerichten aller Art getrunken wird. Er paßt gut zu allen Speisen mit feinsten Scheibchen weißer Trüffel. Er ist säureärmer als Barbera, tanninärmer als Nebbiolo (der Name bedeutet »kleiner Süßer«), und doch hat er meist genügend Biß und Konzentration für üppigere Fleischgerichte einschließlich Würsten, oft mehr als andere Piemonteser Weine. (Die Piemonteser haben natürlich andere große Rotweine, unter denen sie wählen können.) Wie der Nebbiolo ist er eine typisch italienische Traube, die niemals weit von zu Hause weggekommen ist. Kleine Anpflanzungen in Nord- und Südamerika sowie Australien haben nicht den gleichen Charakter.

GAMAY

Gamay ist die Rebsorte für den Beaujolais – leicht, unkompliziert und strotzend vor saftiger Erdbeerfrucht und frischer Säure. Nirgendwo sonst ist es gelungen, Gamay mit der gleichen Fülle zu erzeugen, obwohl gute Weinberge in der Touraine an der Loire ebenso wie einige in Kalifornien gute Ergebnisse bringen. Im allgemeinen wird Beaujolais, inklusive dem Nouveau mit seinem Bonbongeschmack, am besten kühl mit Salami und Schinken (geräuchert, ungeräuchert, gepökelt oder getrocknet) serviert, außerdem paßt er gut zu Fisch wie Lachs (sogar Zuchtlachs), jedoch die körperreicheren Crus können es mit kräftigeren Geschmacksaromen aufnehmen. Morgon (nach dem Moulin-à-Vent der gewichtigste) ist der Champion, wenn es um die dichte Konsistenz und die Süße der schwierig mit Wein zu vermählenden Kalbsleber geht, und er ist ebenso erfolgreich als Kontrast zu der üppigen Schwere eines Cassoulet. Mit höherer Reife entwickelt der Moulin-à-Vent fast den Charakter eines Burgunders, so daß er gut zu Wild paßt.

Reife blaue Trauben können sehr ähnlich aussehen, doch zu Wein gekeltert geben sie sich sehr unterschiedlich. Gegenüberliegende Seite von oben nach unten: säurereiche Barbera, Cabernet Franc (der Verwandte des Cabernet Sauvignon), Dolcetto (Italiens Antwort auf den Beaujolais) und Gamay (die Rebe des Beaujolais). Unten: der geschmeidige Merlot (links) und der königliche Nebbiolo (rechts).

MERLOT

Die Rebsorte, die am häufigsten eingesetzt wird, um Cabernet Sauvignon weicher zu machen, wurde bisher selten für sich allein gekeltert. Kalifornischer Merlot jedoch kam in den letzten Jahren in den USA groß in Mode. Merlot war schon immer zu erheblichen Anteilen in Pomerol und Saint-Émilion enthalten. Er ist tanninärmer und nicht so langlebig wie Cabernet Sauvignon, obwohl niemand die anhaltende Kraft eines Château Pétrus leugnen würde. Einige der körperreichen, fleischigen kalifornischen Merlots sind ebenfalls von sehr hoher Qualität und passen gut zu den lebhaften Mittelmeer-Geschmacksnuancen der kalifornischen Küche und sogar zu den Gewürzen beim sogenannten Fusion Cooking. Neuseeland produziert ebenfalls eine Reihe von guten Weinen, aber der Stil ähnelt dem französischen und paßt zu etwas einfacheren, mit Kräutern gegrillten Fleischgerichten.

Etwas niedriger in der Rangfolge steht der Merlot aus Norditalien, ein leichter Wein, der jung getrunken wird (zu Wurst oder Pasta oder für sich allein). Bulgarischer Merlot ist voller und pflaumiger, oft mit würzigen Eiche- und Brombeertönen und etwas Tannin. Chile beginnt gerade damit, sich als Produzent für einen anspruchsvollen, dabei reizvollen Merlot zu profilieren. Im allgemeinen ähnelt das Essen zu Merlot dem Essen, das zu Cabernet serviert wird, obwohl sein »süßerer«, runderer Charakter besser zu Schwein und Truthahn paßt, und wenn er nicht zu tanninreich ist, kann man Übersee-Merlot zu Thunfisch genießen.

NEBBIOLO

In Nordwestitalien ergibt der Nebbiolo Weine von außergewöhnlicher Intensität und Komplexität, aber er ist niemals über seine Heimat hinausgekommen, sicherlich aus dem Grund, weil er, wenn er gut ist, sehr gut ist, aber wenn er schlecht ist, am besten gemieden werden sollte. Es ist eine anspruchsvolle Rebsorte, die auf niedrigerem Niveau Geschmeidigkeit und Frucht vermissen läßt. Es scheint unmöglich zu sein, angenehm fruchtige Weine zum Beispiel in der Art der preiswerten Cabernet Sauvignons daraus zu keltern.

Am besten bewahrt er seine Würde im Barologebiet, wo sein Name von dem Nebel (»nebbia«) stammt, der zur Lesezeit auf den Piemonteser Hügeln liegt, und wo er einen der kräftigsten, tanninreichsten Rotweine der Welt hervorbringt. In den letzten Jahren hat man versucht, Weine mit üppigerer Frucht und leichterer Zugänglichkeit zu erzeugen, aber der Barolo braucht immer noch ein Minimum von fünf Jahren auf der Flasche, bis sich seine wundervollen Aromen von Teer und Veilchen, Backpflaumen, Bitterschokolade und Rosen voll entwickeln. Mit der Zeit verwandeln sich die harten Tannine und die kräftige Säure in eine samtige Fülle.

Der benachbarte Barbaresco ist die etwas leichtere, duftigere Variante des Barolo. Er schmeckt köstlich zu englisch gebratenem Roastbeef, Leber und Nieren, während die größten Barolos eher nach deftigen Rind- und Wildgerichten verlangen.

Neben diesen beiden Weinen kommt Nebbiolo in unterschiedlicher Form in ganz Nordwestitalien vor, oft unter seinem eigenen Namen, manchmal unter lokalen Synonymen (wie Spanna und Chiavennasca) und manchmal auch in Barrique-Versionen. Die meisten anderen Nebbiolos sind leichter, aber noch immer körperreich und mit dem typischen Nebbiolo-Charakter. Außerhalb Italiens experimentieren einige kalifornische Winzer damit, aber bis heute sind die Ergebnisse nicht so aufregend wie in Nordwestitalien.

PINOTAGE

Pinotage ist eine südafrikanische Spezialität, die wahrscheinlich bald in steigendem Maße auch andernorts auftauchen wird – zumindest in der Flasche. Er ist eine Kreuzung von Pinot Noir und Cinsaut aus Südfrankreich und bringt ein ganzes Spektrum von Weinen hervor: von frischen, saftigen bis zu klobigen, tanninreichen Rotweinen mit dem Geschmack von Pflaumen und oft – neuer Eiche. Sogar letztere sollten jung getrunken werden. Sie passen gut zu kräftigen Fleischgerichten, die auch zu den Weinen der südlichen Rhône schmecken (siehe Seite 69).

SANGIOVESE

Italienisches Essen ohne Sangiovese kann man sich kaum vorstellen, denn es ist die Traube, die viele Weintrinker mit dem Geschmack von Italien identifizieren. Seine Weine haben Geschmacksnoten von Tabak und Kirschschale mit einem Hauch von Teeblättern. Sie passen in ihrer jugendlichen und fruchtigen Ausprägung zu Pasta, Wurst und fast allen anderen Speisen, die ihre Säure kontern können. Er ist der Hauptbestandteil im Chianti, aber er kommt fast in ganz Mittelitalien vor und wird oft verschnitten, weil er allein zu adstringierend, zu dünn, zu tanninreich sein kann.

Wenn Sangiovese in der Toskana auch vor allem Alltagswein ist, so kann er doch Größe erreichen – und nicht nur in den Chianti Riservas, im Vino Nobile di Montepulciano (in dem er das Rückgrat des Verschnitts bildet), im Carmignano und den sogenannten Super-Toskanern (Vini di Tavola von Spitzenweingütern, die sich außerhalb der einengenden Bestimmungen des italienischen Weingesetzes stellen möchten, obwohl ein neues Gesetz sie jetzt in die Herkunftsbezeichnung einbeziehen möchte). Brunello, die Super-Toskaner und in etwas geringerem Ausmaß der Vino Nobile sind große Weine – intensiv, würzig und pflaumenartig. Rosso di Montalcino und di Montepulciano sind leichtere Versionen der großen Weine. Einige Super-Toskaner werden mit Cabernet Sauvignon verschnitten (ebenso der elegante, langlebige Carmignano), eine erfolgreiche Kombination, und hundertprozentige Sangiovese reifen in neuen Eichenfässern. Diese toskanischen Topweine sowie die des benachbarten Umbrien schmecken besonders gut zu gegrilltem Fleisch und Braten, die mit Kräutern eingelegt wurden – Steak, Schwein, Wildschwein, Hase und Wildgeflügel. Sangiovese di Romagna erreicht niemals die gleichen Spitzen, aber seine volle, runde Frucht paßt gut zu Fleisch- und Pastagerichten.

Erste Ergebnisse aus Kalifornien scheinen erfolgversprechend, obwohl die Weine nicht den charakteristischen bitterscharfen Hauch der toskanischen aufweisen.

TEMPRANILLO

Rioja ist einer der bekanntesten Rotweine überhaupt, doch seinen Geschmack – und damit den Geschmack seiner Hauptrebsorte Tempranillo – genau zu definieren, ist überraschend schwierig. Er liegt irgendwo zwischen rotem Bordeaux und Burgunder, jedoch ohne die feine schwarze Johannisbeere des ersteren und den seidigen Duft und den rustikalen Wildgeschmack des letzteren. Das ist teilweise der Tatsache zu verdanken, daß Tempranillo, der für sich allein Erdbeer-, Toffee- und

Gewürzaromen aufweist, für den Rioja oft mit der rauheren Garnacha (Grenache) und anderen Rebsorten verschnitten wird. Er wird dann in amerikanischer Eiche gereift, die einen starken Vanillegeschmack mitbringt – viel stärker als die Eiche, die in Bordeaux oder Burgund verwendet wird. Auf diese Weise hat die Eiche und nicht der Tempranillo den größten Anteil am Geschmack von Rioja. Tempranillo ohne Eiche, sortenrein auf die Flasche gefüllt, kann reizvoll reif und fruchtig sein, hat aber keine genau definierte Art und ganz sicher nicht den unvergleichlichen Charakter von Nebbiolo oder Syrah. Der Vorteil von Tempranillo besteht darin, daß er sehr gut zu einer ganzen Reihe von mittel bis stark würzigen Speisen paßt. Doch es lohnt sich, eine Lammkeule oder einen Schweinebraten für einen reifen Rioja Reserva oder Gran Reserva vorzusehen.

Der Tempranillo ist auch Hauptbestandteil der Rotweine von Ribera del Duero (die gut zu Wild und Gans schmecken) und spielt eine wichtige Rolle in Penedés, Valdepeñas, La Mancha, Navarra und anderen Gebieten. In Portugal gehört er zu den Verschnittanteilen von Portweinen wie Tinta Roriz und erscheint in den zunehmend besseren Douro-Tafelweinen.

ZINFANDEL

DNA-»Fingerabdrücke« haben in letzter Zeit bestätigt, daß diese bis jetzt geheimnisvolle kalifornische Rebsorte mit dem wenig bekannten apulischen Primitivo identisch ist – was bedeutet, daß er zu den zahlreichen italienischen Rebsorten gehört, die in Nordamerika Karriere gemacht haben. Er ist nicht nur eine kalifornische Spezialität, sondern eine sehr vielseitige Rebsorte. Im besten Fall ergibt er kräftige, aber geschmeidige Rotweine mit Aromen von schwarzem Pfeffer, reifer Kirsche und Brombeere und von beachtlichem Charakter, die zu vielen Würsten und Grilladen bis zu Eintöpfen und Pasteten passen. Zinfandel kann auch zu viel leichteren Weinen mit Beerenaromen und sogar zu Roséweinen verarbeitet werden. Letztere, die oft auf dem Etikett als »Weißer Zinfandel« bezeichnet werden, eignen sich nicht gut als Begleiter zum Essen.

Der Beweis, daß nicht alle großen Rotweinreben aus Frankreich kommen. Von oben nach unten: Pinotage, Südafrikas eigene Kreuzung; Sangiovese, Lieferant für italienische Weine jeglicher Art vom einfachsten bis zum feinsten; Tempranillo, Spaniens edelste Rebsorte, ist am besten bekannt für seine Starrolle in den Rotweinen von Rioja und Ribera del Duero; der kalifornische Zinfandel, dessen genetische Verbundenheit mit dem Primitivo aus Apulien jüngst bestätigt werden konnte.

KLASSISCHE

Kombinationen

IN ALLER WELT

WENN AUCH WÄHREND DER LETZTEN ZWANZIG JAHRE VIELE NEUE SPEISEN UND WEINE DURCH WECHSELSEITIGEN EINFLUSS ENTSTANDEN SIND, BLEIBT IMMER NOCH VIEL VON DEN TRADITIONELLEN KOMBINATIONEN ZU BERICHTEN UND ZU LERNEN, DIE SICH AUF DEM GLEICHEN TERRAIN ENTWICKELT UND DEN ZEITEN STANDGEHALTEN HABEN. DAS HEISST NICHT, DASS WIR DIESE TRADITIONELLEN GERICHTE NICHT MIT ANDEREN WEINEN GENIESSEN KÖNNTEN – WIR KÖNNEN ES, UND WIR SOLLTEN ES TUN.

Europa

Die Neue Welt

Indien UND DER Ferne Osten

BAR
LE NAMOUNA

Europa

Wenn du in Rom bist, mach es wie die Römer«, sagt ein berühmtes englisches Sprichwort. Doch ausgerechnet Rom ist das Zentrum einer der wenigen weinerzeugenden und -konsumierenden Regionen Europas, wo das einheimische Essen und der Wein überhaupt nicht zusammenpassen – zumindest nicht so, wie sie heute sind. Viele traditionelle Gerichte und Spezialitäten, die immer noch die Küche in den Haushalten und Restaurants bestimmen, sind ziemlich deftig und stark gewürzt. Die Weine, die Latium liefert, sind meist weiß, sehr einfach und sehr gewöhnlich – um nicht zu sagen langweilig. Sie genießen nicht einmal die rettende Gnade scharfer Säure, um das kräftige Essen zu zerteilen und seinem ausgeprägten Geschmack standzuhalten. Essen und Wein bekämpfen sich nicht direkt, aber es existiert einfach keine Beziehung. Ehrlich gesagt, würde Rom etwas Besseres verdienen – und früher war es auch besser. Die Region hat niemals große Rotweine von hoher Qualität hervorgebracht, aber die Weißweine waren voller und geschmacksintensiver. Sie waren auch notorisch instabil. Die moderne Kellertechnik hat sie haltbar, dafür aber charakterärmer gemacht – dadurch eignen sie sich noch weniger als Begleiter zum Essen.

Doch Rom ist die Ausnahme, die die Regel bestätigt. In anderen europäischen Weinregionen haben sich Wein und Essen zusammen entwickelt, wie jeder weiß, der einmal in der Provence, in Portugal, dem spanischen Baskenland und der Toskana gegessen hat. Es ist reizvoll, darüber zu spekulieren, was nun den stärkeren Einfluß ausgeübt hat, die örtlichen Zutaten auf die Art der Weine oder die Weine auf die Art des Essens. In vielen Regionen fand sicherlich das erste statt, aber in anderen, vor allem in Frankreich, wo Wein und Speisen jahrhundertelang das gleiche Ansehen genossen, muß man fairerweise zugeben, daß die weithin gefeierten Weine die Entwicklung der Küche beeinflußt haben. In Bordeaux zum Beispiel ist das Essen raffiniert und dabei oft sehr einfach, in Burgund dagegen neigen die Gerichte eher zu Deftigkeit und Üppigkeit. Vielleicht könnte man verallgemeinernd sagen, daß die vor Ort erhältlichen Zutaten und besonderen Delikatessen den ersten Einfluß ausübten, daß aber der Wein, der in jeder Region gemacht wurde, wiederum die Art der Zubereitung dieser Zutaten beeinflußte.

Damit soll allerdings nicht behauptet werden, daß die klassische Zusammenstellung von regionalem Essen mit Wein die einzig gültige ist (daher die Alternativen, die für jedes klassische Gericht auf den folgenden Seiten vorgeschlagen werden). Es mag Weine aus ähnlichem Klima von ähnlichen Böden und von den gleichen Rebsorten geben, die ebenfalls erfolgreich sind. Und noch wichtiger: Es gibt normalerweise andere Weinarten, sogar sehr unterschiedliche, die gute Begleiter sind. Es kommt sehr selten vor, daß ein Gericht nur zu einer einzigen Art von Weinen paßt. Sogar wenn eine ideale Partnerschaft existiert, gibt es noch einige andere sehr akzeptable Zusammenstellungen. Die Tatsache, daß Gerichte, die mit ähnlichem Aussehen in verschiedenen Regionen und Ländern auftauchen, aber mit ganz unterschiedlichen regionalen Weinen genossen werden – Lammbraten oder Abbacchio, Austern, Fischeintöpfe und Bacalhau, Spargel, süße Eierspeisen –, beweist einmal mehr, daß das meiste Essen mit einer Vielzahl von Weinen genossen werden kann.

Außerdem gibt es Länder, die keinen Wein erzeugen, zumindest nicht in größerem Maße. Ich weiß, das Thema wird noch umfangreicher, wenn ich in diesem Zusammenhang von klassischen Kombinationen spreche, aber Wein wird (in steigendem Maße) von Nordeuropa und Skandinavien importiert, und es gibt eine Menge klassischer Gerichte aus ihren unterschiedlichen Regionalküchen, die sehr wohl nach einem Wein als Begleiter verlangen.

Frankreich

Die französische Küche ist wahrscheinlich die einflußreichste Küche der Welt (und oft das Synonym für Luxus). Doch der Versuch, genau zu definieren, was französische Küche nun wirklich ist, steht auf einem anderen Blatt. Da gibt es die Haute Cuisine und die Cuisine Grandmère, die Nouvelle Cuisine und die Cuisine Minceur. Als ein Land, das sowohl sein Essen als auch die Mode sehr ernst nimmt, ist Frankreich fähig, seine Küche der Mode zu unterwerfen – und diese verbreitet sich mit Windeseile außer Landes wie die letzte Fernsehserie oder das neueste Kochbuch eines großen Küchenmeisters.

Gleichzeitig ist die französische Küche streng regional gegliedert. Einiges ist sogar gesetzlich geregelt: Viele Käse sowie einige andere Produkte wie das Bresse-Geflügel tragen die Appellation contrôlée (kontrollierte Ursprungsbezeichnung) ebenso wie die Weine und dürfen nur in dem Gebiet erzeugt werden, aus dem sie ursprünglich stammen (natürlich werden sie im ganzen Land verkauft und konsumiert). Einiges ist einfach der Tradition und den Jahrhunderten geringer Kommunikation sowie der Notwendigkeit der Selbstversorgung mit Essen und Wein zu verdanken. In Burgund wird zum Beispiel kaum Bordeaux getrunken und umgekehrt, und während Sauternes der klassische Wein zu Stopfleber in Südwestfrankreich ist, wird man Ihnen in der anderen großen Stopfleberregion, dem Elsaß, ein Glas Tokay-Pinot Gris oder Gewürztraminer Vendange tardive bzw. Sélection de grains nobles vorsetzen.

Ob die regionale französische Küche so luxuriös ist wie das Image französischen Essens, ist eine Frage der Geschichte und der geographischen Lage – ob das lokale Klima Not oder Überfluß hervorruft und ob die Menschen im allgemeinen reich oder arm waren. Ganz ohne Ausnahme wahr ist jedoch, daß auch die ärmste französische Region fähig ist, einfache Zutaten in etwas Delikates zu verwandeln – deshalb werden bäuerliche Gerichte wie Cassoulet heute im Ausland so hoch gepriesen.

Man kann Frankreich grob in drei Gebiete aufteilen (jedoch aus Gründen, die Cäsar niemals eingefallen wären). Im Milchland im Norden sind Butter und Sahne die Kennzeichen der Küche. Im Süden wird ihr Platz vom Olivenöl eingenommen, und im Südwesten kocht man mit Gänse- oder Entenschmalz. Überall gibt es Charcuterie (Wurstwaren), denn französische Köche sind sparsam und werfen kaum einen Fuß, einen Hals oder ein Stück Innereien in den Abfall. In den Landesteilen, wo Wein erzeugt wird, gehört dieser genauso als Zutat zum Essen wie Salz und Pfeffer, und im Norden, wo kein Wein gemacht wird, nehmen Bier und Apfelwein (Cidre) dessen Platz in der Küche ein.

Die meisten großen Weinregionen Frankreichs erzeugen eine Weinpalette, die für alle Gänge eines Menüs ausreicht. Es fehlen nur Süßweine in Burgund und gute Stillweine jeglicher Farbe in der Champagne. Aber die Champagne steht unter den französischen Weinregionen allein da, weil ihre regionale Küche und die Weine überhaupt nicht zusammenpassen. Ihr Wein ist der Inbegriff von Raffinesse, während das Essen auf der Basis von Wurzelgemüse, Wild, Pasteten und Andouillettes derb, rustikal und dem nördlichen kühlen Wetter angepaßt ist.

Obwohl die Paarung von Fleisch und noch spezieller Wild mit Champagner von Winzern und Küchenchefs propagiert wird, haben die teuren Restaurants der Gegend (an denen es nicht mangelt) auch ein Repertoire leichter Gerichte entwickelt, die zu den verschiedenen Champagnersorten passen und häufig in Champagnersauce gegart werden. Vielleicht sind wir hier Zeuge einer späten Anpassung des Essens an den Wein, so wie sie früher anderswo stattgefunden haben mag.

Einige Rosé-Champagner und sogar einige weiße können tatsächlich überraschend schwer sein, jedoch der stille rote Coteaux Champenois ist oft enttäuschend leicht und säurereich, zwangsläufig ein Ergebnis des kühlen nördlichen Klimas. In stillem Einverständnis mit dieser Tatsache werden Sie oft einen guten Rotwein aus anderen Gegenden zu einem Menü in Reims oder Épernay angeboten bekommen – häufig einen Bordeaux Cru classé.

BORDEAUX UND DER SÜDWESTEN

Speisen und Wein in Bordeaux sind mit der Tatsache verbunden, daß es der Wein war, der den Wohlstand brachte, und dieser wiederum das hohe Niveau des Essens begünstigte. Hinzu kommt, daß Bordeaux eine Handelsstadt par excellence ist. So konnte es fehlende Zutaten zu einem Menü, vor allem passenden Käse, von anderswo beziehen und sich so zu eigen machen, daß man die ursprüngliche Herkunft häufig vergißt. Mimolette, der orangefarbene Hartkäse, der so gut zu reifem rotem Bordeaux paßt, ist nichts anderes als alter Gouda, und Roquefort, der perfekte Partner für süßen Sauternes, stammt aus dem Languedoc.

In anderer Hinsicht kann Bordeaux jedoch für jeden seiner Weine ein Essen produzieren und umgekehrt. Es verfügt über Austern in Arcachon und hervorragenden Atlantik- und Flußfisch: Seezunge, Hummer, Maifisch (oft mit Sauerampfer gefüllt) und Neunaugen, jene großen aalähnlichen Fische, die, in Rotwein und ihrem eigenen Blut gekocht, das Gericht Lamproies à la bordelaise ergeben. (Jedes Gericht mit dem Zusatz à la bordelaise enthält Wein, meist roten, mit Schalotten, Knoblauch, Petersilie und oft Knochenmark. Beim Entrecôte à la bordelaise wird die enge Beziehung zum Weinbau noch betont, wenn das Steak über Rebholz gegrillt wird.)

Von den niedriggelegenen Weiden an den Ufern der Gironde kommt vielleicht der beste Partner von rotem Bordeaux: Pré-Salé oder Lamm von den Salzmarschen. Die zarten Milchlämmer, die es nur von Ostern bis Ende Mai oder Anfang Juni zu kaufen gibt, haben ihre eigene AC, Agneau de lait de Pauillac. Und aus den dichten, monotonen Kiefernwäldern des Landes an der Atlantikküste kommen Wildvögel – Palombes oder wilde Tauben, Ortolans und Becs fins oder Fettammern. Es gibt auch Wildpilze, vor allem Steinpilze, die jeden Herbst an der Straße verkauft werden, außerdem viel Stopfleber, und wo Stopfleber ist, da ist auch Confit (Fleisch – in dieser Region Gans oder Ente – gekocht und im eigenen Fett konserviert).

Die Gans ist ein hervorragender Nahrungsmittelproduzent. Die Leber (als Stopfleber), durch Mast zum Idealgewicht von etwa eineinhalb Pfund geschwollen, ist der teuerste Teil. Wie beim Schwein landet nichts von der Gans im Abfall. Der Rest des Vogels kann gebraten werden, oder das Fleisch kann im eigenen Fett konserviert und als Cassoulet, Suppe und Eintopf, im Salat oder zu im gleichen Fett knusprig gebratenen und mit Knoblauch gewürzten Kartoffeln serviert werden. Gefüllter Gänsehals ist eine örtliche Spezialität und kann Luxusqualität erreichen, wenn die Füllung aus Stopfleber besteht. Die Federn werden zum Füllen von Kissen gebraucht, und aus den Füßen macht man Klebstoff. Im Lande des Armagnac wird die Leber manchmal heiß zum örtlichen, spät gelesenen süßen Jurançon, zu Gaillac oder Pacherenc du Vic Bilh serviert. In Bordeaux selbst bekommen Sie sie eher kalt zu einem feinen Sauternes.

Die Weine des Sauternais erleben ihren zweiten Auftritt bei der Süßspeise, obwohl die Franzosen an dieser Stelle oft Champagner vorziehen. Die Süßspeisen enthalten häufig Früchte und passen daher gut zu Sauternes: Es gibt Backpflaumen aus Agen (die sowohl mit Kaninchen gekocht als auch zu Desserts verarbeitet werden) und Äpfel für Tartes, Clafoutis mit Kirschen und eine Menge anderer Kuchen. In der Region von Saint-Émilion sind Makronen eine Spezialität. Sie werden für Saint-Émilion au chocolat, eine üppige Schokoladen-Charlotte, gebraucht.

Klassische Kombinationen

CASSOULET TOULOUSAIN

Eigentlich gehört Cassoulet in das Languedoc, wo es mit Weinen wie Corbières genossen wird, aber es wird auch im Südwesten zu so kräftigen Rotweinen wie Cahors und Madiran gegessen. Ich persönlich ziehe einen Côtes du Frontonnais oder sogar einen Beaujolais Cru vor, der die Üppigkeit mit seiner Frucht und Frische zerteilt. Junger roter Navarra wirkt etwa genauso, australischer Shiraz, Grenache und Mourvèdre sind Alternativen.

COQUILLES SAINT-JACQUES À LA BORDELAISE

Ein frischer weißer Bordeaux oder Bergerac mit Sauvignon-Charakter paßt ideal zur Zartheit von Jakobsmuscheln mit Butter, Schalotten und Petersilie, doch ein reifer, sehr guter weißer Graves ist auch kein Fehler, auch trockener Jurançon paßt gut. Sauvignons aus Chile, Rueda aus Spanien und Pinot Blancs aus dem Elsaß, Deutschland und Österreich sind mögliche Alternativen.

TTORO

Ttoro war ursprünglich ein Gericht, in dem man grätenreichen Fisch verbrauchen konnte, und wie andere wurde es verfeinert. Der Zusatz von Pfefferschoten weist es als baskisch aus. Der örtliche Rosé

Irouléguy paßt gut, aber auch die Rosés des nahen Béarn, aus der Provence und Navarra sind gute Partner. Sauvignons von der Loire und aus Neuseeland stellen einen guten Ersatz dar.

LAMPROIES À LA BORDELAISE

Dieses uralte Gericht von im eigenen Blut gegarten Neunaugen in Rotweinsauce ist immer nur mit rotem Bordeaux serviert worden. Der Wein sollte nicht zu jung, grasig oder ausgeprägt fruchtig sein: Saint-Émilion und Pomerol mit hohem Merlot-Anteil oder Graves passen oft besser als Médocs. Andere Rotweine in der Art von Bordeaux und Crozes-Hermitages passen gut.

CONFIT DE CANARD MIT STEINPILZEN

Manchmal wird zu Confit de canard – Ente im eigenen Fett konserviert und dann knusprig gebraten – ein regionaler Weißwein serviert, aber Rotweine gehören immer dazu, wenn Steinpilze dabei sind. Das bedeutet Cahors, Madiran, Tursan, Béarn und ähnliche, wenn Sie sich in der Gegend befinden. Es lohnt sich auch, einen reifen, klassifizierten Médoc, besonders Saint-Estèphe, zu wählen. Guter kalifornischer Cabernet und Merlot eignen sich ebenfalls, so wie auch die tiefgründige Backpflaumenfrucht des seltenen Priorato aus Katalonien. Meiden Sie junge, fruchtige Weine.

BORDEAUX UND DER SÜDWESTEN (FORTSETZUNG)

Die beiden wichtigsten Rebsorten des Sauternes und seiner nicht so hochwertigen, leichteren Brüder (Monbazillac, Loupiac, Sainte-Croix-du-Mont, Premières Côtes usw.) sind Sémillon und Sauvignon Blanc. Die gleichen Traubensorten ergeben, wenn sie in Graves miteinander verschnitten und in Eichenholz gereift werden, jene ehrwürdigen trockenen Weißweine, die zu regionalen Gerichten wie Forelle mit Bayonneschinken passen. Einfachere junge Sauvignons und Verschnitte auf Sauvignon-Basis, oft mit der einfachen AC Bordeaux oder Entre-Deux-Mers, sind ideale Begleiter von Schaltieren und einfachem Fisch.

Die Rotweine aus Cabernet Sauvignon, Cabernet Franc und Merlot in jeder möglichen Zusammensetzung, manchmal auch mit etwas Petit Verdot und Malbec, können alltäglich bis aristokratisch sein – tanninreich und mit schwarzer Johannisbeere, wo der Cabernet vorherrscht (vor allem in Médoc oder Graves) oder weicher und fleischiger, wo der Merlot die Hauptrolle spielt (speziell in Pomerol und Saint-Émilion). Die teuersten Weine sind für eine lange Lagerzeit bestimmt und werden meistens zu relativ einfachem Essen serviert, das nicht vom Wein ablenkt (Lamm von den Salzmarschen paßt perfekt). Die besten kommen aus den Médoc-Gemeinden Pauillac, Saint-Estèphe, Saint-Julien und Margaux sowie den Top-Weingütern von Graves, Saint-Émilion und Pomerol. Einfachere Weine (halten Sie nach regionalen ACs wie Haut-Médoc, Côtes de Bourg, Premières Côtes de Blaye oder Bordeaux Supérieur Ausschau) können innerhalb von ein paar Jahren nach der Lese getrunken werden. Aber Vorsicht: Wenn Ihr Geschmack nur wirklich gut gereiften roten Bordeaux bevorzugt, dann suchen Sie ihn nicht im Anbaugebiet selbst – die Franzosen trinken den Wein viel jünger, als er in England und sogar in den USA getrunken werden würde.

Bordeaux ist zwar die Hauptstadt des Südwestens, doch ist das noch nicht alles, was es hier über Essen und Wein zu sagen gibt. In den Nachbarregionen wie Bergerac, Côtes de Duras und Buzet gedeihen die gleichen Rebsorten, und die Weine sind ähnlich, wenn auch von geringerer Qualität als die besten des Kernlandes. Je weiter man sich entfernt, desto schwächer wird der Einfluß von Bordeaux. Cabernet taucht hier noch auf, doch in Cahors ist der Malbec die Hauptsorte, und in Madiran spielt der robuste Tannat die Hauptrolle. Weiter nach Südwesten werden die Weine, rote wie weiße, immer rustikaler – und das Essen nimmt den Geschmack von roter Paprika aus dem Baskenland auf.

Hier wird die rote Paprikaschote in fast allen Gerichten verwendet, von Ttoro (Fischsuppe) und Pipérade (Paprikaschoten, Tomaten, Eier und Bayonneschinken) bis hin zur regionalen Version von Stockfisch oder Morue. Sogar der frische Fisch ist sehr würzig: Sardinen, Anchovis, Thunfisch und Schwertfisch. Mais ist ein Haupterzeugnis des Landes und wird oft zu so etwas wie Polenta verarbeitet, und Poule au pot kommt aus Béarn – was man von der Pariser Erfindung, der Sauce béarnaise, übrigens nicht sagen kann. Typischer für Béarn sind dicke Suppen wie Tourrin mit Zwiebeln, Knoblauch und Eigelb oder Garbure (Gemüse in Bouillon gegart und mit geröstetem Brot serviert). Alles herzhafte Speisen, zu denen die würzigen, dunklen Rotweine, die Rosés und pflanzlichen Weißweine der Region gut passen.

Klassische Kombinationen

GEBRATENES MILCHLAMM

Zum mit Kräutern und Knoblauch gebratenen Gigot (Keule) vom zarten Salzmarschlamm dieser Region paßt als Begleiter am besten ein feiner roter Bordeaux – speziell Médoc und vor allem Pauillac. Aber es muß nicht unbedingt ein Bordeaux und nicht einmal ein Cabernet-Wein sein, obwohl sie meistens sehr gut passen (Coonawarra Cabernet, neuseeländischer Cabernet-Merlot, toskanischer Cabernet, um nur drei zu nennen). Rioja Reserva oder Gran Reserva sind ebenfalls geeignet.

SALMIS VON WILDTAUBE

Salmis von Wildgeflügel, besonders von der Taube, ist im ganzen Südwesten beliebt und wird mit dem regionalen Wein getrunken, entweder Irouléguy aus der Nähe, Cahors (legendär, aber manchmal glanzlos) oder dem weltbekannten Médoc. Es ist aber auch ein geeignetes Gericht zu allen mittelschweren bis körperreichen Rotweinen – nördliche Rhône, Ribera del Duero, portugiesische Rotweine (Bairrada, Dão, Alentejo und Douro).

BRIES MIT TRÜFFELN

Dies könnte ein Weißweingericht sein, wenn da nicht die schwarzen Trüffeln aus dem

Périgord wären. Cahors ist sehr beliebt zu Trüffeln, aber dieses raffinierte Gericht tendiert zu Bordeaux. Je weicher und voller, desto besser passen Merlot-Weine (Pomerol, Saint-Émilion) sowie Pécharmant (Bergerac). Noch wichtiger ist, daß der Wein eine erdige Reife mit Wildaromen zeigt, die dem Geschmack der Trüffeln entspricht. Aus diesem Grund paßt auch ein feiner, reifer Burgunder.

ENTRECÔTE À LA BORDELAISE

Dies ist ein guter Grund, um feinen roten Bordeaux zu trinken – einen mit genügend Tiefgründigkeit, um den Schalotten und der Weinsauce gewachsen zu sein. Graves ist ebenfalls eine gute Wahl, aber wichtiger als die Region sind Qualität und Konzentration. Toskanische Rotweine wie Brunello und Bolgheri, Spitzen-Cabernets und -Merlots aus Übersee, rote Rhôneweine und Burgunder sind gute Begleiter.

KANINCHEN MIT BACKPFLAUMEN

Der traditionelle Begleiter zu diesem Gericht (Stammgericht in den Restaurants des Südwestens) ist Cahors, aber vielleicht paßt er nicht ganz so gut zu der Süße der Backpflaumen wie Saint-Émilion und Bergerac, Côte du Frontonnais und die besseren Gaillacs. Rioja, Navarra Crianzas, australische Shiraz und Pinot Noirs aus Übersee sind ebenfalls gute Partner.

BURGUND

Lieber ein gutes Essen als vornehme Kleider, sagen die Burgunder. Doch wenn man die hohen Preise für ihre Weine, das Charollais-Rind und das Bresse-Geflügel bedenkt, gibt es eigentlich keinen Grund, warum sie nicht beides haben sollten. Sogar der Name des Zentrums der Weinregion, Côte d'Or oder Goldhügel, verrät einiges: Dieser schmale Streifen Hügelland ist eine der teuersten Landwirtschaftsflächen Frankreichs.

Die burgundische Küche ist entsprechend reich. Es ist eine üppige Küche, bei der mit Sahne, Wein, Süßwasserfisch, Rindfleisch und dem örtlichen Morvan-Schinken nicht gespart wird, und es sind Gerichte für einen guten Appetit, der an den langen Tagen schwerer Arbeit in den Weinbergen und Feldern entstanden ist. Sie ist auch unvorstellbar ohne den Wein, aus dem sie entstanden ist. Jedes Gericht mit dem Zusatz »à la bourguignonne« enthält eine Rotweinsauce mit Pilzen, Speck und Frühlingszwiebeln. Die Rotweinsaucen werden auch mit Eiern oder Hirn serviert (Œufs oder Cervelles en meurette). Der Senf von Dijon wird nicht mit Essig, sondern mit Verjus, dem Saft von unreifen, sauren Trauben, bereitet. Wachteln werden in Weinblätter gewickelt und mit Weinbeeren gegart. Pochouse ist ein bekanntes Fischragout mit Lachs und Aal, Hecht, Flußbarsch, Forelle, Wels, Karpfen, Weißwein und Knoblauch – in einigen Haushalten wird dazu roter Burgunder, in anderen weißer getrunken.

In anderen Ländern mag der Name Coq au vin mit jeglichem, in irgendeinem anonymen Rotwein gegarten geschmacklosen Batteriegeflügel in Verbindung gebracht werden, aber der echte ist ein zum Braten zu zäher Hahn, der in gutem Burgunder bei geringster Hitze langsam gegart wurde. (Ältere Legehennen, die keine Eier mehr legen, sind bestens geeignet für Poule au pot.)

Wie beim Geflügel, so beim Rind. Wichtig für das Bœuf bourguignonne ist, daß das Charollais-Rind deutlich zäher und nicht so geschmacksintensiv ist wie andere. Nicht gerade ideal zum Grillen, aber hervorragend für langes, langsames Schmoren in Rotwein. Und diese Art von Gericht paßt zu rotem Burgunder. Es ist ein Wein, der erdigen Wildgeschmack und üppige Saucen mag. Außer in Chablis im Norden, wo es mehr Weißwein gibt, beruht der Großteil der burgundischen Küche auf Rotwein. Pinot Noir ist einer der wenigen Rotweine, die in ihrer leichteren Ausprägung gut zu Fisch passen können, obwohl viele der regionalen Fischgerichte – zum Beispiel Hecht in Weißwein und Sahnesauce oder Hähnchen mit Krebsen in Sahne, Knoblauch und Weißwein – nach einem recht gewichtigen Weißwein von der Côte d'Or oder einem billigeren von der südlicheren Côte Chalonnaise oder dem Mâconnais verlangen.

Noch weiter südlich, im Beaujolais, wird der Weißwein aus Chardonnay gemacht und der Pinot Noir durch den Gamay ersetzt, aus dem Weine mit saftigen, lebendigen Fruchtaromen bereitet werden, die perfekt zu Wurst und Schinken passen. Hier nehmen die zehn Cru-Weine aus einzelnen Gemeinden den Platz der großen roten Burgunder ein.

Als einziges fehlt in Burgund ein süßer Weißwein zu den regionalen Süßspeisen aus Pflaumen, Kirschen, Johannisbeeren, Quitten und wilden Pfirsichen. Die Burgunder trinken oft den schäumenden Crémant de Bourgogne oder einen Marc de Bourgogne nach dem Essen.

Klassische Kombinationen

ESCARGOTS À LA BOURGUIGNONNE

Es gibt keinen einzigen festen Begleiter zu mit Knoblauch-Kräuterbutter gefüllten Schnecken – sicherlich weil der Geschmack der Schnecken mild und anspruchslos ist und die Knoblauch-Kräuterbutter sich ebenso leicht anpaßt. Bourgogne Aligoté ist ein typischer und sehr gut passender Partner. Andere weiße Burgunder und Chablis eignen sich auch gut, ebenso einfache rote Burgunder. Alternativen bieten Rhône- und Provence-Weißweine, trockene Roséweine und spanische Rosados, Chinon, Bourgueil, Chianti und rote Bordeaux der Mittelklasse.

JAMBON PERSILLÉ

Bourgogne Aligoté ist der klassische Begleiter zu Schinken in Weißweinaspik mit Petersilie und Schalotten – aber Chablis paßt noch besser. Unter den anderen Weißweinen suchen Sie nach einer rassigen, trokkenen Sorte, vermeiden Sie aber stark fruchtige oder buttrige Aromen: Probieren Sie Pouilly-Fumé, Chardonnay ohne Barrique und chilenische Sauvignon Blancs oder Pinot Noirs aus Übersee, Beaujolais-Villages und Barbera.

POCHOUSE

Die Burgunder bereiten Süßwasserfisch-Ragouts mit Weiß-

und Rotwein und trinken dazu den Wein gleicher Farbe. Pochouse, die Version mit Weißwein, ist ein deftiges Gericht mit Sahne und paßt gut zu einem Weißen von der Côte d'Or oder einem Chardonnay aus Übersee.

COQ AU VIN

Feiner roter Burgunder, am besten Gevrey-Chambertin, ist der richtige Wein für Kochtopf und Glas. Versuchen Sie es mit einem etwas bescheideneren Wein für den Kochtopf, und trinken Sie den besten Rotwein, den Sie haben, entweder Burgunder, Pinot Noir aus Übersee, Douro, Barbaresco oder Ribera del Duero.

KALBSNIEREN MIT SENFSAUCE

Der Senf – Dijonsenf – stammt aus der Gegend und der beste Begleiter ist ein roter Burgunder, am besten Côte de Beaune, aber viele andere intensive Weine passen ebenfalls, zum Beispiel Pinot Noir aus Übersee, Rioja, Médoc, Saint-Émilion und Vino Nobile di Montepulciano.

SABODET LYONNAIS

Diese herzhafte Kochwurst wird traditionsgemäß mit scharfem, mit Essig angemachtem Kartoffelsalat zu einem Glas Beaujolais, am besten einem Cru wie Brouilly oder Chiroubles, gegessen. Alternativen bieten Valpolicella Classico, Rotweine aus Apulien, junger Tempranillo und roter Zinfandel.

LANGUEDOC, PROVENCE & RHÔNE

Die Mittelmeerküste ist die Heimat von Frankreichs Beitrag zur Mittelmeerküche aus Olivenöl und Gemüse, Fisch, Getreide und Hülsenfrüchten. Fügen Sie reichlich wildwachsende Kräuter hinzu – Thymian, Rosmarin, Bohnenkraut, Majoran – und viel Knoblauch, und Sie haben den Grundgeschmack, der die Region erfüllt. Doch wenn Sie das richtige Gefühl für diesen Teil Frankreichs erfassen wollen, dann müssen Sie den Einfluß der angrenzenden Länder dazurechnen – Katalonien erstreckte sich von 1160 bis 1659 weit in das Roussillon hinein, und bis ins vorige Jahrhundert waren Nizza und Menton Teile des italienischen Königreichs Savoyen – und, weniger romantisch, eine große Portion bitterster Armut.

Südfrankreich mag für den modernen Touristen der Inbegriff guten Lebens sein. Aber versuchen Sie sich einmal vorzustellen, wie man von den unwirtlichen, unfruchtbaren Bergen im Landesinneren leben kann, wo nichts gedeiht außer Schafen, Oliven und Weinreben – und den Kräutern, die alles würzen. An den Küstenregionen konnte man schon immer täglich Sardinen, Anchovis, Rotbarbe, Tintenfisch, Knurrhahn, Seezunge und Muscheln aus dem Meer fischen, aber wären Sie früher ins Landesinnere gefahren, hätten Sie bis vor kurzem nur Stockfisch, Kichererbsen, getrocknete Bohnenkerne, Linsen und irgendein Fleisch bekommen, das es gerade gab. Das Ganze wurde dann mit alkoholreichem Rotwein hinuntergespült.

Im fruchtbareren Roussillon erinnern die Paprikaschoten und Oliven an Spanien. Das Fischragout, Bourride, wird mit Knoblauch, Eigelb und Sahne gewürzt. Weiter östlich in der Provence kommen Tomaten, Olivenöl, Zwiebeln, Safran und scharfe Rouille in den Topf, das Gericht heißt Bouillabaisse. In beiden Fällen geht es darum, den schnell wachsenden, knochigen Mittelmeerfisch zu verwerten, der mehr Geschmack als Fleisch hat.

Auf jeden Fall können diese starken Düfte zarte Weißweine übertönen. Junge, kräftige Rotweine, die hier hektoliterweise erzeugt werden, können sich gegen Bohneneintöpfe und, wenn sie fruchtig genug sind, gegen Fischragout mit Knoblauch durchsetzen. Corbières, Minervois und Fitou sind die bekanntesten traditionellen Namen im Languedoc, Coteaux du Languedoc-Faugères und Saint-Chinian sind ebenfalls erwähnenswert. Côtes de Provence, Coteaux d'Aix-en-Provence, Coteaux des Baux-en-Provence und als bester von allen Bandol erzeugen eindrucksvolle, pflanzliche Rotweine mit Beerengeschmack in der Provence. Natürlich gibt es noch viele trockene, pflanzliche Roséweine, die ideal zu Anchoiade und Tapénade (Anchovis- und Olivenmus) passen, doch bis vor kurzem gab es sehr wenig Weißwein.

Die besten Weine kommen aus dem Rhônetal. Die Syrah-Traube im Norden liefert einige von Frankreichs größten und kräftigsten Rotweinen wie Hermitage und Côte-Rôtie. Die Weißweine – der pflanzliche, aromatische weiße Côte-Rôtie und der verführerische, trockene Condrieu – sind früher reif, aber genauso teuer. Die südliche Rhône ist die Heimat des warmen, würzigen roten Châteauneuf-du-Pape und Gigondas, der pfeffrigen, pflaumigen Côtes du Rhône und einiger kräftiger trockener Roséweine. Das Essen ist jedoch nicht so ausgeprägt. Im Norden spürt man noch die üppige Saucenküche des Burgund, während andere Gerichte mehr auf die Provence deuten.

Klassische Kombinationen

BOUILLABAISSE

Es gibt viele Mittelmeer-Fischsuppen, doch die Bouillabaisse ist die berühmteste. Mit einer Rouille aus Knoblauch, Cayennepfeffer und Croûtons ist sie auch die würzigste. Provenzalischer Roséwein paßt ideal dazu, aber auch andere Rosés – Languedoc, Rhône sowie spanische. Die vollen, würzigen, pflanzlichen Aromen der Weißweine von der Rhône und aus der Provence sind ebenfalls geeignet.

SALADE NIÇOISE

Von den unendlich vielen Varianten des Salade niçoise kann man nur sagen, daß sie von der Frische der einzelnen Zutaten abhängen – Kopfsalat, grüne Bohnen, Tomaten, Artischocken, Oliven, Anchovis, Zitronensaft – und dem erstklassigen Olivenöl. Wenn der Salat so (mit oder ohne Thunfisch und Ei) gemacht ist, verdient er einen der besten Weißweine der Provence (Bellet, Palette, Cassis, Bandol), aber es gibt eine Menge billiger, frischer, trockener weißer Alternativen – von Lubéron (in der Provence) und neuseeländischen Sauvignons bis hin zu Pinot Blancs, knochentrockenem Vinho Verde und vielen italienischen Weißweinen.

RATATOUILLE

Kalt ißt man Ratatouille gewöhnlich zu Weiß- oder Roséwein der Provence, warm trinkt man Rotwein dazu – zum Beispiel Costières de Nîmes. An dieses Rezept kann man sich halten, doch es muß nicht unbedingt ein Provence-Wein sein. Viele Rotweine aus Languedoc-Roussillon (Côtes du Roussillon, Minervois, Coteaux du Languedoc usw.) und einige Weißweine passen ebenso gut dazu. Die Weißweine sollten eher pflanzlich als exotisch fruchtig sein: Sauvignons sind immer gut, Chardonnays eignen sich nicht. Roter Zinfandel schmeckt überraschend gut dazu, ebenso der rote schäumende Shiraz zur kalten Ratatouille.

BŒUF EN DAUBE

Daubes werden aus allen möglichen Fleischsorten gemacht, aber die klassische Art verwendet Rindfleisch, das langsam mit Pökelfleisch, Kalbsfuß, Rotwein, Tomaten und Orangenschale gekocht wird. Coteaux d'Aix-en-Provence und Coteaux des Baux-en-Provence sind ebenso ideale Begleiter wie ein Rhônewein: Hermitage paßt gut. Auch australischer Shiraz.

KANDIERTE FRÜCHTE

In Frankreich werden die sehr süßen Vins doux naturels (Rivesaltes, Frontignan, Lunel usw.) als Aperitif serviert, aber auch zu kandierten Früchten. Der Muscat de Beaumes-de-Venise eignet sich ebenso wie der Moscatel de Valencia, eine spanische Alternative.

LOIRE & ELSASS

Gourmet und Gourmand, die beiden Extreme (jedoch keine Gegensätze) der Eßlust, können beide in diesen Regionen zufriedengestellt werden. Die Loire ist raffinierter, ein Paradies für Gourmets: Fisch wird ganz einfach mit Beurre blanc serviert, erstklassiges Schweinefleisch wird gekocht und zu Rillettes zerkleinert, und das Kennzeichen der Weine ist Eleganz und Leichtigkeit. Die Weißweine aus Sauvignon, Chenin Blanc und Melon de Bourgogne können intensiv schmecken, sind aber niemals schwer. Die Roten aus Cabernet Franc (Chinon, Bourgueil usw.) und Pinot Noir (Sancerre) sind eher leicht und grasig als tiefgründig, dunkel und langlebig. Das Elsaß dagegen ist das Land, wo Schwein und Kohl gedeihen, wo Geflügel und Wild mit Nudeln oder Spätzli serviert werden und wo man in Stopfleber schwelgen kann. Die Weine, obwohl fast alle weiß, sind körperreich, aromatisch und würzig: Sogar der sonst eher neutrale Sylvaner hat hier Würze.

Die Küche der Loire wird immer mit Rabelais und Gargantua in Verbindung gebracht. Denken Sie nur an Wild mit Backpflaumen und Rotwein oder an Andouilles und Andouillettes oder auch an Matelote de la Loire (Aalragout mit Weißwein) oder in Rotwein geschmorten Fisch – und dann als Dessert ein Stück Tarte Tatin mit einer Flasche süßem Vouvray oder Coteaux du Layon. Im Elsaß dagegen denken Sie an eine zarte Forelle blau oder einen Coq au Riesling – und an die leichte Art des regionalen Rotweines aus Pinot Noir.

Tatsächlich bieten beide Regionen eine Überfülle an Speisen und Weinen. An der Loire bringt ein mildes Klima ausreichend Obst, das zu Tartes und Kuchen verarbeitet wird, Backpflaumen werden mit Schweinefleisch, Kaninchen, Geflügel und Fisch gegart oder für das Dessert in Wein pochiert. Dennoch wird das Essen im allgemeinen recht einfach zubereitet und schmeckt unverfälscht. Der Geschmack ist fein und frisch, nicht schwer und üppig: Die Zartheit von Kalbsnierchen wird durch Garen in Muscadet betont, und zu einem reifen Chenin Blanc gibt es nichts Besseres als eine einfache Süßspeise oder frisches Obst mit Cremet, einem Dessert aus Frischkäse und geschlagener Crème fraîche mit Eischnee.

»Klein« ist nicht gerade das Wort, das man häufig im Zusammenhang mit elsässischer Küche verwendet. Die Portionen sind gewaltig: Es gibt Leberknödel und Knödelsuppe, und in Lothringen wurde traditionsgemäß die regionale Quiche am 1. Mai serviert, wenn das Spanferkel in Aspik aufgegessen war. Doch wenn die Küche und die Weine auch an Deutschland erinnern, besitzen beide doch französisches Raffinement. Die Choucroute wird mit Riesling zubereitet (der beste Begleiter zu elsässischer Küche), und außer den Würsten aus jedem nur denkbaren Teil des Schweines gibt es Pasteten und Mousselines. Es gibt den weichen Zwiebelkuchen und das Fleisch für den Baeckenoffe, ein langsam gegartes Gericht aus Schwein, Lamm und Rind mit Kartoffeln, wird vorher in Sylvaner oder Riesling eingelegt. Die Weine haben französische fruchtige Würze und vertragen sich gut mit den süßen, sauren, würzigen Geschmacksnoten – sogar Sauerkraut, Rotkohl und Kümmel. Tokay-Pinot Gris ist, wenn spät gelesen (Vendange tardive) oder von Edelfäule befallen (Sélection de grains nobles), hier der Begleiter zu Stopfleber. Diejenigen unter den vielen Früchten, die dem Konditor entgangen sind, werden zu Obstwasser destilliert.

Klassische Kombinationen

OBSTTARTES

Obsttartes sind sowohl im Elsaß als auch an der Loire beliebt, und beide Regionen liefern Süßweine. Doch in einem guten Jahr weisen die edelfaulen Chenin Blancs von der Loire – Coteaux du Layon, Bonnezeaux, Quarts de Chaume, Vouvray – eine Intensität in Würze und Säure auf, die besonders gut zu Obstkuchen paßt. Süße österreichische Weine bieten eine gute Alternative.

ZWIEBELKUCHEN

Der klassische Begleiter zu Tarte à l'oignon ist elsässischer Pinot Blanc, doch eignen sich auch Sylvaner, Riesling und sogar Gewürztraminer – sowie viele Weißweine aus anderen Ländern, zum Beispiel Sauvignon, Chardonnay und Colombard aus Übersee. Aromatische und fruchtige Aromen passen zur Süße der Zwiebeln. Meiden Sie Barriquetöne.

CHOUCROUTE GARNIE

Zur elsässischen Choucroute (die viel milder schmeckt als das deutsche Sauerkraut) paßt zweifellos elsässischer Riesling am besten. Er hat genügend Gewicht, um sich gegen Schweinefleisch, Speck und Würstchen (und eventuell Gans) durchzusetzen, und genügend Säure, um die Fülle zu zerteilen. Mit Ausnahme von österreichischem Riesling paßt Riesling aus anderen Ländern nur selten (er ist meist eine Spur zu fruchtig), doch Chardonnay ohne Barrique eignet sich meistens, ebenso Pinot Blanc/Weißburgunder und ungarische Weißweine.

FASAN À LA VOSGIENNE

Wildgerichte wie diese Terrine aus Fasan, Pilzen und Nudeln bieten eine gute Gelegenheit, elsässischen Pinot Noir zu trinken, aber Pinot Noirs aus Burgund und Übersee eignen sich ebenso gut.

PLATEAU DE FRUITS DE MER

Die Frische eines Muscadet sur lie zu einer Meeresfrüchte-Platte ist kaum zu überbieten, doch auch andere frische, trockene Weißweine schmecken gut dazu – Sauvignons (vor allem Sancerre, Pouilly-Fumé und Nachbarn), Champagner Blanc de Blancs, Gros Plant, guter Vinho Verde, Rueda und trockene englische Weine.

ZANDER MIT SAUERAMPFER-SAUCE

Flußfische werden an der Loire oft zu Rotwein gegessen, aber wenn Sauerampfer (oseille) in der Sauce ist, muß der Wein Biß haben. Savennières (aus Chenin) paßt hervorragend, Sancerre und Pouilly-Fumé kaum weniger. Auch andere Sauvignons, speziell aus Neuseeland, eignen sich gut.

Italien

Italienische Küche ist ein neuer Begriff. Es gibt viel mehr verschiedene Kochstile in jeder der weiträumigen italienischen Regionen, vom nebligen gebirgigen Piemont im Nordwesten bis zur glühend heißen Halbinsel Salento im Südosten. Der Wein ist in einem Land, wo Reben fast überall wachsen, ebenso regional unterschiedlich. Chianti mit Fegato alla veneziana, toskanischen Wein mit einer Spezialität des Veneto, zu trinken wird von den Einwohnern dieser Regionen als große Sünde betrachtet.

Jedoch sind die Unterschiede von damals nicht mehr so kraß. Vor nicht langer Zeit, als Pasta eher im Süden üblich war, gab es Reis und Polenta im Norden, aber auch Kartoffeln (in Form von Gnocchi). Heute findet man Pasta in ganz Italien, obwohl es immer noch verschiedene Formen mit dazu passenden Saucen gibt. Breite, flache Pappardelle werden mit üppigen Wildsaucen, zum Beispiel vom Hasen (alla lepre), in Mittel- und Norditalien geschätzt, während die dünneren Spaghetti mit Muscheln und Knoblauch serviert werden (alle vongole). Außerdem gibt es Hunderte von unterschiedlich geformten und gefüllten Pastas, die mit gewürztem Fleisch oder Kürbis bis zu Spinat und Ricotta gefüllt werden.

Pizza, ehemals die einfache Speise des armen Südens, ist vielleicht das beste Beispiel für moderne Kommunikation – oder ihr Opfer. Sie hat nicht nur ganz Italien, sondern einen großen Teil der Welt erobert. Die Polenta ist seit etwa zehn Jahren große Mode im Ausland. Risotto ist vielleicht besser durch Karikaturen des ursprünglichen Vorbilds bekannt, die nichts mehr mit dem raffinierten norditalienischen Gericht zu tun haben, das zart oder auch intensiv gewürzt sein kann.

Vielleicht ist es nicht überraschend, Parallelen beim Wein zu entdecken: riesige Flaschen von mildem, halbsüßem Lambrusco und langweilige Frascatis und Valpolicellas, die in Massen für den Exportmarkt produziert werden, um die traurigen Begleiter vermeintlicher italienischer Küche zu sein.

Doch das Gesamtbild ist nicht so düster. Weltweit hat man heute die Vorzüge echter italienischer Küche schätzen gelernt – die Begeisterung für ausgezeichnete frische, regionale Zutaten, die relativ einfach zubereitet werden.

Was den Wein betrifft, haben in den letzten zehn Jahren Verständnis und Liebe zu den ungewöhnlichen Geschmacksnoten original italienischer Reben zugenommen. Die Einführung des Cabernet Sauvignon und seine internationale Anerkennung (allein oder im Verschnitt) während der siebziger und achtziger Jahre hat Italien auch wieder das Zutrauen gegeben, seine eigenen Schätze an Rebsorten, die in einigen Fällen vor dem Aussterben standen, verstärkt anzupflanzen.

So bleiben die Spezialitäten jeder Region, trotz und wegen des modernen Fortschritts, bemerkenswert klar unterschieden. Während die Küche von Region zu Region variiert, folgt das Essen selbst bestimmten Mustern. Dazu gehört auch, daß der Wein als Teil des Menüs angesehen wird. Tatsächlich sollten viele italienische Weine lieber zum Essen als für sich allein getrunken werden – und nicht nur die bekannten kräftigen, tanninreichen Rotweine wie Brunello di Montalcino und Barolo oder die adstringierenden Barberas und Chiantis. Weniger namhafte, aber wunderbare Rotweine wie Salice Salentino und Aglianico del Vulture aus dem ärmeren Süden und die würzigen sizilianischen Rotweine aus der Nero d'Avola passen zum Essen. Das gleiche gilt für viele der einfachen, frischen, aber ziemlich neutralen Weißweine. Sie können frische Meeresfrüchte zur Geltung bringen, als Grundlage für Pasta mit Sahne und Risotto dienen oder einfache Begleiter zu Salat und Gemüsegerichten sein.

Die Abfolge eines italienischen Menüs lautet: Antipasto; Minestra; Pasta; Hauptgang aus Geflügel, Fleisch, Wild oder Fisch; Gemüse/Salate; Käse; frisches Obst oder je nach Region Kuchen, Süßspeise oder Eiscreme. Fleisch, Geflügel, Wild oder Fisch werden überall in der Regel einfach zubereitet – gegrillt, gebraten oder gebacken (wenn Sie Glück haben, über offenem Feuer), mit frischen Kräutern und Knoblauch, vielleicht mit etwas Olivenöl und meist mit einer Zitrone, die man im letzten Moment über dem Essen ausdrückt. Gremolata (Zitronensaft, Knoblauch und Petersilie) erfüllt auf raffiniertere Art und Weise den gleichen Zweck wie die einfach ausgepreßte Zitrone: die Üppigkeit zum Beispiel von Osso buco, dem Kalbfleischgericht aus der Lombardei, zu zerteilen.

Melinda
ZONA DI PRODUZIONE
SICILIA
TRES HERMANOS

PIEMONT & TOSKANA

Verallgemeinerungen in bezug auf Italien sind immer gefährlich. Wahr ist – und es hilft, Wein und Essen auf einen Nenner zu bringen –, daß im großen und ganzen der Norden die üppigste Küche hat: Fleisch und Milchprodukte (es wird mehr mit Butter als mit Olivenöl gekocht), Reis und Polenta. Die Liebe zu Polenta und Wild herrscht im ganzen Norden von Padua bis Piemont, doch im rauhen Klima des Piemont erreicht die italienische Küche, was Herzhaftigkeit anbetrifft, zusammen mit den dazugehörigen Weinen ihren Höhepunkt. Könige unter den Weinen sind die zahlreichen Nebbiolos (Barolo und Barbaresco sind die bekanntesten), doch im Piemont gibt es auch den säurereichen Barbera, den weicheren, aromareichen, fruchtigen Dolcetto, die weißen Rebsorten Cortese, Arneis und Moscato und eine ganze Reihe einheimischer Sorten (Freisa, Brachetto, Grignolino).

Piemont ist auch die Heimat der vielgerühmten weißen Trüffel, die, wenn man es sich leisten kann, von September bis Dezember roh über alle möglichen Speisen gehobelt wird – Risotto, Polenta, Pasta, Fonduta (eine Art Fondue, zu Pasta und Gnocchi serviert). Je nachdem wie die Trüffel serviert wird, trinkt man entweder einen Dolcetto oder einen schwereren Barbera oder Barolo dazu. Die schwarze Trüffel, die es im Piemont nicht gibt, ist der Stolz Umbriens und der Marken, wo sie nicht nur über die Pasta gemahlen, sondern auch mit Eiern zubereitet wird (und mit ihnen zusammen gelagert wird, damit ihre Würze auf sie übergeht).

Die Vorliebe der Piemonteser für kräftige Aromen schlägt sich in Gerichten wie Bagna cauda nieder, einer würzigen Mischung aus Olivenöl, Anchovis und Knoblauch, die man heiß serviert (daher der Name »heißes Bad«) und in die man knackiges rohes Gemüse taucht (beispielsweise Kardonen). Bollito misto besteht aus verschiedenen Arten von gekochtem Fleisch, das mit pikanten Saucen, vor allem der lokalen Version der Salsa verde, serviert wird.

Mit der Toskana verbindet das Piemont die Vorliebe für gebratenes Zicklein, Wildschwein und Hase, wozu im Piemont noch Rot- und Damwild kommt. Doch die toskanischen Gerichte sind insgesamt etwas milder, so wie die meisten Rotweine – sogar der dunkle, kräftige Brunello di Montalcino aus dem Gebiet südlich von Chianti, gewonnen aus einer besonders dunklen Variante des Sangiovese, die in der ganzen Region vorherrscht, manchmal unter Zugabe des internationalen Superstars Cabernet Sauvignon.

Die Toskana hat auch ihre Fleischragouts, doch der Akzent liegt auf ganz einfach gebratenem oder gegrilltem hervorragendem Fleisch. Berühmt ist die Bistecca alla fiorentina aus dem bekannten Rindfleisch des Val di Chiana südlich von Florenz. Sie ähnelt im Schnitt dem T-Bone-Steak, ist aber besonders zart und so groß, daß sie immer für zwei bis drei Personen serviert wird. Sie wird ganz einfach gegrillt und mit Olivenöl und Salz genossen. Ein Chianti Classico ist in diesem Fall der beste Begleiter, aber nicht der einzige, nicht einmal der einzige aus der Toskana.

Die Toskana ist auch für ihr Olivenöl bekannt. Es wird so geschätzt, daß man es in seinen besten Qualitäten nur mit dem ungesalzenen toskanischen Brot genießt. Eine Variante ist Bruschetta, Olivenöl über gegrilltes und mit Knoblauch eingeriebenes Brot geträufelt.

Klassische Kombinationen

PAPARDELLE ALLA LEPRE

Die toskanischen Sangiovese-Weine passen besonders gut zu der üppigen Hasensauce (lepre), aber da die Pasta vor dem Hauptgang serviert wird, sollte man nicht die besten Weine dazu reichen – einen Chianti, jedoch keinen Riserva, oder Rosso di Montalcino lieber als Brunello. Als Hauptgericht mit entsprechend mehr Sauce serviert (sehr unitalienisch), kann das Gericht größere Weine vertragen, sogar einen Brunello. Es paßt noch zu anderen würzigen Rotweinen, vom Teroldego Rotaliano bis zum Aglianico del Vulture, vom Burgunder bis zum chilenischen Syrah.

BRASATO AL BAROLO

Dieses Rindfleischgericht ist eine Gelegenheit für einen vornehmen alten Barolo. Barbaresco ist nicht kräftig genug, aber für jene, die nicht jeden Tag Wein aus dem Piemont trinken, reicht er aus. Andere Rotweine mit Charakter sind Brunello di Montalcino, Hermitage und andere Rhône-Weine, Barossa Shiraz, australische und kalifornische Cabernets, provenzalische Rotweine und spanischer Toro.

BAGNA CAUDA

Einer der folgenden Rotweine wird traditionell zur Bagna

cauda getrunken: Freisa, ein frischer, leicht adstringierender und schwach perlender Wein, oder Barbera, ein mittelschwerer Stillwein. Obwohl sehr unterschiedlich in der Art, haben sie zwei Eigenschaften gemeinsam: die Säure, die mit dem Knoblauchöl fertig wird, und den geringen Tanningehalt, so daß es keine Kollision mit den Anchovis und der bitteren Note der Kardonen gibt. Ein roter Vinho Verde mag das gleiche bewirken, aber es ist, ganz nebenbei, einfacher, Alternativen unter den Weißen und Rosés zu finden. Deutscher Riesling halbtrocken ist eine, grasiger Roséwein aus der Provence eine andere.

RIBOLLITA

Diese deftige, ländliche, mit Brot angedickte Bohnen- und Wirsingsuppe paßt hervorragend zu einfachem, jungem Chianti, aber auch zu Valpolicella, jungem spanischem Tempranillo und Rotweinen aus dem Languedoc und Roussillon.

CANTUCCI

Cantucci sind harte, süße Makronen, die man zu (und eingetaucht in) toskanischem Vin Santo, einem starken, holzfaßgereiften Wein aus angetrockneten Trauben, genießt. Setúbal Moscatel, süßer Sherry, Madeira und Tokajer sind ein guter Ersatz, aber sie treffen den Punkt nicht genau – und der ist Vin Santo.

EMILIA-ROMAGNA & ROM

Die toskanische Küche trennen Welten von der ihres nördlichen Nachbarn, der Emilia-Romagna. Mit dem Zentrum Bologna ist dies die Heimat der üppigsten Küche Italiens. Sahne wird in verschwenderischem Maße verwendet, ebenso Fleisch (ohne der Bologneser Sauce zu nahe treten zu wollen), und jeder Teil vom Schwein wird buchstäblich ins Essen gepreßt. Die zahllosen Salamis und Würste reichen von der milden rosa Mortadella bis zum schweren Zampone di Modena (gefüllter Schweinefuß), dessen üppige Konsistenz kaum noch an »Wurst« im eigentlichen Sinne erinnert. Hauptgerichte mit Fleisch werden oft mit dem berühmten Balsamico-Essig aus Modena verfeinert. Es gibt luftgetrockneten Parmaschinken und echten Parmesankäse, der eigentlich Parmiggiano Reggiano heißt und sich damit von dem verwandten Grana Padano aus dem Potal unterscheidet.

So verschiedenartig wie die Küche sind auch die Weine. In vielerlei Hinsicht spielt das Essen die Hauptrolle, und die Weine sind lediglich Stichwortgeber. Die Emilia-Romagna bringt keine wirklich ernstzunehmenden kräftigen Rotweine hervor, die es mit dem Essen aufnehmen könnten. Hier werden weiche, süffige Sangiovese di Romagna gemacht sowie nicht gerade komplexe Weißweine, wie der Albana di Romagna (trotz seiner offiziellen Klassifizierung kein sehr eleganter Wein), und vor allem der Lambrusco. Echter Lambrusco ist eine Million Meilen entfernt von der kommerziellen Exportversion. Es ist ein lebendiger, schäumender, säurereicher, meist trockener Rotwein, der das üppige Essen zerteilt.

Latium ist eine Region in Italien, wo die symbiotische Beziehung zwischen Essen und Wein überhaupt nicht zu existieren scheint. Die Römer, werden Ihnen viele Italiener sagen, haben ihre eigenen Gesetze, und das trifft auf ihr Essen und ihren Wein zu. Eine erstaunlich große Zahl von Gerichten wird einfach und arrogant als »alla romana« bezeichnet. Eine Anzahl von römischen Spezialitäten schreit buchstäblich nach einem großen Rotwein, aber die meisten Weine Latiums sind weiß, und es gibt kaum nennenswerte Rotweine (Torre Ercolana ist die seltene Ausnahme). Früher waren die Weißweine aus Latium wenigstens charaktervoller, aber heute herrschen recht uninteressante Weiße (Frascati, Est!Est!!Est!!! usw.) vor.

Zu den Gerichten, die so gar nicht zu den Weinen passen, gehören der »edelste aller Römer«, Coda alla vaccinara, ein deftiges Ochsenschwanzragout mit Wein, Sellerie, Zwiebeln, Möhren und Tomaten, und Manzo garofolato, mit Nelken geschmortes Rindfleisch.

Eine weitere große Leidenschaft der Römer gilt der Artischocke, die von sich aus dem Weintrinker Schwierigkeiten bereitet (siehe Schwierige Partner, Seite 16). In den Carciofi alla romana ist Minze enthalten (die auch dem typisch römischen Rezept Trippa alla romana die Würze gibt), das heißt, die Artischocken werden mit gehackter Minze, Petersilie und Knoblauch gefüllt. Viele Römer besuchen immer wieder das alte jüdische Ghetto in der Nähe des Marcellus-Theaters, um Carciofa alla giudea zu essen – flachgedrückte, fritierte Artischocken.

Immerhin bereiten die Römer wie die übrigen Italiener das Fleisch auf höchst einfache Weise zu: zum Beispiel Abbacchio zu Ostern (Milchlamm, dessen dünne Knochen man teilweise mitißt) oder Capretto, Zicklein – beides mit Rosmarin gebraten.

Klassische Kombinationen

PARMASCHINKEN MIT FEIGEN

Traditionell trinkt man zu Parmaschinken mit Feigen (oder Melone) Malvasia dei Colli di Parma, einen weichen, leicht schäumenden Weißwein – trocken oder halbsüß. Auf heimischem Boden paßt die Zusammenstellung, aber in anderen Ländern gibt es Besseres: Feiner deutscher Mosel paßt sehr gut. Australischer Colombard ist gut dazu, ebenso Vin de Pays des Côtes de Gascogne und Pinot Grigio dei Colli Orientali. Probieren Sie einmal Parmaschinken allein zu nicht sehr teurem weißem Burgunder (Saint-Véran, Montagny), Beaujolais-Villages, Gamay de Touraine und leichtem Barbera.

COTECCHINO MIT LINSEN

Echter, kantiger, trockener roter Lambrusco bildet einen idealen Kontrast zu dieser üppigen, fetten Wurst, die man mit Linsen und Salsa verde ißt, aber auch ein Beaujolais Cru schmeckt ebenso gut. Wenn man Schwere mit Schwere vermählen möchte, eignen sich California- und Barossa-Rhône-Verschnitte besser als der Zinfandel mit seinem Hauch von Fruchtigkeit. Andere Alternativen bieten körperreiche, würzige Weißweine wie Châteauneuf-du-Pape.

PARMESAN

Diese Spezialität verlangt wirklich nach einem tiefgründigen, komplexen Rotwein. Gottlob kann das benachbarte Veneto diesem Bedürfnis gerecht werden, und zwar mit seinem Recioto della Valpolicella in trockener (Amarone) oder süßer (Amabile) Version, und die Einwohner von Bologna haben kein schlechtes Gewissen, die Keller des Veneto zu überfallen. Junger Parmesan ist sehr weinfreundlich (siehe Seite 23) – er verträgt sich gut mit bulgarischem Cabernet, Hermitage, Chianti, Chablis Grand Cru ...

ARTISCHOCKEN ALLA ROMANA

Artischocken machen Schwierigkeiten (siehe Seite 16), und obwohl Minze und Petersilie in diesem Gericht eher hilfreich als hinderlich sind, ist keiner der Weißweine aus Latium pointiert genug. In Rom sollten Sie den jüngsten, frischesten Weißwein wählen, anderswo den rassigsten Sauvignon.

SPAGHETTI ALLA CARBONARA

Eine der wenigen Paarungen, auf die sich die römische Gastronomie verläßt, besteht aus diesem Gericht mit Spaghetti und Eiern und einem Frascati Superiore Secco. Andere regionale Weine passen auch. Weißer Mâcon liefert einen wertvollen französischen Beitrag. Rotweine müssen tanninarm sein – Bardolino oder leichter Barbera.

DER SÜDEN, DIE KÜSTEN, DIE INSELN

Im Süden weichen die Fleischtöpfe des Nordens einer Ernährung mit mehr Gemüse (Auberginen, Broccoli, Zucchini, Paprikaschoten, Tomaten usw.) und Frischkäse aus Büffel-, Schaf-, Ziegen- und Kuhmilch (Mozzarella, Provolone, Pecorino und Ricotta). Gekocht wird im Süden mit Olivenöl, und man würzt mit pikanten Kapern, Oliven und reichlich frischen Kräutern. Mittelitalien verbindet in seiner Küche die Elemente von beiden – sie ist nicht so herzhaft wie die des Nordens und aufwendiger als die des Südens.

Die Inseln sind wieder ganz anders. Die sizilianische Küche mit ihren zahlreichen Einflüssen ist faszinierend vielfältig und erfindungsreich. Die Zutaten entsprechen denen des süditalienischen Festlandes, doch gibt es mehr Nüsse und getrocknete Früchte sowie kandierte Zitronen- und Orangenschalen und Honig, die für die berühmten Kuchen und Eiscremes verwendet werden. Jenseits des Marsala in seiner süßen Version hat Sizilien köstliche Süßweine, die dazu passen – vor allem Moscato di Pantelleria.

Eine besondere Eigenart sizilianischer Küche und das Ergebnis der traditionellen Armut einer Mehrheit, die unter feudalistischen Bedingungen, beherrscht von einer aristokratischen Elite, lebt, ist die Liebe zu Gerichten mit Fisch (billig und reichlich), der wie Fleisch (teuer und rar) zubereitet wird. Das führt zu sehr seltsamen Speisen und zu ein paar recht merkwürdigen Geschmackskombinationen: Beccaficcu wird zum Beispiel aus Sardinen gemacht, die man auf Spieße steckt und so formt, daß sie wie kleine Vögel (mit dem Namen des Gerichts) aussehen – Feigenfresser, eine Delikatesse aus alten wohlhabenden römischen Zeiten –, und sie wie die Vögel mit Rosinen und Pinienkernen füllt. Sizilien hat auch den richtigen Wein für ein solches Essen. Trotz der südlichen Lage wird (genau wie in Sardinien) mehr Weiß- als Rotwein erzeugt, und zwar aus einigen ungewöhnlichen einheimischen Rebsorten wie Cataratto (sie werden jedoch selten auf Etiketten genannt). Es sind moderne Weine – die Inseln Sizilien und Sardinien haben früher starke, oft aufgespritete Weine gemacht –, die gut zum Essen passen. Die Weißweine sind würzig und aromatisch, die roten vollfruchtig und würzig mit einem charakteristischen Hauch Bitterkeit.

Die traditionelle Küche Sardiniens ist nicht so fein, sondern eher bäuerlich, und bietet mehr Fleischgerichte (Lamm, Schwein, Zicklein) als die sizilianische. Auch hier gibt es einige interessante gute Rotweine – vor allem Carignano del Sulcis Riserva, doch im ganzen hat man sich hier den leichten Weißweinen zugewandt. Diese rassigen Weißen, vor allem die besseren Vermentinos, passen gut zu Meeresfrüchten.

Beide Inseln haben mit den italienischen Küstengebieten die naturgegebene Liebe zum Meer gemeinsam, und sie nutzen die reichlichen Fisch- und Meeresfrüchtevorräte des Mittelmeeres. Jede Küstenregion hat ihre eigene Fischsuppe – und den Wein, der dazu paßt. Ligurien hat seinen Vermentino, das Veneto eine große Anzahl spritziger, trockener Weißweine – Soave, Bianco di Custoza, Pinot Grigio, Pinot Bianco – ebenso wie den leichten roten Bardolino, der zu Fisch getrunken werden kann. Die Marken haben ihren Verdicchio, und sogar Rotwein-Hochburgen wie die Toskana können eine Auswahl an Bianchi vorweisen.

Klassische Kombinationen

CAPONATA

In diesem Gericht, dem italienischen Pendant zur Ratatouille, werden Auberginen, Zwiebeln, Kapern, Sellerie, Tomaten und Oliven in Olivenöl geschmort. Mit der Zugabe von Essig erreicht man den für Sizilien typischen pikanten Geschmack. Fast jeder junge, frische sizilianische Wein paßt gut dazu (die meisten werden unter Marken und nicht unter Herkunftsbezeichnungen verkauft), doch ein Glas kühler Cerasuolo di Vittoria, ein heller Rotwein mit Kirscharoma, ist noch interessanter. Außerhalb Siziliens liefert ein neuseeländischer Sauvignon die passende Ergänzung.

BECCAFICCU

Das Fett der Sardinen in diesem klassischen sizilianischen Gericht wird teilweise durch die Füllung aus Anchovis und Pinienkernen neutralisiert, dennoch ist ein Weißwein mit erfrischender Säure notwendig. Fast alle Weißweine der Insel entsprechen dem. Gute nichtsizilianische Begleiter sind Timorasso (eine seltene Sorte aus dem Piemont), Muscadet sur lie, trockener Vinho Verde, Sauvignon (Loire, Neuseeland und Chile).

CASSATA

Die Original-Cassata ist keine Eiscreme, sondern ein Biskuitkuchen, gefüllt mit Ricotta, kandierten Früchten und Schokolade. Süßer Marsala Superiore ist eigentlich zu schwer, aber Moscato di Pantelleria Passito (von der Insel Pantelleria vor Sizilien) hat, obwohl er sehr mächtig ist, jenes Aprikosenaroma, das zur Cassata paßt. Auch andere Muskatweine sind geeignet, zum Beispiel Vins doux naturels wie Muscat de Frontignan, Asti und kalifornischer und australischer Orange Muscat.

PASTA CON BOTTARGA

Bottarga, der getrocknete Rogen der Meeräsche, ist eine sardische Spezialität mit ausgeprägter, salziger Intensität. Ob mit Pasta oder im Salat serviert, ist der traditionelle Begleiter Vernaccia di Oristano, ein einheimischer sherryähnlicher Wein. Manzanilla kann ihn ersetzen, aber trokkener Vinho Verde, Pouilly-Fumé und Sancerre sind ebenso gut.

PORCEDDU

In Sardinien wird Spanferkel am Spieß mit Kräutern und aromatischen Myrtheblättern gebraten. Dazu paßt ein reifer, samtiger Carignano del Sulcis. Viele andere Rotweine (Pinot Noirs, Rioja und Bairrada) schmecken gut zu Porceddu wie überhaupt zu Schweinebraten, doch sollte man darauf achten, daß der Geschmack nicht übertönt wird. Eine weitere Alternative bietet vollmundiger weißer Burgunder wie Meursault.

Spanien

Durch seine ganze Geschichte hindurch ist Spanien für alle Arten von seltsamen und unbekannten Nahrungsmitteln das Tor zu Europa gewesen. Durch die maurische Eroberung kamen Mandeln und Zitrusfrüchte, Reis und Feigen. (Wer kann sich heute Spanien ohne Orangen vorstellen? Oder ohne Paella?) Nach der Entdeckung der Neuen Welt wurden hier erstmals in der Geschichte Europas Schokolade, Tomaten und Paprikaschoten – scharf und süß – abgeladen. Bis heute verwendet man in Katalonien Schokolade eher als Gewürz und nicht als Süßigkeit: Man würzt damit Fleischspeisen, ähnlich wie in der mexikanischen Küche. (Obst, frisch und getrocknet, ist ein weiteres Element der pikanten katalanischen Gerichte.)

An allen Küsten kann sich Spanien der besten Meeresfrüchte rühmen. Im Inneren, wo sich das Land zum heißen, trockenen Zentralplateau erhebt, gehört Fleisch zu den alltäglichen Gerichten – oft Lamm, Schwein oder Wild, im Schmortopf zusammen mit Bohnen oder anderen Gemüsesorten lange und behutsam gegart. Nirgendwo verwendet man üppige Saucen: Die spanische Küche ist vor allem bäuerlich, reichhaltig dort, wo die Versorgung ausreicht, aber niemals verschwenderisch. Migas, ein klassisches Gericht aus der Mitte des Landes, besteht aus gebratenen groben Brotkrumen mit Knoblauch und grünen Pfefferschoten – serviert mit Wurst, Speck, Oliven und Gemüse.

Würzige Reisgerichte – von denen Paella nur das bekannteste ist – sind mehr oder weniger im ganzen Land populär. Sie passen besonders gut zu den Barrique-Weißweinen, vor allem aus dem Rioja, für die Spanien schon seit langem bekannt ist. Der Safran in einem Reisgericht verschiebt die Skala allerdings mehr in Richtung trockener Roséwein (Rosado). Zum Glück ist das eine weitere Weinart, die die Spanier sehr gut machen, allen voran in Navarra.

Würste gehören ebenso zu den typischen Produkten Spaniens. Es gibt Würste in jeder Provinz, und der mit scharfem roten Pimiento gewürzte Chorizo ist allgegenwärtig. Es gibt etwa 50 anerkannte Sorten, außer den Familienrezepten, und während in Teilen Andalusiens Wildschwein und in Pamplona Rind bevorzugt wird, ist das langbeinige, schwarze iberische Schwein der wichtigste Fleischlieferant. Die traditionelle dreitägige Matanza, das Schlachtfest, bei dem sich jeder Bauernhof mit dem Fleisch für den Winter versorgte, wird in ländlichen Gebieten immer noch begangen. Die Hinterkeulen der Tiere werden besonders geschätzt: Man hängt sie zum Trocknen auf, und nach neun Monaten sind sie zu dem berühmten Jamón serrano geworden, jenem köstlichen rohen Schinken, dessen beste Qualitäten aus den Bergen kommen und der im ganzen Land und auch im Ausland sehr begehrt ist.

Die Weine können wie das Essen grob in zwei Kategorien eingeteilt werden: jene von der Küste und die aus dem Landesinneren. Die meisten der besten Weißweine kommen aus Regionen in der Nähe des Meeres und seiner reichlichen Erträge an Seehecht, Muscheln und anderen Meerestieren; weiter landeinwärts, wo das Fischangebot sich auf Stockfisch, den Bacalao, beschränkt, kommen die bäuerlichen Rotweine zu ihrem Recht. Achten Sie jedoch darauf, daß man in Spanien größtenteils wenig Wert auf die Zusammenstellung von Essen und Wein legt. Man trinkt den regionalen Wein, welcher Art er auch sein mag: Wenn das Rotwein zu Fisch bedeutet, dann ist das eben so – ganz normal, ebenso normal, wie Sherry in der Küstenregion rund um Jerez (wo der Sherry herkommt und woher er seinen Namen hat) durch alle Gänge eines Menüs zu trinken. Hier beginnt man mit einem Fino oder Manzanilla, den hellen, trockenen Versionen, und geht dann, wenn es einen Fleischgang gibt, vielleicht zu einem körperreichen, reifen, trockenen Amontillado oder Oloroso über. Letzterer kann auch zum Manchego oder einem ähnlichen Schafkäse gereicht werden, bevor die süßen Sherrys zu den Süßspeisen serviert werden.

ANDALUSIEN & KATALONIEN

Spaniens spezielles Verhältnis zur Partnerschaft von Wein und Speisen hat dennoch ein paar perfekte Kombinationen hervorgebracht. Die leichtesten, feinsten Sherrys aus Andalusien, Fino und Manzanilla, haben den Platz von Weiß- und Rotwein zu den für jede Region typischen Tapas eingenommen, und sie können auch während des eigentlichen Menüs weitergetrunken werden. Tapas sind tatsächlich manchmal der Höhepunkt eines Essens. Wenn Sie jedoch in Cadiz oder Sanlúcar speisen, wird als Spezialität sicherlich gebratener Fisch vom Fang des gleichen Tages angeboten.

Natürlich können Sie in Andalusien auch Fleisch essen, aber es gibt mehr Fisch. Fleisch ist immer teuer gewesen und wurde für besondere Gelegenheiten aufgespart, Chorizoscheiben waren die Würze des täglichen Essens. Die Rezepte sind eher einfach, die Zutaten jedoch von guter Qualität – ebenso der allgegenwärtige Gazpacho. Gemüse werden in der Tat sehr ernst genommen. Es gibt wilden Spargel, verschiedene Arten von Paprikaschoten, winzige regionale Erbsen und dicke Bohnen sowie Unmengen von Artischocken.

Mandeln sind eine weitere Spezialität Andalusiens. Sie kommen in dem weißen Gazpacho (mit Brot, Knoblauch, Essig und Olivenöl) vor sowie in Süßspeisen und Gebäck – vor allem in Verbindung mit Eigelb. Tocinos de cielo, Eiercremekuchen, bieten die Chance, Eigelb aufzubrauchen, das bei der Klärung von Wein mittels Eiweiß übriggeblieben ist – und sind eine Gelegenheit, ein Glas Oloroso dolce oder einen süßen Sherry zu trinken.

Katalonien ist nicht nur die Heimat des schäumenden Cava, es hat insgesamt ein größeres Weinsortiment als irgendeine andere Region Spaniens: Penedés, Alella und Conca de Barberá haben trockene Weißweine von leicht bis körperreich, aber auch einige feine Rote. Priorato und Tarragona sind bekannt für ihre besonders wuchtigen Rotweine, außerdem gibt es auch eine kleine Menge guter, spät gelesener süßer Weißweine. Die Rebsorten in diesem europäischsten Teil Spaniens sind teils einheimisch, wie Parellada und Xarel-lo für Weißwein und Tempranillo, Carineña und Garnacha für die Roten, teils international wie Cabernet Sauvignon, Merlot, Chardonnay, Sauvignon Blanc, Pinot Noir und Gewürztraminer.

Die katalanische Küche ist vom Mittelmeer beeinflußt. Oliven und Olivenöl, Zwiebeln und Tomaten, Knoblauch, Rosmarin, Oregano, Lorbeer und Thymian sind wichtige Zutaten, oft verbunden mit getrocknetem Obst wie Backpflaumen oder Rosinen und Pinienkernen (»a la Catalana«). In Tarragona liebt man Mandeln, und sie werden häufig zu einer dicken Sauce mit Knoblauch, Tomaten, roten Paprikaschoten und Brot – Romesco-Sauce – verarbeitet, die zu vielen Fischgerichten serviert wird. Allioli, ein Gewürz aus gehacktem Knoblauch und Olivenöl, wird in Katalonien manchmal mit ein paar Tropfen Orangensaft angespitzt. Sofrito – Tomaten und Zwiebeln langsam in Olivenöl gegart – ist eine weitere Grundlage vieler Rezepte.

Die raffinierteste Offenbarung katalanischer Küche vereinigt alle Widersprüche des Landes in sich. Mar y montana (Meer und Gebirge) aus Ampurdán kann Geflügel, Hühnerfüße, Schweineohren und -füße, Schnecken, Tintenfisch, Hummer, Wurst, Obst, Gemüse und alle möglichen anderen Zutaten miteinander vereinen.

Klassische Kombinationen

TAPAS

Tapas gibt es in erstaunlicher Vielfalt, von dünnen Scheiben pfeffrigem Chorizo, fangfrischen Garnelen, grünen Riesenoliven und Manchego-Spänen bis hin zu Rührei mit Krabben oder Pilzen, Tortilla, getrocknetem Thunfisch (Mojama) und ganzen Baby-Rotbarben (Salmonetes). Nichts paßt zu den unterschiedlichen, salzigen, würzigen Geschmackstönen von Tapas besser als Fino und Manzanilla, doch ein frischer, trockener Rosé aus Navarra oder der Provence ist ein guter Kompromiß. Die Weißweine müssen ähnlich beschaffen sein, nervig, aber nicht aggressiv oder zu vollfruchtig – Sancerre, Penedés und südafrikanische Sauvignons, Chablis und Muscadet sur lie.

GAZPACHO

Das berühmteste Geschenk Andalusiens an die Welt ist Gazpacho, aber der Name bezeichnet zwei sehr unterschiedliche kalte Suppen: eine auf Tomatenbasis und den traditionelleren weißen Gazpacho. Der klassische Begleiter zu beiden ist Fino oder Manzanilla, aber auch Sauvignon (Rueda, Penedés, Chile, Neuseeland) paßt gut zum Tomaten-Gazpacho. Weißer Rioja ohne Barrique, Soave und Bourgogne Aligoté eignen sich für weißen Gazpacho.

NIEREN IN SHERRYSAUCE

Der dazu servierte Sherry sollte ein Amontillado sein. Wenn Sie keinen Sherry wollen, trinken Sie Rioja Crianza oder Beaujolais Cru dazu.

KANINCHEN MIT ROTWEIN UND KRÄUTERN

Für dieses typisch katalanische Gericht wird Kaninchen in Rotwein mit Kräutern eingelegt und gegart, dazu kommen Zimt, Tomaten, Schokolade und Mandeln. Die Tempranillo-Traube, vor allem in gutem Penedés und Costers del Segre, ist ein guter Begleiter, ebenso Cabernet Sauvignon aus denselben Regionen. Cabernet Sauvignon aus anderen Gebieten (Australien, Languedoc, Rumänien) paßt auch gut dazu, ebenso Rioja Reserva, Ribera del Duero und Valpolicella Classico.

BACALAO LA CATALANA

Stockfisch wird in ganz Spanien zu den lokalen Weiß- oder Rotweinen gegessen. Hier wird er zu Sofrito mit Pinienkernen und Rosinen serviert. Viele junge katalanische Weißweine sind gute Begleiter, aber im Idealfall verdient das Gericht Weißwein mit mehr Würze – einen traditionellen weißen Rioja oder australischen Semillon aus dem Barrique – oder auch einen jungen Tempranillo, Chinon oder roten Sancerre.

DER NORDEN

Nordspanien umfaßt ein riesiges Gebiet von den grünen Hügeln Galiciens bis zu dem offenen Land um Madrid, hinauf bis zum Baskenland und den fruchtbaren Vorbergen der Pyrenäen. In der Mitte Spaniens, wo das Wetter entweder glühend heiß oder eiskalt ist, gibt es den berühmtesten Vertreter eines Gerichts, das Fleisch und Wild vereint, Cocido madrileño, ein Drei-Gänge-Menü, das in einem einzigen Topf gegart wird: Zuerst wird der Sud, dann die Gemüse und schließlich das Fleisch serviert.

Noch weiter im Norden ist der Boden fruchtbarer: Butter und Schweinefett finden größere Verbreitung, außerdem können Gemüse die Basis einer Mahlzeit bilden, vor allem im Ebrotal und in Navarra. Spargel oder Artischocken werden mitunter mit einer einfachen Vinaigrette und einem Weißwein aus Rueda oder Rioja serviert. Aber es gibt auch bäuerliche Eintöpfe wie Calderata riberana mit Wild oder Flußfisch und Gemüse der Saison.

Was das Fleisch betrifft, ist dies das Land der Schafe. Lamm ist der naturgegebene Partner für roten Rioja und Ribera del Duero aus der etwas weiter westlich gelegenen Region. Letzterer ist der kräftigere, ein tiefgründiger, intensiver Wein, der einige Jahre der Reifung benötigt. Rioja – jahrelang Spaniens berühmtester Qualitäts-Tafelwein – kann in Top-Qualität (Reserva und Gran Reserva) zu einer Komplexität und Zartheit reifen, daß er nur ein einfach zubereitetes Lamm braucht. In den meisten Fällen findet man ihn allerdings in einer nicht so aufregenden, sondern eher alltäglichen Version vor. Tempranillo ist die Hauptrebsorte (ebenso in Ribero del Duero, wo sie allerdings Tinto Fino heißt). Viura, Malvasia und Garnacha Blanco werden für Weißweine miteinander verschnitten. Ihre traditionelle, von der Eiche geprägte Art ist für die meisten regionalen Gemüsegerichte kräftig genug.

So wie die Weine von Rioja den Stil der Weinbereitung in der benachbarten Region Navarra geprägt haben, so beeinflußt die Art der Küche von Navarra die von Rioja. Die roten Paprikaschoten, für die Navarra so bekannt ist, sind auch (oft in Verbindung mit Chorizo) in allen Gerichten mit dem Zusatz »a la riojana« enthalten. Die süßlich fruchtigen Rotweine von Rioja mit ihrem leichten Barriqueton, vor allem die Crianzas, sind wie maßgeschneidert für solche Gerichte.

Im Baskenland liebt man starke, scharfe Gewürze. Es gibt Piperada (Eier, Schinken und Paprikaschoten), Bacalao, getrockneten und gesalzenen Kabeljau, Glasaale in heißem, scharfem Olivenöl und Chillies gegart und den schwärzesten Tintenfisch »in seiner eigenen Tinte«, den man überhaupt finden kann. Baskischer Wein, vor allem weißer, kommt mit diesen Geschmackstönen gut zurecht, denn er ist leicht, oft schäumend und sehr pikant. Weiter westlich, wo es an der Küste ausreichend Fisch gibt, sind die besten Weine die aromatischen, würzigen Weißen aus Galicien, von denen der berühmte, elegante Albariño der aromareichste und auch der teuerste ist. Der Besucher kann entweder den hohen Preis für Albariño bezahlen oder einen billigeren, nicht ganz so aromatischen Wein der Region Ribeiro wählen. Die Roten des Gebiets sind säurereich und etwas erdig – so passen sie zu Fisch genauso wie zu den starken baskischen Gewürzen.

Klassische Kombinationen

PIPERADA

Rührei, Paprikaschoten und Bayonneschinken sind keine einfache Kombination für Wein. Der Großteil des Txakoli, des örtlichen baskischen Weines, ist weiß, leicht schäumend und recht dünn und pikant. Er mag zur Piperada passen, aber an seinen Geschmack muß man sich erst gewöhnen. Besser eignet sich ein Rosado aus Navarra. Roséweine aus dem Südwesten Frankreichs (zum Beispiel Béarn) sind gut, und trockener australischer Riesling bildet einen reizvollen Kontrast.

GEFÜLLTER TASCHENKREBS

Bei diesem galicischen Gericht wird das Krebsfleisch mit Zwiebeln, Knoblauch, Tomaten und Petersilie gemischt, mit Semmelbröseln und Käse bedeckt und überbacken. Albariño ist der richtige galicische Wein, aber viele trockene Weißweine, wie Sauvignons, Viogniers und Chardonnays ohne Barrique, sind auch geeignet.

SCHNECKEN MIT TOMATEN, PAPRIKASCHOTEN UND CHILLIES

Dies ist ein für Navarra typisches pikantes Gericht, zu dem die regionalen Rosados passen. Südfranzösische Rosés können als Ersatz dienen, aber

Rosé ist nicht unentbehrlich. Roter Navarra Crianza und junger spanischer Tempranillo, Roussillon und roter Côtes du Rhône Villages können sich gegen die Chillies durchsetzen, ohne die Schnecken zu übertönen.

COCIDO MADRILEÑO

Cocido madrileño ist eine Kombination von Gemüse, Kichererbsen, luftgetrocknetem Schinken, Wurst, Mark, Fleisch, Wild oder Geflügel. Der starke Toro mit dem passenden Namen ist ideal dazu, während Ribera del Duero die richtige Wahl zu etwas feineren Varianten des Gerichts ist. Kalifornischer Zinfandel, australischer Shiraz, Châteauneuf-du-Pape, Corbières, Madiran und Alentejo sind nur einige von vielen körperreichen Alternativen.

ESCABECHE

Escabeche stammt ursprünglich von der Küste und bezeichnet eine Methode, Fisch in Zitrone oder Essig zu konservieren. Im Landesinneren ist dieses Verfahren dann auf Geflügel und Kaninchen übergegangen. Wegen der Säure der Marinade und des Kochsuds ist Weißwein geeignet: Junger Rioja ohne Barriqueausbau ist meist der richtige, galicischer Weißwein fast besser. Feiner deutscher Riesling Kabinett und pikante Sauvignons – Neuseeland, Chile, Loire – bieten eine gute Alternative.

Portugal

Eine Reise in diesen westlichsten Teil Europas ist wie eine Zeitreise in die Vergangenheit. Essen gibt es gemäß der Saison. Ausgesucht, gewogen und eingepackt wird es in kleinen Läden, die stark nach getrocknetem Kabeljau duften, wo getrocknete Bohnen aufgehängt sind und die fast von allen modernen Einflüssen unberührt geblieben sind. Das Essen ist bäuerlich, Eintöpfe werden mitunter mit Schweineblut angedickt und mit Chouriço angereichert. Die maurische Besetzung und Portugals Kolonien wie Goa und Brasilien haben ihre Spuren hinterlassen. Obwohl das Essen meist stärker gewürzt ist als das spanische, findet man ähnlich wie dort Mandelgeschmack und klebrig süße Eierspeisen.

Die Weine sind oft so rustikal wie das Essen und als Begleiter zum Essen gedacht. Die traditionellen Rotweine haben den Geschmack von der Reife in alten Eichenfässern, und die Weißweine sind leicht oxidiert. Sie sind so kompromißlos wie das regionale Essen, aber sie werden, anders als das Essen, nach und nach den Anforderungen des Exports angepaßt.

Wenn Sie erleben wollen, wie lebendig die Beziehung zwischen portugiesischem Essen und Wein ist, müssen Sie das Land bereisen. Vinho Verde ist im Ausland ein bekannter Name, jedoch die einheimische Version – säurereich, knochentrocken und häufig noch dazu rot – hat wenig gemeinsam mit der milden Exportversion. Aber die Rotweine passen zu den regionalen Spezialitäten – zu Bacalhau, dem eingesalzenen Kabeljau, der im Norden Hauptgericht und überall sonst ebenfalls bekannt ist, zu Caldo verde und zu den riesigen Mengen Olivenöl.

An der ganzen Küste gibt es Tintenfisch, Seehecht, Thunfisch und Sardinen, Sardinen und noch einmal Sardinen. Sie alle verlangen nach Weinen mit Würze und Säure, und in vielen Landesteilen sind diese Eigenschaften bei Rot- wie bei Weißweinen vorhanden. Man legt hier wenig Wert auf eine Abstimmung zwischen Essen und Wein.

Das betrifft natürlich nicht den Portwein – den süßen, aufgespriteten Wein, der vor allem von Engländern und für Engländer gemacht wurde. Doch die Portugiesen haben einige Arten für sich selbst entwickelt. Sie ziehen nussige, im Holzfaß gereifte Tawnys und Colheitas (Tawnys aus einem einzigen Jahrgang) den flaschengereiften Vintage Ports vor. Außerdem trinken die Portugiesen ihre im Holzfaß gereiften Portweine nach dem Essen.

Im Süden ist das Essen aromatischer und würziger. Es wird reichlich Koriander verwendet, mit dem man vor allem im Weizenland Alentejo Brotgerichte würzt. Acordas – mit Brot angedickte Suppen – werden in der gesamten Provinz zubereitet. Kalter Gaspatcho ist ebenso eine Spezialität wie eine ganze Reihe von Gerichten mit Migas, groben Brotkrumen. An der Algarve wird das Essen leichter. Fisch und Meeresfrüchte gibt es überall, manchmal einfach gegrillt oder geschmort oder gemischt mit verschiedenem Fleisch.

Der Süden Portugals hat weniger traditionelle Qualitätsweine als der Norden. Mit einigen wenigen ehrbaren Ausnahmen ist er alltäglich und anspruchslos, aber zumindest die roten können in ihrer lebendigen, fruchtigen Art reizvoll sein, und alle stimmen im Preis. Wenn Sie nicht wissen, welche Farbe Sie wählen sollen, nehmen Sie Rotweine: Ihre Qualität ist gleichmäßiger, und sie passen gut zu den Gewürzen und dem Knoblauch der Eintöpfe.

Klassische Kombinationen

GEGRILLTE SARDINEN

Sardinen werden immer noch in ihrer einfachsten Zubereitung am liebsten gegessen: gegrillt und mit Zitrone und einem Glas regionalem Wein dazu. Vinho Verde ist der bekannteste, obwohl traditionell eher der rote genossen wurde (noch adstringierender als der weiße). Trockener weißer Vinho Verde hat die Zeiten überdauert. Andere gute Begleiter zu diesem fettreichen Fisch sind weißer Gaillac, Vin de Pays de Mauzac und der seltene Timorasso aus dem Piemont.

CALDO VERDE

Kartoffel-Kohl-Suppe, meist mit Chouriço aufgebessert, wird im ganzen Norden gegessen. Wieder wäre roter Vinho Verde der typische Begleiter, aber die warmfruchtigen, würzigen Rotweine aus dem Alentejo im Süden finden wohl eher Freunde. Weißweine passen ebenfalls zu dieser Suppe, zum Beispiel pflanzliche weiße Bairradas und Chardonnay aus dem Barrique.

BACALHAU

Obwohl unendlich variantenreich, enthalten alle portugiesischen Bacalhau-Gerichte (gesalzener Kabeljau) viel Olivenöl – und der Wein, rot oder weiß, muß damit fertig werden. Die Portugiesen tranken traditionsgemäß entweder jungen, adstringierenden (Vinho Verde) oder alten, leicht oxidierten (alle anderen). Unter den modernen Weinen passen weiße Bairrada Reservas aus dem Barrique, doch der beste Allroundwein ist Chablis, vor allem Premier Cru mit leichtem Barriqueton. Roter Sancerre schmeckt ebenso gut dazu wie auch ein roter Rioja Crianza und australischer Semillon aus dem Barrique.

SPANFERKEL

Leitão assado, gebratenes Spanferkel, ist eine Spezialität aus Mittelportugal, wo der rote Bairrada mit seinen vollen, pfeffrigen Brombeeraromen einen hervorragenden Begleiter abgibt. Rote Tafelweine vom Douro (Portweinregion) und aus dem Alentejo sind passende Begleiter, ebenso viele andere Rotweine – zum Beispiel Rioja Reserva, Burgunder und Beaujolais Cru. Volle weiße Burgunder und Spitzen-Chardonnays aus Kalifornien sind geeignete Weiße.

PUDIM FLAM

Pudim flam, eine Art Crème caramel, ist die berühmteste aller portugiesischen süßen Eierspeisen. Moscatel de Setúbal, ein reifer, aufgespriteter Wein aus der Umgebung Lissabons, ist der klassische Begleiter. Französische Vins doux naturels (Muscat de Beaumes-de-Venise usw.) sind ein guter Ersatz, ebenso botrytisbetonte australische Semillons und – für die Freunde von Süßem – spanischer PX-Sherry.

Deutschland

Wenn deutsches Essen ein Symbol hätte, dann wäre es das Schwein. Das Mastschwein nimmt einen vorrangigen Platz in fast allen Regionalküchen ein, und überall in Deutschland sind Würste in Dutzenden von Formen und Geschmacksrichtungen zu finden. Dahinter (jedoch mit Abstand) folgen sein wilder Vetter, das Wildschwein, Wild aller Art und Rind. Wenn Deutschland auch vor allem ein Land der Fleischesser ist, gibt es doch Hecht, Karpfen, Forelle und andere Süßwasserfische sowie Heringe, Schaltiere, Seezunge, Steinbutt und andere Fische aus Nord- und Ostsee.

Gemüse? Kohl steht an erster Stelle, am häufigsten in Form von Sauerkraut. Vervollständigen Sie diese Zutaten durch Kümmel und viele frische Kräuter sowie Obst als Beilage zu Fleisch, dann erkennen Sie die grundlegenden Süß-sauer-Aromen der deutschen Küche. Die Portionen sind reichlich: In einem deutschen Restaurant ist eine Portion Wild mit Birnen und Preiselbeeren, die so aussieht, als sei sie für die ganze Tischrunde bestimmt, allein für Sie gedacht. Das Fleisch ist allerdings von so hoher Qualität und so perfekt zubereitet, daß Sie sicherlich mehr davon essen werden, als Sie vorhatten. Eine weitere deutsche Spezialität ist das Gläschen Obstschnaps, Kirschwasser oder Himbeergeist, und im Norden Aquavit, das als Digestif dient.

Nur wenige Weine kommen mit dieser kräftigen Süß-sauer-Kombination zurecht. Doch deutscher Wein hat eine Eigenschaft, die man nirgendwo anders findet – eine spezielle messerscharfe Ausgewogenheit zwischen Honigsüße und Säure –, die zu dieser Art von Essen sehr gut schmeckt. Man kann sich kaum eine Kombination von Essen und Wein irgendeines anderen Landes vorstellen, die in der Heimat so perfekt ist und in anderen Ländern so gründlich mißverstanden wird. Deutsche Weine passen wunderbar zum Essen, doch gemeint sind nicht die billigen Flaschen mit süßlichem Wein, die Deutschlands Ruf im Ausland so geschadet haben, und das Essen ist nicht der Lammbraten, den die westlichen Nachbarn so lieben. Statt dessen gibt es das milde Aroma vom Schwein, die Zartheit einer Forelle in Rieslingsauce mit Kräutern, die Säure von Rotkohl mit Äpfeln. Wein im Barrique kommt mit diesen Aromen nicht zurecht. Statt dessen zeigt Riesling – leicht und apfelig oder üppig und mineralisch –, warum er die edelste unter den deutschen Rebsorten ist und in jedem Weinbaugebiet angepflanzt wird. Daneben sind Silvaner (vor allem in Franken), Scheurebe, Pinot Gris (auch Grauburgunder oder Ruländer – vor allem in Baden), Pinot Blanc (oder Weißburgunder) und Pinot Noir (Spätburgunder) die besten Rebsorten.

Das komplizierte deutsche Weingesetz mag für manchen Neuling entmutigend klingen, aber mit seiner Hilfe findet man leichter einen Wein zu einem bestimmten Essen. Es gibt 13 Weinbaugebiete. Die Rheinweine sind kräftiger, vor allem die aus dem Rheingau, der Pfalz und von der Nahe, die Moselweine leichter. Die Weine aus Baden und Franken sind eher trocken und (relativ) gehaltvoller. Aus Baden kommen auch die meisten Rotweine internationalen Zuschnitts. Wenn »trocken« auf dem Etikett steht, enthält der Wein sehr wenig Restsüße, da der Zucker aus den reifen Trauben fast vollständig vergoren wurde. Halbtrockene Weine enthalten etwas mehr Süße.

Qualitätswein ist ein relativ einfacher Wein, der bei ungenügender Reife des Leseguts aufgebessert werden darf. Darüber stehen Kabinett – oft bemerkenswert niedrig im Alkohol und wunderbar leicht, manchmal mit einem kleinen Hauch Süße –, dann die Spätlese – im allgemeinen gut zu würzigem Essen, inklusive Gans und Ente –, Auslese – süßlich und sehr gut zu leichtem, etwas säuerlichem Apfeldessert, aber auch eine Möglichkeit zu Wild, Gans oder Wildschwein –, danach die üppigen, sehr süßen Beerenauslesen, Trockenbeerenauslesen und Eisweine, die zu Süßspeisen getrunken werden könnten, aber meist für sich allein nach dem Essen genossen werden.

Für ein so bekanntes Weinland hat Deutschland nur eine kleine Rebfläche. Bier wird in allen Landesteilen gebraut. Wo Bier getrunken wird, im Norden und Südosten, ist die Küche kräftiger gewürzt als in den Weinbaugebieten des Südwestens. Hier ist die Küche maßvoller, und es wird viel mit Wein gekocht, so wie in den anderen Gegenden das Bier in den Rezepten vorkommt. Doch wenn es schon einen Unterschied zwischen Wein- und Biergegenden gibt, so ist der Kontrast zwischen Norden und Süden noch größer.

NORDEN UND SÜDEN

Eine Spezialität teilt das Land in Norden und Süden: Im Norden gibt es Klöße, im Süden Knödel. Sie werden aus Kartoffeln, Brot oder Mehl hergestellt und mit Wurst, Schinken, Käse, Kohl, Pflaumen und anderen Zutaten serviert. Jedes Land hat seine eigene Form, so wie es seine eigenen Würste hat. Es gibt Bratwurst, Blutwurst, Rindswurst, Leberwurst und viele andere, nicht zuletzt die Wiener, auch Frankfurter genannt. Hinter dem Weißwurstäquator gibt es die bayerische Weißwurst aus Kalbfleisch, Speck und Gewürzen. Um in ihren Genuß zu kommen, muß man die Mainlinie passieren.

Generell ist das Essen im Norden am deftigsten. Es gibt hervorragenden Seefisch. Er wird zum Großteil vor Ort gegessen, mit Ausnahme des Herings, der mariniert, eingesalzen oder geräuchert wird, bevor er seine Reise ins Binnenland antritt. (Kein einziger Wein paßt gut zu mariniertem Hering. Besser ist es, Bier oder Aquavit dazu zu servieren.) Schinken und Würste werden geräuchert, und es gibt hervorragendes Rindfleisch und Geflügel. Viele interessante Gerichte kommen aus den reichen Hansestädten Hamburg, Bremen und Lübeck. Das Hamburger Stubenküken zum Beispiel wird einfach auf gebratenen Brotscheiben serviert oder mit Leber, Semmelbröseln und Kräutern gefüllt.

Diese Küche ist urbaner und überragt die eher einfache Küche der Umgebung, wodurch diese Städte zum Mekka der Weinfreunde wurden. Einerseits werden hier die starken Gewürze (einschließlich viel Zucker), die man in Norddeutschland reichlich ans Essen gibt, hier etwas sparsamer eingesetzt, andererseits wurde in den Kellern von Bremen und Lübeck über lange Zeit der rote Bordeaux gelagert, bevor er nach Rußland weiterreiste. Daraus entstand eine Weinkennerschaft, die heute noch andauert. Hier wird zwar kein Wein angebaut, doch so wie in anderen Städten mit traditionellem Weinhandel kann man hier guten Wein kaufen.

In den Weinbaugebieten des Südens ist die Küche am leichtesten. Es gibt delikate Suppen und Saucen aus den ersten Frühlingskräutern, in heimischem Riesling gegarten Flußfisch und Zwiebelkuchen, einen mit Zwiebeln und Ei sowie Schinken belegten Kuchen. In Bayern ist die Küche auf das Bier zugeschnitten, doch ein guter, kräftiger Pfälzer, Rheingauer oder badischer Wein hat keinerlei Schwierigkeiten mit einem Gericht wie Leberknödel, die meist in Bouillon serviert werden. (Manchmal ist auch gehackte Milz darin.) Im Süden, vor allem aber in Bayern, sind Innereien äußerst beliebt.

In Baden ist Deutschlands Haute Cuisine zu Hause. Nachbarn sind hier die Schweiz und das Elsaß, und so findet man Weinbergschnecken, Salate aus frischem, jungem Löwenzahn, erstklassigen weißen Spargel und feine Fischgerichte im Überfluß. Sahne und Butter werden mehr als Speck und Schmalz in der Küche verwendet, und während die Weine nichts von ihrem deutschen Charakter eingebüßt haben, kommt hier noch ein Hauch von französischem Charme hinzu. Die Trauben aus der Pinot-Familie, die im Elsaß gedeihen, ergeben auch hier gute Weine und werden nach französischem Vorbild im Barrique gelagert. Die schönste Überraschung ist eine echte Schwarzwälder Torte. Sie verhält sich zu den im Ausland erhältlichen so wie Rheingauer Riesling zur Liebfraumilch.

Klassische Kombinationen

REHBRATEN MIT ROTKOHL

Wenn auch die Süße einer reifen Riesling Auslese perfekt zu Rehbraten paßt, verlangt dieser Rehrücken, der zuerst in Rotwein eingelegt und dann mit einer üppigen Rotweinsauce und Rotkohl serviert wird, ganz klar nach einem Rotwein – in Deutschland dem besten badischen Spätburgunder, den Sie bekommen können. Alternativen außerhalb Deutschlands sind roter Burgunder von der Côte de Nuits, kalifornische Pinot Noirs, reife Rhône-Weine, Shiraz- und Grenache-Weine sowie Mourvèdre-Verschnitte.

FORELLE BLAU

Fangfrische Forelle kurz in einem leichten Sud pochiert, um den feinen Geschmack und die zarte Konsistenz zu erhalten, wird mit Kartoffeln und zerlassener Butter serviert. Diese Art von vornehm einfacher deutscher Küche scheint wie geschaffen für die Eleganz feiner trockener oder halbtrockener deutscher Rieslinge. Ist kein Riesling zur Hand, probieren Sie Weißburgunder. Außerhalb Deutschlands wählen Sie rassige, leicht aromatische, trockene Weißweine wie österreichischen Grünen Veltliner oder elsässischen Pinot Blanc oder etwas weniger aromatische Weißweine wie Chablis und Graves.

GEFÜLLTE KALBSBRUST

Mit seiner Füllung aus Zwiebeln, Brot und Ei sowie einer mit saurer Sahne legierten Sauce ist dies ein mild gewürztes Kalbfleischgericht aus dem Süden. Als Begleiter verlangt es nach einem trockenen, mittelschweren Weißwein ohne zuviel Säure. Besser als Riesling eignen sich Grauburgunder oder Weißburgunder, vor allem aus Baden. Ein weißer Mâconnais oder ein elsässischer Pinot Blanc bieten gute Alternativen.

SAUERBRATEN

Man kann zu Rind Weißwein trinken, doch wenn man es einlegt und mit Rotwein schmort, kommt Rotwein als Begleiter in Frage (wenn man nicht zuviel Essig verwendet). Badischer Spätburgunder oder Pfälzer Dornfelder sind passende deutsche Weine, aber es stehen andere Rotweine zur Auswahl – Beaujolais Crus, Cabernet Sauvignons und Merlots, Barbaresco und andere Nebbiolo-Weine.

BAYERISCHE CREME

Diese üppige, süße, kalte Eiercreme paßt hervorragend zu den deutschen Süßweinen. Eine Riesling Beerenauslese eignet sich perfekt, doch es lohnt sich auch, nach einem fränkischen Rieslaner Ausschau zu halten. Die besten Partner außerhalb Deutschlands sind österreichischer Ausbruch, Sauternes, süße Muskateller und Tokajer.

Schweiz

Die Schweiz bietet dem Liebhaber von Essen und Wein einige Paradoxe. Obwohl sie Haute Cuisine der Spitzenklasse mit besten Küchenchefs zu bieten hat, beruht ihre einheimische Küche auf einfachen, rustikalen Produkten wie Käse, Milch, Schweinefleisch, Brot, Kartoffeln und Obst. Außerdem gibt es nicht nur eine Kultur, sondern drei, und daher gibt es drei Regionalküchen und drei Arten von Wein.

Schweizer Wein ist grob gerechnet zur Hälfte weiß und zur Hälfte rot, aber die Schweizer trinken im ganzen lieber roten, so daß viel Rotwein importiert wird. Der heimische Wein ist selten groß, schmeckt aber sehr angenehm zur regionalen Küche. Der Weißwein wird zum großen Teil aus Chasselas bereitet, der, je nach Anbaugebiet, leicht, trocken, angenehm fruchtig oder würzig ist. Die meisten Rotweine sind weich und fruchtig und aus Pinot Noir gekeltert.

Käse hat in der Schweiz eine besondere Bedeutung. Wenn er in Suppen, Kuchen, Süßspeisen, Fritüren oder geschmolzen auf geraffelten Kartoffeln, den bekannten Rösti, verwendet wird, dann schmeckt leichter Weißwein oder weicher Rotwein am besten dazu. Die Üppigkeit dieser Speisen wird meist durch Salate oder Obst aufgelockert: Nicht nur in Strudeln und Kuchen, sondern zum Beispiel in Form von Ente mit Kirschen oder Schnitz und Drunder (Birnen und/oder Äpfel mit Räucherfleisch und Speck), eingelegten Pflaumen mit Wild und Apfelmus mit Würstchen. Würstchen gibt es überall, wobei die deutschsprachigen Kantone führend sind. Die Schweizer essen lieber Schwein als Rind. Zwar besteht das Bündner Fleisch aus luftgetrocknetem Rind, doch Schwein ist die Grundzutat des Saucisson vaudois, der italienischen Luganiga (die mit Risotto serviert wird), der Schweinsbratwurst sowie der Salsiccia und Saucisses au chou oder au foie.

In der deutschsprachigen Schweiz trinkt man weit weniger Wein als in den anderen Landesteilen. Die Weine werden nicht als Bestandteil des Essens angesehen, sondern man trinkt lieber Bier oder sogar Kaffee zur alltäglichen Mahlzeit. Der Wein ist besonderen Gelegenheiten vorbehalten.

Wenn Sie eine größere Auswahl an Schweizer Weinen wünschen, müssen Sie im französischsprachigen Teil danach suchen – obwohl Auswahl auch ein relativer Begriff ist, wenn 90 Prozent der Weißweine aus Chasselas und 99 Prozent der Rotweine aus Pinot Noir und Gamay bestehen. Immerhin zeigt der Chasselas, der unter einer Vielzahl von Namen wie Fendant, Perlan und Dorin sowie Ortsnamen wie Chablais, Sion und Dézaley auftritt, erhebliche regionale Unterschiede. Typisch für ihn ist die leicht würzige oder nussige Fruchtigkeit, und er paßt gut zu Fisch aus den Seen, vor allem dem beliebten Egli oder Flußbarsch. Interessanter, aber schwierig zu bekommen, sind die Weißweine aus Ermitage, der pflanzliche Petite Arvine und die sehr guten, spät gelesenen Weine Malvoisie und Amigne. Überall gibt es die roten Verschnittweine Dôle (im Wallis) und Salvagnin (Waadt), die gut zu Aufschnittplatten schmecken.

Im italienischsprachigen Teil, dem Tessin, sind die Lombardei und Piemont die Urväter der Küche. Dazu gibt es Merlot, Merlot und noch einmal Merlot. Der größte Teil ist weich und fruchtig und paßt gut zum Essen.

Klassische Kombinationen

GEBRATENE EGLIFILETS

In der französischen Schweiz ist dieses Gericht noch populärer als das allgegenwärtige Käsefondue. Meist wird Chasselas dazu getrunken, aber Egli ist eigentlich einen edleren Wein wert – Elsässer oder Moselriesling in Spitzenqualität, Puligny oder Chassagne-Montrachet, sowie feinen Pouilly-Fumé.

KÄSEFONDUE

Käsefondue ist ein echtes Nationalgericht, obwohl die Käse je nach Region variieren. Im Unterschied zu Raclette gehört Chasselas (unter verschiedenen regionalen Namen) traditionell zum Käsefondue. Sicherlich ist er ein passender Begleiter, aber es gibt gute Alternativen jenseits der Schweizer Grenzen – vor allem Übersee-Chardonnay. Sauvignons (nicht Fumés) aus Übersee und Chablis Premier Cru folgen dichtauf, und obwohl Rotweine nicht so günstig sind, kann man auch einen Chinon dazu trinken.

WURSTSCHMAUS

Die Schweizer frönen ihrer Liebe zu Wurst in herbstlichen Wurstgelagen, zu denen es, je nach Region, Sauerkraut, Rösti, Kartoffelsalat, Rote-Bete-Salat oder Polenta gibt. Der durchschnittliche, anspruchslose, fruchtige Schweizer

Rotwein paßt sehr gut dazu, obwohl das Sauerkraut eigentlich Weißwein erfordert. Beaujolais Villages oder Cru, Côtes-du-Rhône, Dolcetto, Barbera und Dornfelder sind geeignete Alternativen, aber auch ein deutscher Riesling halbtrokken, wenn Sauerkraut mit von der Partie ist.

WILDTOPF MIT WALDPILZEN

Haarwild – Dam- und Rotwild, Steinbock, Gemse und Wildschwein, oft mit Spätzli serviert – wird hoch geschätzt, doch nur die feinsten Schweizer Blauburgunder (Pinot Noir), der seltene Syrah und Humagne Rouge haben genügend Struktur und Komplexität, um ihm gerecht zu werden. Gottlob sind die Burgunder und die Weine der nördlichen Côtes-du-Rhône nicht weit von der Schweiz entfernt. Alternativen sind Syrah, Mourvèdre oder Cabernet aus Übersee.

BÜNDNER FLEISCH

Dieses luftgetrocknete Rindfleisch aus der Ostschweiz wird rasiermesserdünn mit frisch gemahlenem schwarzem Pfeffer als Vorspeise serviert. Ein leichter Blauburgunder wäre der Partner aus der Region, aber einer der leichteren Beaujolais Crus paßt noch besser. Ein leichter italienischer Rotwein aus der nach Mandeln duftenden Schiavatraube (zum Beispiel Kalterersee Classico) und ungarischer Kékfrankos sind Alternativen.

Österreich

Österreich ist historisch gesehen ein Reststaat. Als es noch der Nabel des österreichisch-ungarischen Kaiserreiches war, strömten die Menschen aus Ungarn, Slowenien, Rumänien, Polen, Italien, Böhmen und Mähren nach Wien – und brachten ihre Küchen mit. Nach dem Ersten Weltkrieg wurden all diese Länder abgetrennt, so daß Österreich kleiner und ein Binnenland wurde. Die Küche jedoch pflegt noch Erinnerungen an all diese Einflüsse, deren raffinierteste aus Ungarn kamen: Paprika ist das bevorzugte Gewürz, besonders im Osten, wo es gute Gulyas (Gulasch) gibt, und Pfannkuchen, ebenfalls ungarischen Ursprungs, werden überall serviert, mit Obst oder Fleisch gefüllt oder als Einlage in einer der vielen Suppen, die die Österreicher so lieben. Aus dem kühleren Böhmen kamen die Knödel (aus Kartoffelmehl im Waldviertel und aus Weizenmehl oder Brot anderswo), mit jeder nur vorstellbaren Füllung, von Lunge (hier liebt man Innereien) über Grammeln (die knusprigen Überbleibsel beim Auslassen von Schweineschmalz) bis zu Käse und Pflaumen.

Schmalz ist in Österreich das wichtigste Fett. Man genießt es geräuchert und dick auf ein Stück dunkles Brot gestrichen am liebsten zu Getränken vor dem Essen. Es ist weiß und neutral im Geschmack und paßt daher zu allem, sogar zu Süßspeisen. Jeder Teil des Schweins wird mit dem gleichen Respekt behandelt, und ein Hauptangebot in der Buschenschenke (einer ländlichen Wirtschaft, in der Essen und Wein aus eigener Herstellung angeboten werden) ist eine Platte mit verschiedenen Teilen vom Schwein, geräuchert, gekocht oder in verschiedenartigste Würste verwandelt. Als Beilage gibt es Meerrettich oder Apfelmus, und der Wein wird in Halbliterkrügen dazu serviert.

Die Geschmacksrichtungen in Österreich sind nicht so deutlich süß oder sauer wie in Deutschland, und sie sind etwas raffinierter. Die Weine haben (da das Klima wärmer ist) mehr Körper und Alkohol und sind trockener – wenn sie nicht sehr süß sind, was auch vorkommt. Es gibt ein paar sehr gute Rotweine aus lokalen Rebsorten (Blaufränkisch, Saint-Laurent und Zweigelt) ebenso wie zunehmend guten Pinot Noir (oder Blauburgunder) in französischer Machart, aber der Großteil der österreichischen Weine ist weiß. Obwohl es einige Chardonnays und Sauvignon Blancs gibt, die bei internationalen Wettbewerben sehr gut abschneiden, werden die meisten österreichischen Weine aus aromareichen Sorten gekeltert und sehr jung getrunken, wenn die fruchtige Säure die fette, mehlige Üppigkeit des Essens zerteilt. Deshalb wird in Österreich weniger Wert auf beste Jahrgänge als beispielsweise in Deutschland oder Frankreich gelegt. Viele österreichische Weine, vor allem die aus Grünem Veltliner (der Hauptrebsorte), Welschriesling, Traminer und Riesling-Silvaner (Müller-Thurgau) schmecken jung am besten, doch die feinsten Rieslinge aus der Wachau gewinnen noch mit dem Alter.

Die süßesten Weine, Beerenauslese, Ausbruch (eine ausschließlich österreichische Weinart), Trockenbeerenauslese und Eiswein, kommen fast ausschließlich aus dem Burgenland und sind üppig genug zu süßen Klößen, Strudeln und Pfannkuchen. Doch nach einem Menü mit Suppe, Schwein und Knödeln kann ein Digestif willkommen sein – und auch hier glänzt Österreich mit Bränden aus Reineclauden, Quitten, Wacholderbeeren, Äpfeln, Birnen usw.

Klassische Kombinationen

APFELSTRUDEL

Die meisten der berühmten österreichischen Kuchen oder Torten werden am besten zum Kaffee gegessen, aber die Strudel und süßen Pfannkuchen (Palatschinken) bieten höchst erwünschte Gelegenheiten für jene üppig süßen Weine aus Rebsorten wie Bouvier, Traminer, Ruländer (Pinot Gris) und Welschriesling. Zu dem berühmtesten von allen, dem würzigen, nussigen Apfelstrudel, ist ein Ausbruch ideal. Beerenauslese und Trockenbeerenauslese aus Deutschland, botrytisbetonte, spät gelesene Rieslinge aus Übersee und süße Loireweine sind ein guter Ersatz dafür.

SCHINDLBRATEN

Dieses Schweinefleischgericht mit scharfem Paprika ist typisch für die burgenländische Küche. Ein pfeffriger Grüner Veltliner paßt zu dem Gewürz und zerteilt die Üppigkeit des Schweinefleischs, aber Ruländer ist ein noch interessanterer Partner. Pinot Gris aus Ungarn und dem Elsaß sowie Chardonnays aus Übersee passen ebenfalls. Unter den Rotweinen kommt der österreichische Blaufränkische gut mit dem Paprika zurecht.

TAFELSPITZ

Tafelspitz, das mit Wurzelgemüse und Kräutern gekochte Schwanzstück aus der Rinderhüfte müßte gut zu Rotwein schmecken, würde es nicht mit Gewürzgurken, Hagelsalz und Meerrettich serviert (letzterer oft gerieben und mit Apfelmus vermischt). Kein Wein verträgt sich mit diesen Aromen, doch der österreichische Zweigelt kommt mit ihnen zurecht, ebenso Dolcetto.

WIENER SCHNITZEL

Paniertes Kalbsschnitzel, ein Import aus Italien, ist Österreichs beliebtestes Sonntagsessen. Meist wird es mit Kartoffelsalat und ein paar Gläsern Veltliner genossen oder auch mit einem etwas komplexeren Weißburgunder. Es gehört dennoch zu jenen einfachen Gerichten, die zu einer Vielzahl mittelschwerer Weißweine – leicht aromatisch oder mit feinem Barriqueton – paßt, ebenso zu leichten Rotweinen wie Sancerre, Chinon und Bourgueil.

GEBRATENER HECHT MIT KNOBLAUCH

Ohne eigene Küste ist Seefisch teuer, aber es gibt viel Süßwasserfisch (und ausreichend Weißweine, die dazu passen). Gebratener Donauhecht mit Knoblauch ist ein typisches Gericht, das zu Grünem Veltliner perfekt paßt. Österreichischer Rheinriesling und Sauvignon sind auch möglich, aber eine Spur zu aromatisch. Elsässischer Sylvaner, Muscadet sur lie und Bourgogne Aligoté bieten weitere Alternativen.

Griechenland

Der Tourismus hat dem Image von griechischer Küche und Wein geschadet. Besucher des Landes kommen mit der Überzeugung nach Hause, daß sie aus Fleischklößen oder Moussaka nach Taramosalata oder Hummus (Kichererbsenmus) und Retsina oder Ouzo besteht. Das Image, das die Griechen selbst vermarkten, ist eines jener Klischees, die die interessantesten Weine des östlichen Mittelmeeres als einen müden, geharzten Weißwein erscheinen lassen und die hervorragende Küche auf einen Salat aus Tomaten, schwarzen Oliven und Fetakäse reduzieren.

Sicherlich ist griechische Küche nicht so variantenreich wie die türkische oder libanesische. Es gibt keine luxuriöse Hofküche wie in Istanbul, der Hauptstadt des Osmanischen Reiches, das Griechenland lange beherrscht hat, und es wird kaum Süßes mit Pikantem gemischt. Doch in ihren Grundzügen ähnelt die griechische Küche der anderer östlicher Mittelmeerländer: Kichererbsen und andere Gemüse, Käse und Fisch sind zu hohen Festtagen die Eiweißquellen, zusammen mit Lamm oder Ziege. Gemüse, das man mit fruchtigem Olivenöl anreichert, ist immer noch wichtiger als Fleisch. Zitronen kommen in allen Gerichten vor, und viele Suppen und Eintöpfe werden mit Avgolemono, Ei-Zitronen-Sauce, legiert und gewürzt. Außerdem gibt es noch die Kräuter und die Wildgemüse, die unter dem Sammelnamen Horta laufen – vom Felsenqueller über Löwenzahn bis hin zum Frisée. Sie werden blanchiert, mit Öl und Zitrone angemacht oder in die so beliebten Pittas aus Filoteig gefüllt. Die Füllung – oder vielmehr das Gericht – hängt ganz von der Jahreszeit ab. Erbsen und Artischocken gibt es im Frühling, Zucchini im Frühsommer (erst seit kurzem gibt es Tomaten das ganze Jahr über). Aber »Saison« bezieht sich nicht nur auf das Wetter: Das Kirchenjahr kennt seine eigenen Menüs, ebenso die Familienfeste. In der Fastenzeit gibt es keinerlei tierische Produkte, nicht einmal Eier. Zu Ostern, zu Hochzeiten und Taufen ißt man Lamm oder Ziege.

Da die griechische Kultur so lange fast ausschließlich kleinbäuerlich war, ist Wein ein Teil des täglichen Lebens – eine Alternative zu Ouzo, aber nichts, worüber man viel nachdenkt. Die aktuelle Renaissance von gutem griechischem Wein bringt Qualitäten hervor, die maßgeschneidert zu den klaren Aromen der griechischen Küche passen. Europäische Rebsorten wie Cabernet und Chardonnay gibt es nur in sehr begrenztem Maß, statt dessen aber Hunderte von einzigartigen einheimischen Sorten, und dank der modernen Keltertechnik behalten einige Weißweine – Assyrtiko und Robola zum Beispiel – trotz der südlichen Lage ihre Säure. Die wichtigsten Geschmacksträger der griechischen Küche – Olivenöl, Zitronensaft, Fetakäse – brauchen die Säure des Weines. Das gleiche gilt für den geschmacksintensiven Fisch.

Griechenland hat mehr Rotweine, und diese weisen oft eine relativ hohe Säure auf. Im Norden gibt es Naoussa und im Peloponnes Nemea – alles runde, tiefgründige, würzige Rotweine, die den starken Aromen des Essens Paroli bieten können. Sogar die so populären Innereien, die normalerweise nach milderen Rotweinen verlangen, würzt man hier mit Zitrone oder manchmal auch mit Tomaten, so daß die Säure des Weines kein Problem darstellt. Zu Gerichten mit Knoblauch oder Öl serviert man immer Retsina.

Klassische Kombinationen

OCTOPUS IN ROTWEIN

Im klassischen Octopus-Eintopf (Htapothi krassato) ergeben Zwiebeln, Tomaten und Oregano eine üppige, aromatische Sauce, die am besten zu griechischen Rotweinen wie Nemea paßt. Junge spanische Tempranillos mit leichtem Barriqueton sind genauso gut geeignet, ebenso wie reife Rotweine aus Apulien, Carignano del Sulcis, Barbera aus dem Piemont und kalifornischer Sangiovese.

HASE IN SCHARFER ZWIEBEL-TOMATEN-SAUCE

Wild genießt in Griechenland ein hohes Ansehen, und am liebsten gart man es, insbesondere Hase und Kaninchen, in Stifatho, einer süß-sauren Sauce aus Essig, Frühlingszwiebeln, Tomaten, Knoblauch, Rosmarin und Nelkenpfeffer. Kräftiger, würziger Naoussa paßt gut zur Sauce und zum Fleisch. Probieren Sie auch einen Chianti Classico oder Crozes-Hermitage.

MEZE

Retsina ist der traditionelle Begleiter zu Meze, einer Zusammenstellung von Happen aus Hummus, Taramosalata, Tzatziki, Auberginenmus, Artischockensalat, Feta, fritierten Kalamari, gefüllten Weinblättern, würzigen Fleischbällchen und Moussaka – was alles sehr gut schmeckt, wenn Sie Retsina mögen. Ich mag ihn nicht, aber es ist nicht einfach, andere Weine zu finden, die zu all diesen kleinen Gerichten passen. Moderne griechische Weißweine und neuseeländischer Sauvignon mit ihren hohen Säuregraden eignen sich, bis auf die Moussaka, ganz gut – hier schmecken Bardolino, Navarra, Béarn und provenzalische Roséweine besser.

IM TOPF GEBRATENES HÄHNCHEN MIT AVGOLEMONO

Die weißen Rebsorten Griechenlands passen sehr gut zu Hähnchengerichten mit Zitrone wie diesem. Wenn jedoch keiner zur Verfügung steht, probieren Sie die leicht pikante, dabei buttrige Intensität eines neuseeländischen Chardonnays oder den pikant-zitronigen Charakter eines ungarischen Weißweines aus einheimischen Rebsorten.

BACLAVA

Während die Griechen zu ihrem klebrigen, mit Honig getränkten Mandel-Walnuß-Gebäck am liebsten Kaffee trinken, mag man es manchen Menschen verzeihen, wenn sie die Regeln umgehen und einen der süßen Muskateller des Landes trinken. Samos ist der beste von ihnen. Süße französische Muskateller wie Beaumes-de-Venise und Rivesaltes oder auch Moscatel de Valencia sind gute Alternativen.

Skandinavien

Die Welt hat Skandinavien den Gravad lax und den Smörgåsbord zu verdanken. Letzteres ist der schwedische Ausdruck für eine Mahlzeit, die auch in Dänemark, Norwegen und Finnland in verschiedenen Formen bekannt ist. Smörgåsbord ist typisch für die skandinavische Art zu speisen – zugleich formell und locker, reizvoll und sättigend. Die Gerichte werden in Hülle und Fülle vor Ihnen aufgebaut, doch es gibt strenge Sitten, wie man ißt und trinkt. Wie Sie essen, so trinken Sie und prosten sich gegenseitig zu, meist mit einem Schluck Aquavit oder Schnaps, der das Essen zerteilt – Heringe, rote Bete, Eier, Schinken, kalter Schweinebraten, Räucheraal, warme Gemüse und Salate, alle mit Remouladensauce, Mayonnaise oder Senf – und danach ein Schluck Bier.

Beim schwedischen Smörgåsbord ist die Reihenfolge der Gänge festgelegt. Man beginnt mit Hering, sauer, geräuchert, gesalzen oder mariniert. Als nächstes kommen andere kalte Fischgerichte (Skandinavier lieben Fisch) und der berühmte Gravad lax: Längsseits fein aufgeschnittene Lachsfilets werden mit einer Mischung aus frischem Dill, Meersalz, Pfeffer, Zucker und Cognac bedeckt, zusammengelegt, unter einem Brett beschwert und so eine Woche liegengelassen (angeblich wurden sie ursprünglich in der Erde begraben). Gravad lax wird mit einer süßen Dill-Senf-Sauce serviert. Als nächstes folgen »kleine warme Gerichte« (Måvarmt), kleine Portionen von Hauptgerichten, wie gebratenes Fischfilet, Fischbällchen in Sherrysauce, Schweinemedaillons, auch Königinpastetchen mit Geflügel, gefolgt von einer Auswahl kalter Pasteten und Fleischsorten. Käse und Obst und vielleicht ein Kompott bilden den Abschluß. Verschiedene Brotsorten stehen zur Auswahl – Roggen und andere, gewürzt mit den typisch skandinavischen Aromen von Kümmel und Mohn.

Man kann die Skandinavier nicht dafür rügen, daß sie zum Smörgåsbord keinen Wein trinken. Es ist nicht nur schwierig, einen zu finden, der zu allen Bestandteilen schmeckt, sondern einige von ihnen – nicht zuletzt die Heringe – passen von sich aus kaum zu Wein. Die beiden Weine, die den Anforderungen am besten gerecht werden, sind Sherry Fino und ein deutscher Riesling, am besten ein guter Kabinett oder eine Spätlese von der Mosel oder ein Kabinett aus der Pfalz (trotz der großen Unterschiede der beiden Regionen). Es sollte hier auch erwähnt werden, daß rote Bete eine Affinität zur Scheurebe hat, aber der Geschmack dieses Weines kann leicht zu dominant für andere Gerichte sein. Wenn Sie mehr als einen Wein servieren, bieten die warmen Fleischgerichte eine Gelegenheit, auf fruchtigen, aber gutstrukturierten Rotwein umzusteigen, zum Beispiel Beaujolais Villages, Saint-Émilion oder Barbera d'Asti.

Roggenbrot ist die Grundlage des dänischen Smørrebrød: Alle Zutaten, außer Muscheln, werden auf ein Stück dunkles Brot gelegt, nur Schaltiere häuft man auf Weißbrot. Remoulade wird reichlich verwendet, und es gibt viel Schwein und Schinken. Die dänische Küche ist ganz allgemein die üppigste von allen skandinavischen Ländern.

Andere Lieblingsgerichte aller Skandinavier sind frischer Flußkrebs und Kaviar. Wasservögel, Moorhuhn, Hase, Elch und Rentier sind beliebt. Wild wird häufig mit Preiselbeeren serviert. Multbeeren sowie Wacholderbeeren werden zum Würzen verwendet.

Klassische Kombinationen

REHBRATEN MIT PREISELBEEREN

Preiselbeeren passen zu keinem Wein, doch eine einzige Rebsorte mit einer speziellen Affinität zu Wild, Mourvèdre, hält der Säure und Süße der Beeren stand. Mourvèdre kommt sortenrein in Bandol, manchmal in Australien und gelegentlich in Kalifornien vor. Weiter verbreitete Alternativen sind große rote Burgunder (Nuits-Saint-Georges), Syrah von der nördlichen Rhône oder reifer australischer Shiraz.

GRAVAD LAX

Lachs, Zucker, Salz, Dill und Senf mögen mit Wein vielleicht etwas schwierig erscheinen, aber in der Praxis gibt es eine Sorte, die sehr gut paßt, und ein paar andere, die akzeptabel sind. Ausdrucksvoller, dabei zarter Moselriesling Kabinett bester Qualität hat genau die Ausgewogenheit zwischen Süße und Säure, die mit den süßen und pikanten Noten der Sauce harmoniert, und das Rieslingaroma paßt sehr gut zu Lachs und Dill. Australische Rieslinge eignen sich bei weitem nicht so gut. Feine australische und neuseeländische Chardonnays mit reifer Frucht, reiner Säure und behutsam eingesetzter Eiche sind hingegen ein Erfolg, ebenso feiner Jahrgangs-Champagner mit einem hohen Anteil Chardonnay.

FRIKADELLER

Diese kleinen, delikaten Fleischbällchen aus Kalbfleisch oder einer raffinierten Mischung aus Kalb, Schwein und Rind bieten eine gute Gelegenheit, mittelschwere Rotweine mit Reife und Finesse zu trinken – Bordeaux, Burgunder, Rioja Gran Reserva. Der würzige Charakter von weißem Burgunder paßt ebenfalls gut, aber der Wein sollte nicht zu groß oder üppig sein.

BEEFSTEAK TATAR

Rohes Rindfleisch an sich ist kein Problem für Wein, aber rohes Eigelb paßt schlecht und am schlechtesten zu Tannin. Ein Beaujolais Villages oder Cru ist am besten, aber es muß nicht unbedingt ein roter sein: Ein frischer weißer Burgunder, wie ein guter Mâcon oder Saint-Véran, sind angenehme Begleiter.

GANS MIT PFLAUMENFÜLLUNG

Es gibt in ganz Skandinavien bestimmte Gerichte zu Festtagen, und Gänsebraten ist das traditionelle Essen zu Weihnachten und Martini. Schwein wird manchmal ähnlich gefüllt, mitunter auch mit Äpfeln, und beide werden mit süß-saurem Rotkohl und karamelisierten Kartoffeln serviert. Man braucht also aromareiche Weine. Traditioneller, körperreicher und reifer australischer Shiraz ist eine Möglichkeit, eine andere eine Pfälzer Spätlese.

Nordeuropa

Obwohl England und Wales ein paar aromatische, leichte Weine produzieren, gehören sie nicht zu den klassischen Weinbaugebieten. Großbritannien, Belgien und die Niederlande sind vor allem Bierländer, aber sie haben eine lange Tradition des Weinimports, vor allem von Rotweinen aus Bordeaux, zu denen dort einfach gebratenes oder gegrilltes Fleisch gegessen wird. Der perfekte Partner dafür ist wahrscheinlich süßliches, junges Lamm (wobei Wales mit den South Downs um den ersten Platz wetteifert). Aber das ist nicht die einzige Möglichkeit. In Belgien werden Sie wahrscheinlich Wildschwein, Wildbret oder Kalbsnieren zu feinem Bordeaux serviert bekommen, und in Holland einen herzhaften Eintopf. Im Gegenzug werden holländische Käse in den Châteaux zu den feinsten reifen Weinen serviert. Reifer Gouda (oder Mimolette) hat eine weiche Konsistenz und den milden, nussigen Geschmack, der zu Bordeaux-Rotwein so gut wie kaum ein anderer paßt.

Großbritannien mag eine Fleischkultur besitzen, aber als Inselbewohner haben die Briten viel Fisch und Krustentiere. Einfache Fish and Chips aus dem Zeitungspapier können durch einen gut gemachten trockenen Weißwein – vom Chablis Grand Cru bis zum chilenischen Sauvignon oder Pinot Grigio – ein anderes Gesicht bekommen. (Der Fisch muß natürlich absolut frisch sein.) Und in Kleinstädten gibt es immer noch Stände mit frischen Meeresfrüchten, die eingelegte Shrimps verkaufen, zu denen ein mittelschwerer bis körperreicher Chardonnay aus dem Barrique ein perfekter Begleiter ist.

Austern waren früher so überreichlich in Großbritannien, daß die Armen sich beklagten, zuviel davon zu bekommen. Austern gab es immer und überall, heute findet man sie noch im Steak and kidney pudding, in dem sie die Üppigkeit des Fetts zerteilen. Die Weine dazu müssen rot und recht vollmundig sein. Hasenpfeffer und Ochsenschwanzgulasch, beide typisch für die britische Küche, brauchen im großen und ganzen ähnliche Weine, doch besonders der Hasenpfeffer bietet eine hervorragende Möglichkeit, feinen roten Burgunder, Saint-Émilion oder Ribera del Duero zu trinken. Hase ist nur ein Teil einer ganzen Menagerie von Haar- und Federwild, die zur kulinarischen Tradition gehören. Fasan, Moorhuhn, Rebhuhn, Wildente, Schnepfe, Kaninchen und Wildbret sind weitere – alle mit einer Affinität zu aromareichen Rotweinen, nicht zuletzt Burgunder und Syrah von der nördlichen Rhône.

Großbritannien hat außerdem viele Käse zu bieten (Cheddar, Stilton u. a.) – und rühmt sich einer jener fast perfekten Zusammenstellungen von Essen und Wein: Portwein mit Stilton (siehe Käse, Seite 22). Und dann noch die Süßspeisen: gedämpft und gebacken, Puddings, Kuchen und Pasteten, Fools, Cremes und Trifles.

Wenn das Rind ein Symbol für England ist, dann sind die Muscheln eines für Belgien. Mit oder ohne Pommes frites und auf unzählige Arten zubereitet, müssen die Weine danach ausgewählt werden, doch Muscheln selbst sind schon von sich aus weinfreundlich. Nicht so die Heringe in Holland, besonders die neuen Heringe, die im Frühjahr kalt an Straßenständen genossen werden. Hier hilft nur ein Genever, Wacholderschnaps.

Klassische Kombinationen

LANCASHIRE HOTPOT

Dies ist ein klassisches englisches Gericht mit Lammkoteletts und Wurzelgemüse, die unter Kartoffelscheiben geschichtet werden. Es paßt zu vielen Rotweinen, die aber nicht zu fein sein sollten. Cabernet Sauvignons schmecken gut dazu – roter Bordeaux (aus guten Jahren, jedoch nicht von den ganz großen Weingütern), bulgarischer, rumänischer, provenzalischer Rotwein und viele Cabernets und Merlots aus Übersee. Aber Cabernet hat nicht das Monopol, Weine aus Südfrankreich (Minervois, Fitou, Côtes du Roussillon), Nemea (aus Griechenland), Montepulciano di Abruzzo, Teroldego Rotaliano, Rioja Crianza und Bairrada gehören auch dazu.

AALE

Belgier, Holländer und Engländer lieben Aal, aber sie gehen unterschiedlich damit um. Die Belgier servieren ihn oft wie die Deutschen mit einer sahnigen Kräutersauce. Die Holländer essen ihn gern geräuchert, was die Weinfrage schwierig macht, aber Sherry Fino oder Manzanilla, neuseeländischer Sauvignon und reifer deutscher Riesling passen gut. Die Engländer legen ihn in würzigen Gelee – der Geschmack erfordert Fino,

Manzanilla oder etwas Trockenes und Billiges.

AUSTERN & RÄUCHERLACHS

Es gibt wohl nichts Besseres als ein Glas Champagner Brut ohne Jahrgang (für den England in den meisten Jahren das führende Importland ist) zu einer Platte mit Colchester- oder Whitstable-Austern, obwohl Chablis Premier Cru, ein weiterer Liebling der Engländer, genauso gut ist. Pouilly-Fumé, Muscadet sur lie und Gros Plant stehen ihm kaum nach. Champagner und Chablis scheinen auch für den feinsten schottischen Räucherlachs wie gemacht, obwohl es auch hier wieder andere Partner gibt: Manche ziehen die aromatischen Weine des Elsaß vor, andere deutsche Rieslinge und den frischesten Sherry Fino. Wenn Sie auf Rotwein festgelegt sind, dann ist ein junger Barbera, der nicht im Eichenfaß reift, ohne Eiche eine Möglichkeit.

GEBRATENES SIRLOIN STEAK

So berühmt wie englisches Rindfleisch immer war, dieses Sirloin hat eine ältere Geschichte als das Königreich selbst. Gut abgehangen und englisch gebraten, mit Yorkshire Pudding unter dem Stück gegart und zuvor serviert, schmeichelt es vielen Rotweinen, zum Beispiel reifem Cabernet Sauvignon und Merlot, Barbaresco, Chianti Classico und Douro.

DIE Neue Welt

Eigentlich bezieht sich Neue Welt auf die Länder, die Christoph Kolumbus entdeckt hat – also Nordamerika –, doch in den letzten Jahrzehnten hat sich der Begriff erweitert. Die Weinwelt (wozu alles gehört, was Wein macht, trinkt und diskutiert) hat sich den Ausdruck Neue Welt angeeignet, und er wird heute für alle Länder benutzt, die von den Europäern zwischen dem 15. und dem 19. Jahrhundert besiedelt wurden und die innerhalb der letzten 30 Jahre begonnen haben, Wein neuen Stils zu keltern.

In den meisten Fällen haben sich die neuen Tafelweine auf Kosten der traditionellen aufgespriteten Weine vermehrt und sie in manchen Fällen vollkommen verdrängt. Das bedeutet, daß sie die Sitte, Wein zum Essen zu trinken, eingeführt haben. In Australien, Neuseeland und Südafrika wurden überall schwere Weine nach Art des Sherrys oder Portweines getrunken – jedoch nicht zum Essen (und sie waren dafür auch gar nicht vorgesehen). In den Vereinigten Staaten war es bis vor kurzem noch üblich, Alkohol nur vor dem Essen zu genießen – und das war fast nie Wein. Europäische Weine wurden in all diese Länder exportiert, aber sie spielten im Leben der Bevölkerung keine Rolle, außer als Luxusgetränke. Heute sind Chardonnay und Cabernet, Merlot und Sauvignon Blanc, Pinot Noir, Chenin Blanc und der ganze Rest nicht nur einfach erhältlich, sondern sie werden ebensooft zum Essen wie auch für sich allein getrunken. Und es werden immer noch europäische Weine in höherem oder geringerem Ausmaß, abhängig vom Umrechnungskurs, der internationalen Politik und natürlich dem örtlichen Geschmack, importiert.

Die Situation in Südamerika ist anders, da die heutigen Weine, die vor allem in Chile und in geringerem Ausmaß in Argentinien produziert werden, vor allem für den Exportmarkt entwickelt wurden. Die Südamerikaner selbst bevorzugen immer noch die rauheren, nicht so fruchtigen, dafür leicht oxidierten Aromen der traditionellen Art und der herkömmlichen Rebsorten – und den Pisco (Weinbrand). Doch die Küchen dieser Länder sind sehr ausgeprägt, und man kann chilenischen Sauvignon und argentinischen Malbec hervorragend mit den traditionellen Gerichten kombinieren.

Klassische Kombinationen von Essen und Wein in den sogenannten Ländern der Neuen Welt sind in Konzeption und Ausführung ganz anders als die klassischen Kombinationen der weinproduzierenden europäischen Länder: kurz, sie sind moderner. Aber nicht nur der Wein ist neu. Es gab in den letzten 20 Jahren zahlreiche Neuerungen in der Küche, vor allem in den Vereinigten Staaten, Australien und Neuseeland.

Das ist zum Teil den Einwanderern und dem Tourismus zu verdanken, durch die die Küchenchefs zu ganz anderen aufregenden Geschmacksrichtungen, Zubereitungsarten und Techniken vor allem während der letzten zehn Jahre im Fernen Osten angeregt wurden. Kalifornien, eine Region, die niemals eine Gelegenheit vorübergehen ließ, um ein neues Kultwort zu prägen, hat aus dem Zusammentreffen von für die Westküste typischen Sonnenaromen und fernöstlichen Gewürzen etwas gemacht, was hier »Fusion food« genannt wird. Dieses Fusion food beschränkt sich jedoch nicht auf die Küchen der westlichen Vereinigten Staaten und Südostasiens: Ein früher Vorläufer des Fusion Food waren die spanischen Tapas.

Ein weiterer Grund für die neue Dynamik in der Küche war der Wein selbst – Weinberge entstanden auf ehemals adeligen Ländereien. Die unbestreitbare Qualität der neuen Weine machte eine Verbesserung der alten Kolonial- und Siedlerküche erforderlich. Als man sah, was man aus Trauben machen konnte, muß das einigen Köchen (zu Hause und in Restaurants) die hervorragende Qualität und Vielfalt der heimischen Zutaten bewußtgemacht haben. Die berühmten traditionellen Gerichte sind sicherlich nicht aufgegeben worden, aber neben der Vorliebe für Caesar-Salat, gegrillte Spare Ribs, Gänsebraten im Kolonialstil, Pekannuß-Pie und Pavlova gibt es jetzt neue und originelle Gerichte, die zumindest ebenso gut wie die alten zu den Weinen passen.

Amerika

NEW YORK UND DIE OSTKÜSTE

An der Ostküste haben sich die alten Küchentraditionen am ehesten erhalten. Fisch und Krustentiere sind hervorragend und aufgrund ihrer Herkunft aus eiskaltem Wasser intensiv im Geschmack: Little-Neck- und Cherrystone-Muscheln aus Massachusetts, Blue-Point-Austern aus Long Island und die saisonbedingten weichen Blaukrabben (Softshell Crabs) von der Chesapeake Bay. Diese können sehr einfach zubereitet werden, aber sie werden auch zusammen in einem Topf gegart. Das Ergebnis ist der Fish, Clam oder Corn Chowder von New England (vom französischen »chaudron«, Kessel). Im Landesinneren macht man »Boiled dinner« aus Hähnchen, Rind oder Schinken anstelle des Fisches. Manchmal wirft man auch alle möglichen Zutaten zusammen, so wie bei Clambake: Hähnchen, Süßkartoffeln, Zwiebeln, Hummer, Muscheln und Mais werden auf heißen, mit Algen bedeckten Steinen gegart.

Mais – oder Sweetcorn – gibt es, seit die Gründerväter es bei freundlich gesinnten Indianern im 17. Jahrhundert kennengelernt haben. Die Indianer machten sie auch mit dem Ahornsirup bekannt, aus dem die mehr süße als saure Sweet-and-Sour-Sauce entstand. Die Spare Ribs für den Grill werden mit klebrigen Marinaden aus Ahornsirup bestrichen, Hamburger, Hot dogs und Steaks serviert man mit Relish und Senf, und sogar die original Baked Beans erhalten ihre üppige Süße durch den Ahornsirup. Frühere Generationen wären niemals auf die Idee gekommen, zu dieser Art von Speisen Wein zu trinken. Heute stellt man sich die Frage, welcher Wein zu dieser Süße paßt. Kalifornische Weine mit ihrer reifen Frucht sind naturgegebene Partner – insbesondere volle rote Zinfandel, aber auch Merlots und nicht zu tanninreiche Cabernet Sauvignons.

New York City ist ein Fall für sich, denn dort haben sich die Gerichte zahlloser Nationen dem amerikanischen Lebensstil angepaßt. Pastrami war ursprünglich rumänisch, doch versuchen Sie einmal, das in einem der jüdischen Delikateßgeschäfte der Seventh Avenue zu sagen. Der gleiche Kunde variiert sein Essen vielleicht mit Lox and bagels (Räucherlachs auf Brötchen), Spaghetti und Fleischklößchen sowie Pizza. Es überrascht nicht, daß italienische Weine als Begleiter immer beliebt und respektiert waren, doch die New Yorker sind auch begeisterte Importeure von französischem Wein. New York State hat seinen eigenen blühenden Weinbau. Den Finger Lakes District gibt es schon seit langem, aber in den letzten 20 Jahren sind auch Weinberge am Hudson River – wo elegante Chardonnays gemacht werden – und auf Long Island angelegt worden.

Während die traditionellen amerikanischen Produkte in den Oststaaten vorherrschen, werden sie doch anders gewürzt, zusammengestellt und gegart. Man verwendet viele orientalische Gewürze und eine Vielzahl von Ölsorten anstelle von Sahne, Butter und Fett. Das Garen in Bouillon ist eine der modernsten Methoden, und das einfache Grillen weicht dem Braten in der Pfanne.

In welchem Maße diese Innovationen in den mehr traditionsgebundenen Regionen Fuß fassen werden, bleibt fraglich. Pennsylvania war ursprünglich von Deutschen besiedelt, die ihre deftige Küche mitbrachten. Es ist das Land des Sauerkrauts, der Maultaschen, Schnitz und Gnepp (Schinken, Äpfel und Knödel), der kräftigen Fleischragouts und der Shoo-Fly-Pie, einem sehr süßen Gebäck aus Zuckersirup und Rosinen. Zu diesen paßt Riesling – trocken und süß – aus dem benachbarten New York State.

Klassische Kombinationen

CAESAR-SALAT

Von diesem klassischen amerikanischen Gericht gibt es viele Varianten. Die meisten stimmen darin überein, daß dieser Salat aus Römischem Salat, angemacht mit Olivenöl, Ei, Zitrone, Anchovis und schwarzem Pfeffer, kurz vor dem Servieren mit in Knoblauch gebratenen Brotwürfeln und geriebenem Parmesan bestreut wird. Ein Chardonnay aus New York State schmeckt sehr gut dazu, aber er paßt auch zu anderen mittelschweren bis körperreichen Chardonnays aus der Alten und Neuen Welt, auch zu schäumenden Versionen.

BOSTON FISH CHOWDER

Die Fish Chowders aus New England sind dicke Suppen aus Schinken oder Pökelfleisch, Kartoffeln, Zwiebeln und Milch (oder Sahne) mit Kabeljau oder Schellfisch. Sie passen ideal zu Chardonnay, und ein Chardonnay aus New York State, vor allem einer aus Long Island, ist ein angemessener Partner. Burgunder eignet sich auch sehr gut, ebenfalls Chablis Premier oder Grand Cru aus dem Barrique.

SPARE RIBS VOM GRILL

Nicht viele Weine gehen als Sieger aus einer Begegnung mit süßer, würziger, scharfer

Barbecue-Sauce hervor, aber körperreichem kalifornischem rotem Zinfandel gelingt es. Kalifornische und chilenische Merlots können sich oft durchsetzen, aber australischer Shiraz ist besser. Gewürztraminer aus dem Elsaß und reife, volle aber nicht zu stark barriquebetonte Chardonnays sind geeignete Weißweine, halbtrockene deutsche Kabinettweine passen gut.

THANKSGIVING TURKEY

Mit Kastanienfüllung, Süßkartoffeln, Preiselbeermus, Squash and Succotash (siehe Seite 35) ist der Truthahn nur sehr schwer mit den traditionellen europäischen Weinen zu paaren, aber ein Überseewein mit reifer Frucht schmeckt gut dazu. Roter Zinfandel eignet sich besonders gut, gefolgt von australischem Shiraz. Volle, reife Merlots und Cabernets schmecken sehr gut. Als Weißwein sollten Sie kalifornischen Chardonnay wählen.

THUNFISCH TATAR MIT KORIANDER UND SENF

Thunfisch Tatar ist typisch für die New Yorker Küche: Normalerweise paßt ein leichter Pinot Noir aus Kalifornien oder Oregon, aber der Koriander macht Chardonnay aus Carneros, Long Island, Australien oder Neuseeland zur besseren Wahl. Er muß jedoch von hoher Qualität und ziemlich zart sein.

Amerika

DER SÜDEN UND DIE WESTKÜSTE

Im Süden gibt es sehr unterschiedliche Produkte. Die Reichtümer einer Region stehen der Armut anderer gegenüber. In Tennessee und Arkansas herrschte immer Not: Kentucky Burgoo wird jetzt aus Rind oder Huhn mit Gemüse bereitet, früher jedoch mit Eichhörnchen oder irgendeinem anderen Säugetier, das dem Jäger über den Weg lief. Virginia ist die Heimat des berühmten Richmond Ham, die Wasserläufe von North Carolina liefern die Zutaten für She-crab soup (Krebsfleischsuppe) mit Krebsrogen.

Schweine gehören traditionell zum Viehbestand, und Schweinefleisch wird in allen Formen verwendet. Zu den Speisen der südlichen Regionen gehören »Alligator-Steaks«, grüne Meeresschildkröte und Dosenschildkröte, während Wels – mit scharfen kreolischen Gewürzen oder so einfach wie möglich in der Pfanne gebraten – das originale Fast food der Provinz ist. Die Küste wimmelt von Fisch und Meeresfrüchten aller Art, von Steinkrabben (einer Spezialität Floridas), Blaukrabben, Austern und Shrimps. Sie finden in dem Meeresfrüchte-Gumbo von New Orleans, der Heimat würziger kreolischer Gerichte, ihre adäquate Zubereitung.

Neben all den neuen Entwicklungen in New York hat auch die Westküste in den letzten 15 Jahren eine enorme Veränderung ihrer Küche erlebt – wegen des Weines. Die kalifornische Küche, die auf dem riesigen Angebot und der immensen Vielfalt frischer Produkte aller Art basiert, ist ein idealer Partner für die Chardonnays und Cabernets, die Merlots, Zinfandels und Pinot Noirs, die Sauvignons, die Weine in der Art der Rhône-Weine und die italienischen Verschnittweine. Es gibt sogar ein Schlagwort dafür: »Kochen für den Wein«.

Die kalifornische Küche entwickelt sich weiter, aber das Prinzip bleibt unverändert (und ist sehr ähnlich dem der Weinproduzenten): ein Maximum an Geschmack ohne massive Eingriffe zu erreichen. Während der Rest Amerikas Knoblauch immer noch zurückhaltend verwendet, findet man hier oft sechs Zehen in einem Rezept zusammen mit Chillies, Olivenöl und viel Salbeiblättern und Petersilie. An das Kartoffelpüree wird etwas Senf gegeben, ein Steak mit Senf, Knoblauch, Ingwer und Soja bestrichen. Die Kalifornier entdecken jetzt auch regionale Gerichte: Lamm in Sonoma-Wein, Ente in Petaluma und handgemachte Ziegenkäse.

Kalifornien mag Pionier dieser Bewegung gewesen sein, Seattle aber ist der neueste kulinarische »Hot spot«, mit den eiskalten Wassern des Puget Sound ideal für feinste Fische und Meeresfrüchte. Austern werden in großen Mengen gezüchtet (mehr Arten als irgendwo sonst in den Vereinigten Staaten), und es gibt Manila Clams und – als größte von allen – die Geoduck-Muschel, die bis zu sieben Kilo wiegen kann. Die jüngste Zuwanderungswelle aus Hongkong und Japan hat es mit sich gebracht, daß man Fische oder Meeresfrüchte, wenn man sie überhaupt gart, in Sake oder Soja einlegt und dann entweder grillt oder im Sud pochiert, eventuell mit Wildpilzen, die in der Gegend in reicher Fülle wachsen. Außerdem gibt es Wein. Das Essen von Seattle paßt ideal zu den Weinen aus Washington State und Oregon, von denen ein breites Spektrum angeboten wird: in guten Jahren Pinot Noir der Weltklasse aus Oregon sowie aromatische Weißweine und hervorragende Merlots aus Washington State, außerdem Cabernet Sauvignon, Riesling, Semillon, Sauvignon und Chardonnay.

Klassische Kombinationen

AUSTERN ROCKEFELLER

Die Üppigkeit der mit Brot legierten grünen Sauce auf den gegrillten Austern soll zu dem Namen dieses berühmten Gerichts geführt haben. Es ist eigentlich keine sehr deftige Sauce, sondern sie ist mit Frühlingszwiebeln, Fenchel und Spinat gewürzt und mit Petersilie, Tabasco, Limette und Pernod aufgepeppt. Ein trockener kalifornischer Schaumwein aus den Rebsorten der Champagne und nach der gleichen Methode bereitet, paßt ideal dazu. Die besten Schaumweine aus Australien, Neuseeland und Südafrika sind Alternativen – oder auch Jahrgangs-Champagner.

JAMBALAYA

Jambalaya ist ein Verwandter der spanischen Paella auf der Basis von Reis mit den klassischen Zutaten der Region – Meeresfrüchten und Schinken. Die kreolische Küche enthält, ebenso wie die ähnliche, jedoch schärfere Cajun-Küche des benachbarten Mississippi-Deltas, ausgeprägt saure Geschmacksnoten. Scharfe Chillies, die Säure, Meeresfrüchte und Schinken stellen eine Herausforderung für jeden Wein dar, doch Sauvignon hat dieses Potential. Die barriquebetonten Fumé-Weine Kaliforniens passen nicht. Das Essen braucht die Reinheit und

Intensität eines knochentrockenen, scharfwürzigen Sauvignon ohne Barrique. Kalifornien hat einige zu bieten, Texas und Washington State ebenso, doch vor allem sind hier Neuseeland und die Loire zuständig. Die Loireweine mit Feuersteingeschmack (Sancerre, Pouilly-Fumé, Menetou-Salon, Quincy) eignen sich besser für Jambalaya und andere kreolische Gerichte. Die spitze, dabei fruchtigere Art neuseeländischer Sauvignons paßt besser zu den schärferen, robusteren Cajun-Gerichten.

PEKANNUSS-PIE

Diese sehr üppige, sehr süße Nußspeise verlangt nach sehr süßen Weinen. Kalifornischer Orange Muscat und kanadische Eisweine sind geeignet. Außerdem können Sie australische botrytisbetonte Weine und sogar Muskateller-Likörweine probieren.

ENTE MIT RELISH VON GRÜNEN ÄPFELN

Dieses Gericht aus gegrillter Entenbrust mit einer modernen Form der Apple Sauce ist typisch für die weinorientierte kalifornische Küche. Das Relish ist frisch, süß und scharf, aber nicht aggressiv. Pinot Noir aus Übersee – besonders aus Kalifornien und Oregon – paßt sehr gut dazu, besser als traditioneller roter Burgunder, obwohl samtiger Volnay oder Pommard auch gut dazu schmecken.

Südamerika

Viele Elemente der modernen europäischen Küche haben in Südamerika ihren Ursprung. Hier begegnete europäisches Rindfleisch zum ersten Mal Bohnen aus Übersee, hier trafen sich Knoblauch und Zwiebeln aus Europa mit Tomaten und Kartoffeln aus der Neuen Welt. Jedes Gericht ist die Summe jahrhundertelanger Geschichte, nirgendwo sonst zeigt sich der Zusammenprall von Kulturen in Essen und Wein deutlicher. Grund dafür ist zum Teil die außerordentliche Vielfalt von Zutaten und Küchen, die es schon lange gab, bevor die Spanier Hühner, Rinder, Schweine, Schafe, Oliven und Koriander mitbrachten. In den unterschiedlichen Klimazonen von tropisch bis kühl, von feucht bis trocken gibt es Bananen, Kokosnüsse, Kürbisse, Erdbeeren, verschiedene Sorten Mais, Fluß- und Seefisch und seltene exotische Meeresfrüchte. Was hier vor den Europäern noch nicht existierte, ist Wein. Wenn man erfahren will, wie südamerikanischer Wein zum Essen paßt, muß man wissen, wie die europäischen Einwanderer die Küchen ihrer Heimat bewahrt haben.

Präkolumbische Küche gibt es heute hauptsächlich in Peru, obwohl auch hier der spanische Einfluß stark ist und es eine kleine Menge Weine europäischer Art gibt. Im benachbarten Ecuador ist Ceviche, roher Fisch in Limettensaft mariniert, eine Spezialität. Die Aromen Kolumbiens sind feiner, und man spürt den spanischen Einfluß in Gerichten wie Reis mit Kokosnuß und Rosinen. In Venezuela gibt es gegrilltes Rind mit Avocados oder scharfer Chilisauce – auch hier wieder eine geniale Überschneidung zweier Traditionen. In Guyana ißt man indonesische Reisgerichte, portugiesisches Schweinefleisch oder Currys, die indische Arbeiter mitbrachten, ebenso Cassavaküchlein (Maniok) oder Aguti (Goldhase), ein Tier, das europäische Zoobesucher kennen. Bahia in Nordbrasilien hat viele Gerichte, in denen sich afrikanische, portugiesische und indianische Aromen und Küchentechniken mischen. Im Süden wird brasilianischer Wein hergestellt und getrunken.

Der europäische Einfluß ist eher noch ausgeprägt in Uruguay, Argentinien und Chile. Uruguay und Argentinien haben ähnliche Küchen auf der Basis von Rindfleisch. Das Rindfleisch eignet sich durch seine hohe Qualität zum Grillen, es wird aber auch oft zusammen mit Kürbis, Pfirsichen und Mais geschmort – das Gericht heißt Carbonada. Die Argentinier sind die größten Weintrinker Südamerikas. Die beste rote Rebsorte, Malbec, ergibt volle, ziemlich kräftige Weine, die gut zu Rindfleisch passen, obwohl es unter den vornehmen Argentiniern Mode ist, Weißweine zu trinken. Dabei sind nur wenige von ihnen so interessant wie die Roten. Unter den modernen Weinen Uruguays im französischen Stil überzeugt der stämmige Tannat am meisten.

Den europäischen Weinen am nächsten kommen die chilenischen. Hier waren im späten 19. Jahrhundert ein Weingut, ein französischer Kellermeister und ein französischer Küchenchef Statussymbole der Reichen. Die Küchenchefs führten Klassiker wie Sole à la normande ein, aber sie verbanden auch französische Küchentechniken mit einheimischen Meeresfrüchten wie Seeigel und Abalone, und kreolische Gerichte werden immer noch gern gegessen.

Klassische Kombinationen

EMPANADAS

Pikant gewürzte Fleischpasteten (meist vom Rind) mit Rosinen werden in einigen südamerikanischen Ländern zubereitet, doch die Chilenen schätzen ihre Empanadas ganz besonders, und an Sonntagen scheint sie fast die gesamte Bevölkerung zu essen. Die weiche, verführerische Art von chilenischem Merlot und der üppige, leicht würzige Charakter von argentinischem Malbec passen gut zu ihnen. Australischer Shiraz und Rotweine aus Navarra gehören zu den Alternativen.

CEVICHE

Ceviche stammt zwar nicht aus einem Weinbauland Südamerikas, doch ist es jetzt auf dem gesamten Kontinent äußerst populär. So viel Limette und rohe Zwiebel bekommt keinem Wein, doch chilenischer Sauvignon (mit Exportqualität) paßt einigermaßen, ebenso gut sind Sauvignons aus Neuseeland und den kühleren Regionen Südafrikas. Der säurereiche trockene Vinho Verde ist auch gut geeignet (nicht überraschend) und Gros Plant einen Versuch wert.

MUSCHELRAGOUT

Chilenische Chupe de mariscos ist ein deftiges, im Ofen gegartes Gericht aus Muscheln, Hummer, Krebsen, Garnelen und exotischen einheimischen Krustentieren, die gerade erhältlich sind, in einer Sauce aus Fischbrühe, Milch, Brot, Käse und Eigelb. Chilenische und argentinische Chardonnays der Neuen Welle ergänzen es gut, aber auch andere mittelschwere bis körperreiche Chardonnays aus der Neuen und Alten Welt sind zu empfehlen.

GEGRILLTES STEAK MIT PFEFFERSAUCE

Argentinischer Malbec und Tannat aus Uruguay passen sehr gut zu gegrilltem Steak, doch die weiche, reife Frucht und der ausdrucksvolle Geschmack eines mexikanischen Petite Sirah scheint noch besser für die Sauce gerüstet. Petite Sirah und Zinfandel aus Kalifornien sind eine ebensogute Wahl. Eine weitere Alternative ist ein lebendiger, körperreicher Chardonnay aus Übersee.

GEFÜLLTE AVOCADOS

In Südamerika werden fast überall Avocados gegessen. In diesem einfachen bolivianischen Rezept, Paltas rellenas, werden sie mit einer Mischung aus Shrimps, Fisch, Truthahn und hartgekochtem Ei, gebunden mit Mayonnaise, gefüllt. Chilenischer Sauvignon Blanc ist ein idealer Partner, ebenso neuseeländische und ungarische Sauvignons. Chablis und Champagner passen sehr gut, aber auch eine Anzahl anderer rassiger, trockener, aromareicher Weißweine.

Australien

Die Küche ist einen langen Weg gegangen, seit der Gipfel der Kochkunst in einer perfekten »Pav« (Pavlova) bestand und die meisten Gerichte die schlimmsten Seiten der altmodischen englischen Küche widerspiegelten. Heute kommen die wichtigsten Einflüsse aus Asien, von der klassischen französischen Küche und aus den Südstaaten Amerikas, zusammen mit mehr als nur einer Spur italienischer Küche, und mit der Verarbeitung einheimischer Produkte geht man äußerst geschickt um.

Diese Küche ist im Zusammenhang mit den Weinen entstanden, die in nur zwanzig Jahren einen ebenso weiten Weg zurückgelegt haben. Dabei kann man nicht leugnen, daß in Südostaustralien schon in den fünfziger Jahren einige herrliche, langlebige Rotweine bereitet wurden, aber sie wurden wegen der Übermacht der aufgespriteten Weine kaum wahrgenommen. Diese sogenannten Portweine und Sherrys sind heute der Tafelweinbereitung gewichen, die in ihrer Modernität unerreicht ist. Gleichbleibende Qualität, reife Aromen, überregionale Verschnitte und schnelle Beherrschung fast aller Weinarten und Rebsorten waren bis jetzt der Schlüssel zum Erfolg Australiens. Das nächste Stadium, oder vielmehr das heutige, besteht darin, mehr ausgeprägte Weinarten und regional typische Weine zu schaffen und zu erhalten: Barossa Shiraz, schäumender Shiraz und Hunter Valley Semillon sind offensichtliche Beispiele dafür, aber neue, kühlere Regionen sind im Entstehen, und sie alle erzeugen elegantere, weniger barriquebetonte Weine. Sauvignon Blanc wird in Adelaide Hills entwickelt, es gibt eindrucksvolle Pinot Noirs in Yarra Valley sowie eine steigende Anzahl Chardonnays.

Die Revolution der australischen Küche begann mit der ersten Welle von Einwanderern aus Mittelmeerländern – die Entdeckung von Fisch und die Begeisterung für Knoblauch, Paprikaschoten, Schalotten und Auberginen, die ideal zur herrschenden Grillkultur passen. Heute jedoch teilen wundervolle Steaks vom Rind und auch vom Känguruh (zartes Fleisch mit einem Geschmack zwischen Wildbret und Rind, der gut zu Shiraz paßt) ihren Platz auf dem Grill mit Wachteln, ganzem Fisch und Fischsteaks. Jede Grillade wird meistens zuerst mariniert und dann mit frischen Kräutern oder Gewürzen aus dem Fernen Osten bestreut.

Australien ist natürlich eine Insel, wenn auch eine riesige, und die Menge und die Skala seiner Meeresfrüchte sind so groß wie nirgendwo. Es gibt Hummer – riesig, wenn man sie mit den Verwandten aus Maine oder Schottland vergleicht, und geschmacklich auf jeden Fall gleichwertig. Es gibt fremdartige und delikate Varianten von Krabben (Mangrovenkrabbe, Große Pazifische Schwimmkrabbe und andere), und es gibt Muscheln, Austern (die berühmten Sydney-Felsenaustern und andere), Yabbies, eine Krebsart, und mächtige Pacific Prawns. Dies sind alles Produkte, die Immigranten aus dem Fernen Osten, die der australischen Küche eine weitere Dimension hinzugefügt haben, besonders gut zubereiten können. Wo die Flußkrebse Australiens einst einfach auf den Grill gelegt wurden, gart man sie heute in einem Gefäß in leicht kochendem, manchmal mit Zitronengras, Ingwer und Knoblauch gewürztem Sud. Es gibt auch einen Gruß nach Skandinavien in der Zubereitung von Gravad lax, am besten mit Lachs aus den kälteren Gewässern Tasmaniens.

Klassische Kombinationen

PFEFFERSTEAK MIT GEBRATENEM KNOBLAUCH

Es gibt zahlreiche Varianten von Pfeffersteak, doch die wichtigsten Elemente sind ein Steak in Top-Qualität, gestoßene schwarze Pfefferkörner, Weinbrand und Sahne. Mit dem zusätzlichen Aroma von gebratenem Knoblauch ist das ein Gericht, das zu jungen, mittelschweren bis körperreichen Rotweinen paßt, zum Beispiel australischen Cabernets und rotem Zinfandel, Saint-Émilion und Rotweinen aus der Toskana und Süditalien.

JAKOBSMUSCHELN IN ZITRONENGRASSUD

Diese Muscheln verlangen buchstäblich nach der prickelnden Frische von Sauvignon, von dem es ein paar sehr gute, pikante, rassige Weine gibt, speziell von den Hügeln hinter Adelaide. Sie sind weicher als die neuseeländischen Sauvignons. Sauvignons aus Chile, von der Loire und aus Ungarn sind gute Alternativen.

SALAT AUS GEGRILLTEN TINTENFISCHEN

Das Grillen über Holzkohle bringt den milden Geschmack der Tintenfische gut zur Geltung und fügt noch eine deutlich rauchige Note hinzu. Die scharfe Frische und die charakteristischen Limetten- und Röstaromen eines australischen Rieslings passen sowohl zum gegrillten Tintenfisch als auch zu den Salatblättern mit Dressing. Neuseeländische und österreichische Rieslinge sowie nicht zu scharfe Sauvignons, auch aus Bergerac, sind Alternativen.

GÄNSEBRATEN IM KOLONIALSTIL

Dies ist ein Essen von klassischer Einfachheit – ein ausgelöstes, gefülltes Stück Lammfleisch. Es wurde von frühen Siedlern zubereitet, um die traditionelle Weihnachtsgans zu ersetzen, und zu diesem Gericht kann man sehr gut einen der heutigen feinen australischen Cabernet Sauvignons trinken: Ein Coonawarra, dessen charakteristisches Minzearoma zu den Kräutern paßt, ist besonders geeignet, aber auch die meisten Cabernet-Weine passen sehr gut. Rioja Reserva ist eine Alternative.

MAKADAMIANUSS-RUM-EISCREME

Die australischen vollen, klebrigen, rosinenartigen Muskateller-Likörweine, vor allem aus Rutherglen, sind besser als jeder andere Wein, da sie die gaumenbetäubende Wirkung der Eiscreme durchbrechen. Sie passen auch zu dem schwierigen Rumaroma. PX-Sherry, Madeira Malmsey und französische Vins doux naturels sind die besten Alternativen.

Neuseeland

Qualität und Vielfalt der Rohstoffe Neuseelands sind überragend – Fisch und Meeresfrüchte zeichnen sich besonders aus. Fish and Chips sind eine Reminiszenz an England, doch heute können sie ein Traum für Feinschmecker sein: Der Fisch kann zum Beispiel ein Tarakihi in einem Bierteig sein, der so leicht ist wie die beste japanische Tempura. Weitere Fische – neuseeländischer Blaubarsch, Blaunase, Kingfish, Snapper, Gurnard – werden auf Cajun-Art gewürzt, über Holzkohle gegrillt oder mit in Safran geschmortem Fenchel serviert. Gelber Thunfisch wird so einfach wie möglich gebraten und manchmal mit Chili-Kartoffeln gegessen. Ravioli werden in Neuseeland zum Beispiel mit einer Mischung aus Tigerfisch und Muscheln gefüllt, und die Seeohren, die bei uns ein kleines Vermögen kosten, gibt es hier, gebacken oder in einem Sud mit Koriander und Chili, für einen Apfel und ein Ei.

Die neuseeländischen Weine sind zum Großteil weiß, intensiv im Geschmack und säurereich. Sie passen zu all diesen Meeresfrüchten: Die Sauvignon Blancs, speziell aus Marlborough, haben weltweit einen neuen Standard und einen neuen Weintyp kreiert, und die Chardonnays genießen, trotz wachsender Konkurrenz auf dem Weltmarkt, einen hervorragenden Ruf. Das kühle Klima eignet sich auch zur Erzeugung von Grundweinen für Schaumweine in der Art von Champagner sowie von Rieslingen und Gewürztraminern.

Wegen des Klimas werden die Rotweine immer nur den zweiten Platz einnehmen, aber mit jedem der letzten Jahrgänge war ein Fortschritt zu verzeichnen. Cabernet Sauvignon, Merlot und Pinot Noir sind die wichtigsten Rebsorten. Jetzt geht es vor allem darum, die richtigen Weinberge für sie zu finden, und in vielen Fällen, Merlot mit Cabernet zu verschneiden, um den grasigen Charakter des Cabernet Sauvignon abzumildern.

Das fruchtbare Neuseeland ist ideal für Viehzucht. Neuseeländisches Lamm, das hier nur ein paar Kilometer von der Quelle angeboten wird, ist süßlich im Geschmack und fein in der Konsistenz, und die Merlot-Cabernet-Verschnitte von der nördlichen Insel sind seine naturgegebenen Partner. Die gleichen Weine passen auch zu Cervena, einem geschmacksintensiven, zarten Wild, aber, je nach Zubereitungsart, eignet sich Pinot Noir (zum Beispiel aus Marlborough oder Central Otago) vielleicht noch besser. Pinot Noir ist auch ein perfekter Begleiter der beliebten Ente, die in den Restaurants von Auckland auf viele Arten zubereitet wird, und die Neuseeländer kennen auch keinerlei Hemmungen, Pinot Noir zu Fisch zu trinken.

Was Lamm und Cervena heute, außer der sanfteren Garmethode (statt des zu langen Garens) so anders macht, sind die Beilagen: mit Olivenöl (aus Marlborough) und örtlichem Knoblauch gewürzter Kartoffelbrei, Pfannkuchen aus wildem Reis, Polenta oder Tabbouleh mit gebratenen Paprikaschoten oder einem exotischen, einheimischen Gemüse wie Kumara. Auch unter der Bezeichnung »Maori-Kartoffel« bekannt, wird die unendlich variable Kumara manchmal in Form von Chips vor dem Essen gereicht, für dicke, würzige Suppen verwendet, mit Olivenöl gebraten oder nur kleingeschnitten unter Ragouts gemischt. In Fleischgerichten schmeckt sie gut zu Rotwein, aber allein, als Suppe zum Beispiel, paßt sie besser zu den in Neuseeland reichlich vorhandenen Weißweinen aus Sauvignon und Riesling.

Klassische Kombinationen

HOKI-FISCH-KÜCHLEIN MIT GRÜNER SAUCE

Eine typische und erfolgreiche Kombination eines heimischen Fisches (die neuseeländische Version von Kabeljau) mit Gewürzen aus weit entfernten Kulturen – in diesem Falle Cajun. Die Sauvignons aus der Hawkes Bay mit ihrer etwas volleren Art passen etwas besser dazu als die aus Marlborough. Auch Sauvignons von der Loire, aus Chile und Südafrika eignen sich gut, ebenso Übersee-Chardonnay mit reichlich Säure – vor allem aus Neuseeland, Tasmanien, Yatta Valley und Südafrika.

GLATTE SEEOHREN IN KORIANDERSUD

Neuseeländischer Sauvignon Blanc, der von Natur aus der richtige Partner für diese fleischigen, süßen Muscheln sein müßte, übertönt diese leicht, doch ein aromatischer, grasiger Marlborough Sauvignon ist der perfekte Begleiter, wenn die Seeohren in einem Sud mit Koriander und Chili gegart werden. Probieren Sie auch Pouilly-Fumé, Sancerre oder chilenischen Sauvignon.

TIEFSEE-DORY MIT KNOBLAUCH-SAHNE-SAUCE

Dies ist ein feinwürziger Fisch, ähnlich dem Petersfisch. Sautiert und mit einer sahnigen, nicht zu würzigen Knoblauchsauce serviert, paßt dieses Gericht hervorragend zu den komplexen Geschmacksnoten eines neuseeländischen Spitzen-Chardonnay. Ein Spitzen-Weißwein aus der burgundischen Côte d'Or oder ein kalifornischer Chardonnay sind ebenfalls geeignet.

GEFÜLLTER KANINCHENRÜCKEN

Pinot Noir aus Martinsborough ist der ideale Begleiter zu Kaninchen, vor allem mit Kräuterfüllung und Pilzsauce. Roter Burgunder sowie Pinot Noir aus Oregon oder Kalifornien sind geeignet, aber auch Rioja Reserva und ein nicht zu schwerer australischer Shiraz.

KARAMEL-ZITRONENKUCHEN

Obwohl man ihnen außerhalb Neuseelands kaum begegnet, gibt es ein paar wundervolle spät gelesene, süße neuseeländische Weine. Sie werden ähnlich dem Sauternes aus Verschnitten von Semillon und Sauvignon (manchmal überwiegt der Sauvignon) sowie Riesling bereitet und sind manchmal so süß und konzentriert bei einer frischen Säure, daß sie sogar dem in neuseeländischen Restaurants so häufig angebotenen Fruchteis standhalten. Zu diesem Karamel-Zitronenkuchen paßt die ausgeprägte Intensität eines spät gelesenen Rieslings hervorragend – und es gibt keine gleiche oder gar bessere Wahl.

Indien und der Ferne Osten

Klassische Kombinationen mit indischem Curry? Mit einem chinesischen Gericht? Mit den feurigen Gewürzen von Thai-Spezialitäten und dem pikanten japanischen rohen Fisch? Es gibt keine? Ich brauche wohl kaum zu betonen, daß die Inder, Chinesen, Südostasiaten traditionell kaum Wein westlicher Art trinken.

Tatsächlich macht man in Teilen Indiens und Chinas und erstaunlicherweise in den meisten Provinzen Japans Wein aus Trauben. Jedoch mit Ausnahme des japanischen Weines, der zumindest zum Teil aus importiertem Traubensaft hergestellt wird, ist ein Großteil dieser Weine das Produkt von Joint-ventures mit Partnern aus dem Westen und für westliche Märkte, Touristen und Geschäftsreisende bestimmt. Sake, chinesischer Reiswein, Jasmintee und grüner Tee sind weiter verbreitet – und Cognac ist immer noch das bekannteste Getränk aus der westlichen Welt.

Hier muß der Begriff der klassischen Kombinationen anders gewertet werden, denn es gibt einige Weine, die besser als andere zu bestimmten Speisen des Fernen Ostens passen – und einige passen wirklich sehr gut. Ich spreche nicht so sehr davon, daß bestimmte Weine zu bestimmten Essen passen, sondern über Weine, die mit der Grundstimmung einer Reihe von zum Beispiel Thai- oder Kanton-Gerichten harmonieren. In den meisten fernöstlichen Kulturen (ausgenommen Japan) werden alle pikanten Gerichte gleichzeitig auf den Tisch gestellt und unter den Anwesenden geteilt (und nicht so wie im Westen als eine Abfolge von Gängen nacheinander serviert). Unter solchen Umständen ist es meist unpraktisch, in Begriffen wie Weinwahl zu einem bestimmten Essen zu denken. Am Ende hätten Sie dann sieben Gläser mit verschiedenen Weinen vor sich stehen.

Außerdem gibt es einen sehr einfachen und einleuchtenden Grund, Begleiter zu den Küchen des Fernen Ostens zu suchen: Ihr Einfluß hat sich in den letzten zwanzig Jahren sehr stark erweitert, ihre Garmethoden und Zutaten sind in die professionellen und heimischen Küchen der ganzen Welt eingekehrt – vor allem in der englischsprachigen Welt –, aber sogar Frankreich konnte sich ihnen nicht entziehen.

Manchmal hat sich der Einfluß in authentischer Form ausgewirkt – als echtes japanisches oder südindisches Restaurant, in dem jedem Detail größtmögliche Aufmerksamkeit gewidmet wird. Aber in den letzten zehn oder zwanzig Jahren hat sich dieser Einfluß auch in indirekter Form geltend gemacht: durch ausländische Köche, die sich der Techniken und der Art des Würzens bedienten, um den einheimischen Zutaten in New York, Auckland, Sydney oder London den Geschmack der exotischen, komplexen und unendlich variantenreichen Speisen des Fernen Ostens zu verleihen. Gleichzeitig eroberten die Weine der sogenannten Neuen Welt, also Nordamerikas, Australiens, Neuseelands, Südamerikas und Südafrikas, mit ihrem mächtigen Angebot die Märkte, und der Weingenuß wurde vor allem in den anfangs zitierten englischsprachigen Ländern immer mehr zum Bestandteil des Lebensstils.

Und nicht zuletzt wird er, obwohl Importwein immer noch die Angelegenheit einer Minderheit ist, mehr und mehr von Chinesen in Hongkong konsumiert, wo reiche Geschäftsleute ihren Geschmack für die teuersten Pomerols entdeckt haben. Letzteren trinken sie nicht zu westlichen Speisen, sondern zu echt chinesischem Essen – Haifischflossensuppe, getrockneter Abalone, gebratener Ente, geschmorter Gans (Hongkong ist ein Schmelztiegel für die Regionalküchen Chinas). Obwohl Pomerol ein starker Wein für chinesisches Essen ist, eignet er sich doch durch seinen üppigen, weichen, runden, fast süßen Charakter.

Indien

Man kann nicht leugnen, daß indisches Essen, besonders aus dem Süden, sehr scharf ist. Mit Gewürzen wie Asafötida, Tamarinde und Bockshornklee kann es auch bittere, saure und adstringierende Geschmacksnoten aufweisen. Wenn man der Meinung ist, daß sämtliche indischen Gerichte, vor allem die aus dem Süden, für Wein zu scharf sind, dann hat man diese komplex gewürzte, ausdrucksvolle und variantenreiche Küche nicht ganz verstanden – und das bedeutet, einige faszinierende Partnerschaften von Wein und Essen zu versäumen. Weintrinker mögen manchmal Gerichte leicht verändern, um sie dem Wein besser anzupassen, und andere ganz meiden, aber es ist nicht notwendig, immer auf Lassi, Bier oder Wasser auszuweichen.

Wer von indischer Küche so spricht, als ob ein einziger Stil in dieser riesigen alten Zivilisation mit ihren zahlreichen Sprachen und Kulturen herrscht, der irrt. Jedoch gibt es ein paar gemeinsame Grundzüge. Über allem stehen die Gewürze. Ihr Gebrauch – wie sie zuerst einmal geröstet und dann gemischt werden – ist die Seele jeder indischen Küche. Zweitens kocht man lange und langsam. Es gibt indisch geprägtes Fast food – die Tandoori-Rezepte und die Wok-Gerichte –, jedoch das langsame Garen ist den zahllosen Currys des Landes gemeinsam. Sie sind sehr vielschichtig im Geschmack, und das sollte der Weintrinker beachten.

Bei indischem Essen könnten nicht nur rund zwanzig Gewürze in dem Rezept enthalten sein, es sind auch die unendlich vielen Zubereitungsarten und die spezielle Mischung, die so verschiedene Gerichte hervorbringen; dazu kommt noch das Fleisch, die Gemüse, Hülsenfrüchte, Getreide oder Fische, die verwendet wurden. Was Sie wirklich wissen müssen, ist, wie betont scharf, sauer, süß, bitter, schwer oder fein die Summe der Einzelzutaten ist. Wenn Sie die Liste der Zutaten für sich betrachten, dann leuchten alle möglichen Warnlichter für den Weintrinker auf – Chili, Ingwer, Senf, Pfeffer, Koriander, Kreuzkümmel, Limette, Tamarinde, Joghurt, Kokosnuß, Bockshornklee, Zimt, Kardamom, Nelken, Fenchelsamen, Jaggery (roher Rohrzucker), getrocknete Früchte, Nüsse und anderes mehr. Und doch kann das Endergebnis weich und aromatisch und nicht scharf sein, so wie bei Hühnerkorma – sahnig vom Joghurt und süß von den Zwiebeln. Man sollte ebenfalls beachten, daß all die würzigen und aromatischen Gerichte mit einfachem gedünstetem Reis oder mildem Brot serviert werden.

Und was die bedrohlich klingenden Zutaten betrifft: Chili kann zwar den Gaumen betäuben oder im Mund brennen, aber es ruiniert den Weingeschmack nicht, sondern nimmt ihm nur einige Aromen. Das gleiche gilt für frischen Ingwer. Kokosnuß ist nur selten ein Problem, und zu milden bis mittelscharfen Joghurtgerichten kann man einen würzigen Chardonnay hoher Qualität mit behutsam eingesetztem Barrique trinken. Der einzige echte Feind des Weines ist Chutney: Hier hilft nur, den Gaumen mit Reis oder Brot zu reinigen.

Wenn Sie das alles bedenken und sich von Gerichten mit der Schärfe eines Vindaloo fernhalten, dann brauchen Sie einen Wein, der sich aufgrund seines Geschmacksreichtums durchsetzen kann. Durch diese Regeln entfallen die meisten der leichtesten und billigsten Weine, alle zarten, alten Weine sowie die subtilsten und teuersten. Aromatischer Charakter ist ein Vorteil, ebenso die Süße von reifer Frucht aus Übersee.

Empfohlene Weine

Im großen und ganzen gibt es mehr geeignete Weißweine, und bei Gemüsegerichten gehen sogar die meisten. Bei Gerichten mit viel Tamarinde oder Limette ist eine ausdrucksvolle Säure besonders wichtig.

Chardonnays aus den etwas kühleren Regionen der Neuen Welt schmecken gut zu Gerichten mit Sahne und Kokosnuß; **Sémillon** höchster Qualität paßt auch sehr gut, ebenso die weniger bekannten, aber interessanten Rebsorten **Verdelho** und **Marsanne.** Aromatische, trockene **Muskateller** und Muskateller-Verschnitte passen gut zu feinen – würzigen, aber nicht zu kräftigen – Gerichten. Greifen Sie aber unbedingt zu einem **elsässischen Gewürztraminer,** wenn Sie besonders stark gewürzte Gerichte vor sich haben, oder versuchen Sie einen **trokkenen Schaumwein** aus Übersee. Sauvignon und Riesling werden leicht eindimensional, obwohl der ungewöhnliche Verschnitt von **Chardonnay** und **Sauvignon** sich gut eignet. Bei den Rotweinen sollten Sie auf geringes oder mildes Tannin achten. Hier kommt hauptsächlich die Neue Welt in Frage. Mit Currys verlieren Pinot Noirs normalerweise ihre wichtigsten Aromen und ihre Frucht, aber **Zinfandel, Shiraz, Merlot** und **Cabernet** aus warmen Regionen können gut schmecken, wenn sie – nicht zu warm – zu nordindischen Gerichten serviert werden. Sie sollten jedoch tanninreiche und pfeffrige Weine meiden: Durch die Gewürze im Essen wird der Pfeffergeschmack pfeffriger Weine überbetont.

Wer gern mit Weinen aus Europa experimentieren möchte, sollte zu fruchtigen guten **Beaujolais Crus** oder **Rioja Crianzas** greifen. Doch probieren Sie zu kräftigeren Speisen Weine aus der samtigen, warm fruchtigen, bitter-würzigen **Negroamaro-Traube** aus Apulien (zum Beispiel Copertino und Salice Salentino). Ich habe auch schon einen feinen, zehn Jahre alten **Médoc** zu einem Balti Chicken Tikka genossen. Dieser Wein war weich, das Essen sehr aromatisch und komplex, und so harmonierten die beiden prächtig miteinander. Daß der Wein aus einem reifen Jahrgang stammte, hatte sich sicherlich ausgewirkt, daß sowohl der Wein als auch das Gericht vielseitig im Geschmack waren, hat sich meiner Meinung nach ebenfalls positiv ausgewirkt, aber die Zusammenhänge werde ich nie verstehen.

Eine andere Schule empfiehlt traditionelle **aufgespritete Weine** – charaktervolle Sorten wie Madeira (vor allem Verdelho und Bual), Sherry (trocken oder süß, je nach Gericht) und Ruby-Portwein. Ich persönlich finde sie zu stark und zusammen mit Currys zu spritig – aber wenn Sie sich dafür begeistern können, dann sind sie einen Versuch wert.

China

Was die Verwendung von Gewürzen für die indischen Küche ist, ist die Mischung von Geschmacksnoten, Konsistenzen, Aromen und Farben für die chinesische Küche. Im ganzen Land wird größter Wert auf die Frische des Geschmacks und auf verschiedenartige Konsistenz gelegt, von der zart gewürzten Küche von Kanton im Süden bis zum üppigeren, süßlichen Stil von Shanghai im Osten und zum scharfen und würzigen Stil von Sichuan und Hunan im Westen. In keiner anderen Küche, außer der japanischen, spielt die Konsistenz des Essens eine so entscheidende Rolle: Variantenreichtum und Kontraste muß es nicht nur zwischen den Gerichten geben, sondern auch zwischen den Zutaten eines einzigen Gerichts.

Gewürze, Aromen und Saucen spielen eine wichtige Rolle, jedoch wird alles in Maßen eingesetzt. Sogar in der Küche von Sichuan sind sie dazu da, den Geschmack zu steigern und nicht zu übertönen, geschweige denn die Hauptzutaten ganz zu erschlagen. Die wichtigsten Geschmackskomponenten sind Ingwer, Knoblauch und Frühlingszwiebeln – die »großen drei der Wok-Küche« – zusammen mit Sojasauce, Salz, Zucker, Pfeffer und Öl (vorzugsweise Erdnußöl). Andere sind, je nach Region, Reiswein (Sherry Fino ist entfernt ähnlich), Sichuan-Pfeffer – eigentlich kein Pfeffer und eher herb und würzig als scharf –, Chillies, getrocknet oder frisch (die frischen sind meist nicht ganz so scharf wie in Südostasien), Fünfgewürzmischung, Chilischotensauce oder -paste (scharf und würzig), Ferment von schwarzen Bohnen (leicht salzig und ausdrucksvoll) und andere Saucen wie Austernsauce (vollaromatisch und würzig, weniger fischig) und Hoisinsauce (süß), von denen einige zum Kochen, andere als Dips verwendet werden. Kräuter gibt es nur wenige: Frischer Koriander mit seinem ausgeprägten, nur ihm eigenen Geschmack ist das wichtigste und wird für Saucen und Farcen, aber auch zum Garnieren eingesetzt.

Die Chinesen lieben Gemüse, vor allem, wenn sie schnell und sanft gegart sind, um die knackige Konsistenz zu erhalten, oder aus demselben Grund sauer eingelegt oder roh. Verschiedene Arten von Kohl, lange Bohnen, chinesischer Rettich, Zuckererbsen, Auberginen und Pilze sind nur einige der bekanntesten. Als Fleisch ist Schwein am weitesten verbreitet, obwohl es auch Rind und Lamm gibt. Ente wird gern gegessen, aber Hähnchen wird noch bevorzugt und ist oft der Mittelpunkt eines Festessens. Alle Fische und Meeresfrüchte werden geschätzt. Sie alle werden zu neutralen Beilagen wie Reis, Klößchen, Nudeln und Pfannkuchen gegessen.

Ein erster Eindruck, zumindest auf dem Papier, mag zu der Meinung führen, daß chinesisches Essen relativ leicht mit Wein zu kombinieren sei, zumindest leichter als indisches. Der Geschmack ist meist mild, und die wichtigsten Prinzipien der Küche bringen von sich aus keine Schwierigkeiten mit sich, aber es gibt doch ein paar Hindernisse. Eines davon ist die Tatsache, daß verschiedenartige Gerichte in einem typischen Menü gleichzeitig serviert werden. Einen zu allem passenden Wein zu finden, erfordert Kompromisse (die Chinesen genießen natürlich eine ihrer dünnen Suppen als Getränk). Zweitens sind viele Weine – dazu gehören viele Überseeweine und die meisten Rotweine – zu ausdrucksvoll für die milden Geschmacksnoten. Drittens haben viele der pikanten Gerichte auch süße Noten – nicht zuletzt in den klassischen Sweet-and-Sour-Saucen, in denen die Säure eine weitere Schwierigkeit mit sich bringt.

Empfohlene Weine

Trotz aller Schwierigkeiten gibt es sicherlich Weine, die zu chinesischem Essen passen. Die besten Allroundweine sind die deutschen, vor allem guter **Riesling.** Diese Rebsorte hat den Vorteil, daß sie zu Ingwer, Koriander und Frühlingszwiebeln paßt, und die feinen, aber deutlichen Fruchtaromen, die rassige Säure und die unaufdringliche, harmonische Süße eines Kabinett oder der etwas schwereren, halbtrockenen Spätlese eignen sich sehr gut als Begleiter zu chinesischen Gerichten. Die kräftigere Art der Rieslinge aus der Neuen Welt, besonders der australischen halbtrockenen Rieslinge, lohnt einen Versuch, doch fehlt ihnen vor allem die wichtige Feinheit und harmonische Ausgewogenheit deutscher Weine. Süßsaure Saucen sind schwierig, aber die reife Süße und subtile Würze eines **Pfälzer Kabinettweines** eignen sich gut, besonders zu Schwein und Ente. Willkommene Hilfe bietet auch ein **elsässischer Gewürztraminer:** Er ist zwar zu aromatisch für die meisten chinesischen Gerichte, aber er kann, sogar wenn er technisch trocken ist, sehr gut bei süßen Spare Ribs und süßwürzigen Saucen (Hoisin- oder süße Bohnensauce), die zur Pekingente serviert werden, bestehen. Deutscher Gewürztraminer ist manchmal zu

leicht, doch versuchen Sie es mit einem ungarischen, chilenischen, neuseeländischen oder südafrikanischen.
Ein weiterer Wein, der zu vielen Gerichten, sogar zu Spare Ribs, paßt, ist **Champagner ohne Jahrgang.** Der halbtrockene hat den richtigen Süßegrad, aber Brut (im Grunde auch nicht absolut knochentrocken) paßt fast genausogut, ist leichter erhältlich und sicherer.
Moderne trockene italienische Weine wie **Lugana,** weder zu neutral noch zu aromareich, sind ebenfalls akzeptabel, ebenfalls Schweizer Weine aus **Chasselas** wie Fendant, außerdem preiswerte Weißweine aus **Baden,** und schließlich einfach als **Medium-Dry Weißwein** bezeichnete **Überseeweine.**
Ganz allgemein sind Rotweine keine guten Partner für chinesisches Essen, aber auch hier kommt Deutschland zu Hilfe. Leicht gekühlte, tanninarme fruchtige Spätburgunder mit leichtem bis mittlerem Körper aus Baden passen sehr oft gut dazu. Leichte französische **Pinot Noirs,** zum Beispiel aus Sancerre, sind manchmal zu trocken, aber sowohl Kalifornien als auch Chile erzeugen ein paar recht preiswerte Pinot Noirs mit den richtigen Eigenschaften: Obwohl gewichtiger als die deutschen, haben sie eine frische, süße, abgerundete Frucht und sind zum frühen Konsum bestimmt. Und wenn Geld keine Rolle spielt, probieren Sie vielleicht einmal einen Spitzen-Pomerol.

Thailand

Die Aromen der thailändischen Küche sind vielschichtig, ausdrucksvoll und manchmal sehr stark – zugleich scharf, sauer, salzig und süß. Unterschiedliche Konsistenzen sind wichtig, besonders der erfrischende Biß von knackigen Gemüsen und Salaten, doch spielt die Konsistenz nicht die gleiche vorherrschende Rolle wie bei den Chinesen. Die Thai-Küche beruht vielmehr auf der Kunst des Würzens und der oft dramatischen Gegenüberstellung entgegengesetzter Aromen.

Obwohl der indische Einfluß offensichtlich ist, vor allem bei den mit Chillies feurig gewürzten Currys, ist die Thai-Küche doch ganz anders. Wo man in Indien gebratene oder getrocknete Gewürze und Kräuter verwendet, werden die thailändischen Currys – und auch die anderen Gerichte – mit wohlriechenden frischen Kräutern und Gewürzen zubereitet: Chillies, Zitronenblättern (meist Kaffir), Zitronengras, Saft von Zitrusfrüchten, grüner Korianderwurzel, Korianderblättern, Galangal (ähnlich wie Ingwer) und verschiedenen Basilikumarten. Das Ergebnis, sogar wenn es mit Kokosmilch gekühlt, gemildert oder angereichert ist, wirkt niemals mild. Tatsächlich ist das thailändische Essen stark aromatisch.

Andere wichtige Zutaten sind typische, salzige, leicht scharf schmeckende, fermentierte Fischpasten und eine Fischsauce (Naam Plaah), die anstelle von Salz verwendet werden, und getrocknete Shrimps oder Prawns. Es gibt scharfe, würzige Relishes und Dips, deren wichtigste und älteste Naam Prik Numm ist – mit Chili, Knoblauch, Garnelenpaste, Tomaten, Fischsauce und Limette. Es gibt eingelegten Fisch (Pla Raa) und sauer eingelegte Limette, außerdem geröstete Erdnüsse (vor allem im Sateh-Dip verwendet) und im nordöstlichen Thailand den markanten Nußgeschmack von geröstetem gemahlenem Reis. Schließlich wird der Palmzucker zum Süßen von pikanten Gerichten und Nachspeisen verwendet.

Die wichtigsten Fleischarten sind Schwein und Rind, zusammen mit ihren Innereien sowie Hähnchen und Ente. Einige werden auch zu würzigen Würsten verarbeitet. Im Süden mit seiner langen Küste haben Fisch und Meeresfrüchte die größte Bedeutung: Prawns, Shrimps, Austern, Krabben, Hummer und Tintenfische sind sehr beliebt. Und so wie der Norden seine Würste hat, so hat der Süden seine würzigen Fischküchlein.

Für den Weintrinker muß das alles ziemlich mörderisch klingen, doch Chili und Ingwer ruinieren den Weingeschmack (wie wir gesehen haben) nicht; Zitronengras, Koriander und Basilikum vertragen sich mit Wein, besonders mit frischen Weißweinen; Kokosnuß (wie in Indien) bietet keine Probleme, und die salzigen Fischsaucen und -pasten sowie Sauerkonserven brauchen ganz einfach nur Weine mit ausgeprägter Säure und intensivem Geschmack.

Zu beachten ist, daß diese Gerichte nicht für sich allein gegessen werden. Immer gibt es Reis und oft auch Nudeln dazu. Reis mildert die Schärfe von Currys, feurigen Salaten und scharfen Suppen sowie Suppeneintöpfen (beide heißen Kaeng und werden wie in China mit den anderen Gerichten serviert). Die Weinart, die am besten zu der Vielfalt der Thai-Gerichte paßt, ist jung, frisch, rassig, trocken, nicht zu leicht und hat eine ausreichende Geschmacks- und Säureintensität. Fast ohne Ausnahme eignet sich also Weißwein.

Empfohlene Weine

Klassische deutsche Weine werden von thailändischem Essen leicht übertönt, obwohl **Riesling Kabinett** gut zu den milderen Nudelgerichten paßt. Frankreich hat hier mehr zu bieten, aber wenn es einen Allroundwein gibt, dann kommt er nicht aus einem Land, sondern von einer Traube: **Sauvignon Blanc.** Sauvignon eignet sich in seiner klassischen, trockenen, intensiven, mineralischen, grasigen französischen Art – Sancerre, Pouilly-Fumé, Menetou-Salon. Er schmeckt auch in seiner nahe verwandten, etwas volleren österreichischen Ausprägung. Geeignet ist er auch in der fruchtigeren Art von reifen Stachelbeeren aus Neuseeland und auch mehr und mehr aus Chile und Südafrika. Sauvignon-Verschnitte mit Semillon oder Chardonnay aus der Neuen Welt kann man auch dazu trinken, jedoch ist der klassische weiße Bordeaux wie die meisten anderen französischen Sauvignons zu zart. Preiswerter, rassiger, würziger Vin de Pays des Côtes de Gascogne ist besser.

Chablis paßt wegen seiner Säure und Geschmacksintensität ebenfalls, doch müssen Sie damit rechnen, daß das Essen dem Wein etwas von seinem Charakter nimmt. Das gleiche gilt für **Champagner Brut:** Thai-Gerichte lassen ihn ein bißchen süßer und milder erscheinen

(Demi-Sec ist eine klare Fehlentscheidung).
Chardonnays bringen im allgemeinen keinen Erfolg, jedoch gibt es eine Ausnahme: reifer **Übersee-Chardonnay** aus dem Barrique zu Schwein-, Hähnchen- und sogar Rinder-Sateh: Eiche, Frucht und Butter im Wein ergänzen die Erdnuß-Kokos-Sauce.
Obwohl die meisten Rotweine für thailändische Essen nicht in Frage kommen, gibt es doch Gelegenheiten, zu denen sie passen. Rindercurry ist so ein Fall: Currys mit viel Schärfe, Sahne und Kokos brauchen die Schärfe des **Sauvignons,** doch ein etwas milderer, aromatischer Curry, in dem der Fleischgeschmack vorherrscht, paßt besser zu Rotwein. Europäische Weine eignen sich besser, aber es gibt keine einfachen oder sicheren Partner. **Beaujolais Cru** ist keine falsche Wahl, doch wird er durch das Essen heruntergespielt, Merlot und Pinot Noir passen absolut nicht, **Côtes du Rhône** ist annehmbar, aber eher zu pfeffrig. Erfolgreicher sind **billige sizilianische,** für den Export bestimmte **Rotweine,** die in ihrer würzigen, weichen, fruchtigen Art nicht zu körperreich sind. Aber der beste Begleiter, den ich zu einem roten Rindercurry gefunden habe, war ein **portugiesischer Cabernet Sauvignon.** Er hatte die Schwere eines Bordeaux Cru Bourgeois, war aber würziger und weicher. Dennoch möchte ich bei Rotwein zu Vorsicht raten.

Japan

Während eine der Schwierigkeiten bei der Paarung von Wein und chinesischem Essen darin liegt, daß man die Zartheit des Geschmacks eher unterschätzt, so geschieht bei japanischer Küche leicht das Gegenteil – man unterschätzt leicht die Stärke mancher Aromen und damit ihr Potential, den Wein zu erschlagen. Japanische Gerichte scheinen wundervoll gesund und leicht zu sein, aber sie können mit ihrem ausgeprägten Essiggeschmack, ihrer ungeheuren Schärfe und, wie in der chinesischen Küche, mit ihrer Süße in einigen pikanten Gerichten zu einem empfindlichen Schlag ausholen.

Von allen fernöstlichen Küchen ist die japanische die tückischste für den Weintrinker, und doch – wenn es irgendeiner Rechtfertigung bedarf, um Wein zu japanischen Gerichten zu trinken – sind die Japaner die eifrigsten Weintrinker. Das bedeutet nicht, daß zu japanischem Essen normalerweise Wein getrunken wird – grüner Tee und Sake (Reiswein) sind immer noch die wichtigsten Getränke –, aber die Zahl der Weintrinker und die Menge an importiertem westlichem Wein steigen ständig. Es wird westliches Essen gegessen, und westliche Einflüsse sind in den japanischen Gerichten zu spüren, besonders in den gehobenen Restaurants, wo Knoblauch, der als gesund gilt, stark in Mode ist und Cognac manchmal den Sake in den Rezepten ersetzt, aber im allgemeinen bleibt die japanische Küche der Tradition treu.

Japanische Köche haben immer die frischesten und besten Zutaten verwendet, und sie bewahren die Klarheit von Geschmack und Konsistenz, indem sie die Garzeiten so kurz wie möglich halten. Pochieren, Grillen und sauer Einlegen sind die wichtigsten Techniken. Fisch und Gemüse in großer Vielfalt sind wichtig – bis ins späte vorige Jahrhundert wurden kaum rotes Fleisch oder Milchprodukte verwendet –, aber Reis ist immer noch das Hauptnahrungsmittel, auch wenn der Konsum stark zurückgegangen ist. Er ist kurzkörnig, leicht süß und wird traditionell gegen Ende des Menüs serviert, um Zeit für einen Saketrunk zu lassen – Reis und Sake zusammen zu konsumieren, gilt als gastronomischer Pleonasmus. Zusammen mit der Schale Reis und dem Tee als Getränk gehören die Suppe (oft mit Miso) und ein Gericht mit sauer eingelegtem Gemüse zu den Grundsubstanzen eines japanischen Essens. Dann folgen weitere Gerichte: Fisch, Gemüse, Geflügel, Rindfleisch oder Nudeln (heiß in Suppe oder, im Sommer, kalt).

Die Sauerkonserven schmecken nicht so herb wie die englischen oder deutschen, aber die japanischen Gewürze und Dips sind nicht mild. Es gibt helle und dunkle Sojasaucen, Reisessig (relativ mild), Wasabi (extrem scharfer grüner Meerrettich, der zu Gerichten mit rohem Fisch als Relish dient), Ingwer, weißen Rettich, Frühlingszwiebeln, Sake, Mirin (süßer Sake), Miso (salzige, hefige Bohnenpaste), Sesamsamen, japanischen oder Sansho-Pfeffer, saure Pflaumenpaste (sehr scharf), limettenähnliche Zitrusfrüchte und mehr und mehr Knoblauch. Scharfe rote Chilischoten werden ebenfalls verwendet, um den sauren Dips Feuer zu geben.

Wegen der Vorliebe für Essig und Zitrusfrüchte müssen die Weine fast immer genügend Säure enthalten: Das bedeutet meistens Weißweine; leichte oder mittelschwere Weine passen zum Gewicht japanischer Gerichte; und intensive, sogar ausdrucksvolle Aromen (jedoch nicht Barrique) können den Gewürzen standhalten.

Empfohlene Weine

Zu Gerichten mit rohem Fisch, vor allem Sushi (Häppchen aus Reis und rohem Fisch, oft eingewickelt in geröstete Nori- oder Seetangblätter) und Sashimi (dünne, rhombenförmige Scheiben von rohem Fisch), die unterschiedlich mit Sojasaucen, eingelegtem Ingwer und Wasabi serviert werden, sind feine **deutsche Rieslinge,** vor allem Kabinett, zum Beispiel Halbtrocken aus einem guten Jahrgang, sehr erfolgreich. **Champagner Brut ohne Jahrgang,** vor allem Blanc de Blancs, und die besten und trockensten Übersee-Schaumweine nach Champagner-Art sind ebenfalls gute Begleiter. Andere Alternativen bieten trockener **Riesling aus Übersee** und die sehr säurehaltigen **englischen Weißweine** wie Seyval Blanc. Sauvignon Blanc ist oft zu fein, aber die **Sauvignons** von der Loire, aus Neuseeland, Österreich, Chile und aus kühlen Regionen Südafrikas (zum Beispiel aus Constantia) können sich durchsetzen, vor allem wenn Wasabi sich sehr deutlich bemerkbar macht. Die frische, hefige Trockenheit von **Manzanilla-** und **Fino-Sherry** eignet sich gut, und diese Sherrys passen auch zu der allgegenwärtigen Miso-Suppe sowie zu Nudelgerichten mit Miso (Sherry kommt dem Sake am nächsten).

Die gleichen Weine können auch zu Tempura (fritierte

Fische und Gemüse in dünnem Teigmantel), zur geschmacksintensiven gedünsteten Eiercremesuppe (Chawanmushi), Nabemonos (Fisch und/oder Gemüse bei Tisch in einem Topf gegart) und Geflügelgerichten getrunken werden, aber man kann sie auch durch andere Weißweine wie **Chablis, Pouilly-Fuissé, italienischen Pinot Bianco, Jurançon, Verdicchio dei Castelli di Jesi** ersetzen, vorausgesetzt die Gewürze und Dips sind nicht zu scharf. Jedoch lassen die meisten japanischen Fischgerichte, die in Essig oder Lake eingelegt sind, dem Wein keine Chance.

Zu Rindfleischgerichten wie Shabu Shabu (bei dem jeder Gast seine eigenen, sehr dünnen Fleischscheiben in einer leicht siedenden Brühe bei Tisch selbst gart) und dem berühmten Teriyaki können Rotweine getrunken werden, aber sie dürfen nicht zu schwer, tanninreich oder hochpreisig sein. Wegen der Dips, besonders zu Shabu Shabu, ist wieder Säure gefragt. **Loire-Rotweine** (Chinon, Saumur, Sancerre) eignen sich gut, ebenso guter **Beaujolais,** besonders Fleurie. **Badische Rotweine** sind ebenfalls zu empfehlen, auch **Pinot Noirs** (selbst wenn ihr Säuregehalt nicht sehr hoch ist) aus Oregon, Chile und Kalifornien (mittlere Preislagen). Rote Burgunder von der **Côte de Beaune** können gut passen, und Pomerol ist eine Überlegung wert.

Essen zum Wein
Wein zum Essen

WENN SIE AUCH JETZT MIT ALLEN MÖGLICHEN DETAILS ÜBER EIN GERICHT AUSGERÜSTET SIND UND DIE GRUNDREGELN DER ZUSAMMENSTELLUNG VON WEIN UND ESSEN VERSTANDEN HABEN, SIND MANCHMAL KURZE VORSCHLÄGE PRAKTISCHER. EIN ANDERES MAL SUCHEN SIE VIELLEICHT NACH EINEM PASSENDEN GERICHT FÜR EINE BESONDERE ODER UNBEKANNTE FLASCHE UND BRAUCHEN NUR EINE SCHNELLE EMPFEHLUNG, UM SELBST AUF EINE GUTE IDEE ZU KOMMEN.

Zeichenerklärung

- LEICHTER WEISSWEIN
- MITTELSCHWERER WEISSWEIN
- KÖRPERREICHER WEISSWEIN
- LEICHTER ROTWEIN
- MITTELSCHWERER ROTWEIN
- KÖRPERREICHER ROTWEIN
- ROSÉ
- AUFGESPRITETER WEIN

Schnelle Lösungen

ESSEN ZUM WEIN
WEIN ZUM ESSEN

ESSEN ZUM WEIN

A

AGLIANICO DEL VULTURE
ITALIEN (rauchiger, würziger, körperreicher Rotwein):
Kaninchen, Hartkäse

ALIGOTÉ
FRANKREICH (säurereicher, trockener Weißwein):
als Aperitif mit Dips; zu Tortillas, Muscheln, Schnecken, Kabeljau, Forelle

ALTO ADIGE
ITALIEN (leichter, rassiger, trockener Weißwein):
Spaghetti carbonara, einfacher Fisch, Salate
(leichter bis mittelschwerer Rotwein, z. B. Merlot):
Rindercarpaccio

AMARONE
ITALIEN (voller, starker, trockener Rotwein):
kräftige Wildragouts, Parmesan

AMONTILLADO
SPANIEN (trockener, nussiger, konzentrierter Sherry):
Consommé, Oliven, Tapas, gesalzene Nüsse

ANJOU ROUGE
FRANKREICH (saftiger, mittelschwerer Rotwein):
Wildsteaks, Lammkoteletts

ARNEIS
ITALIEN (trockener, zarter, komplexer Weißwein):
Pasta mit Sahnesaucen, weiße Fische und Meeresfrüchte, Zwiebelkuchen

ASTI (SPUMANTE)
ITALIEN (leichter, süßer weißer Schaumwein):
Süßspeisen: Fruchtgrütze, Obstsalat, Pavlova, Zitronensoufflé, leichte Schokoladenmousse oder englischer Christmas Pudding

AUSLESE
DEUTSCHLAND/ÖSTERREICH (süßer Weißwein):
Obstsalat, Apple Pie, Gänse- oder Entenbraten mit Früchten

B

BADEN SPÄTBURGUNDER
DEUTSCHLAND (einfacher bis feiner mittelschwerer Rotwein):
Lachs, Thunfisch und andere gehaltvolle Fische, Aufschnitt, gebratener Fasan, Rebhuhn, Schwein, Wild

BAIRRADA
PORTUGAL (reifer, körperreicher Rotwein):
Schweinebraten, Rinderragout, geschmorte Auberginen

BANDOL
FRANKREICH (tanninreicher, aromatischer, kräftiger Rotwein):
Fleisch und Gemüse vom Grill, Bœuf en daube, Wildbret

BANYULS
FRANKREICH (voller, süßer aufgespriteter Wein):
englischer Christmas Pudding, Mokka- und Schokoladentorte oder würziger Blauschimmelkäse

BARBARESCO
ITALIEN (intensiver, körperreicher Rotwein):
Wildbraten, Rind, Innereien (kein Bries), Steinpilze, Trüffeln

BARBERA D'ASTI
ITALIEN (mittelschwerer, kräftiger, frischer Rotwein):
Antipasti, Spaghetti bolognese, Tomaten, Parmaschinken, der einzige Rotwein, der (gerade noch) zu Räucherlachs paßt

BARDOLINO
ITALIEN (sehr leichter, rassiger Rot- oder Roséwein):
Antipasti, Cannelloni, Suppe oder Ragout aus Meeresfrüchten

BAROLO
ITALIEN (voller, körperreicher Rotwein):
gut abgehangenes Wild, deftige Rinder- und Wildragouts

BARSAC
FRANKREICH (voller, süßer Weißwein):
Himbeersoufflé, Tarte Tatin

BÂTARD-MONTRACHET
FRANKREICH (voller, körperreicher, trockener Weißwein):
Jakobsmuscheln, Hummer oder Lachs mit Hollandaise oder Sahnesauce

BEAUJOLAIS
FRANKREICH (lebendiger, leichter bis mittelschwerer Rotwein):
Aufschnittplatten, kalte Braten, Schweinekotelett, Fisch in Rotweinsauce, Pilze auf Toast

BEAUJOLAIS-VILLAGES
FRANKREICH (fruchtiger, mittelschwerer Rotwein):
Nieren mit Senf, Aufschnittplatten, Würste, Lachs

BEAUMES-DE-VENISE, MUSCAT DE
FRANKREICH (sehr süßer aufgespriteter Weißwein):
karamelisierte Orangen, Rhabarberdessert, Schokoladen-Süßspeisen

BEAUNE
FRANKREICH (mittelschwerer bis körperreicher Rotwein):
Kaninchenragout, Entenbraten mit Kirschen, Frikassee aus Wildpilzen
(mittelschwerer bis körperreicher Weißwein):
Fischpie

BEERENAUSLESE
DEUTSCHLAND/ÖSTERREICH (intensiver, süßer Weißwein):
Spotted Dick (englischer Pudding mit Rosinen), Sachertorte, Obst-Süßspeisen, Pfannkuchen

BERGERAC
FRANKREICH (mittelschwerer Rotwein):
Brathähnchen oder Lammsteaks
(trockener, rassiger Weißwein):
Fish and Chips, Zucchini-Soufflé

BIANCO DI CUSTOZA
ITALIEN (leichter, trockener Weißwein):
Kabeljau vom Grill, Meeresfrüchtesuppe, Spinat- und Ricotta-Ravioli, Quiche

BONNES-MARES
FRANKREICH (feiner, körperreicher Rotwein):
Braten von Wild, Ente oder Gans, Nieren und Morcheln

BORDEAUX
FRANKREICH (mittelschwerer, trockener Rotwein):
Lamm, Irish Stew, englisch gebratenes Roastbeef (warm oder kalt) zu altem Rotwein
(rassiger trockener Weißwein):
gegrillter Fisch, Muscheln, Geflügel und Meeresfrüchte

BOURGOGNE
FRANKREICH (mittelschwerer Rotwein):
Entenbrust, Œufs en meurette, Wild, Trüffel
(mittelschwerer bis körperreicher Weißwein):
Fisch in Sahnesauce, Käsesoufflé, Brathähnchen

BOURGUEIL
FRANKREICH (leichter bis mittelschwerer Rotwein):
Kaninchen, Entenpastete, Aufschnittplatte, Karbonade, Shepherd's Pie, Spargel

BROUILLY
FRANKREICH (fruchtiger, mittelschwerer Rotwein):
kalte Braten, Cotecchino, gefüllte Paprikaschoten

BRUNELLO DI MONTALCINO
ITALIEN (voller, körperreicher Rotwein):
Ochsenschwanz, Wildeintöpfe und -pies, Pilzgerichte, Hartkäse

BURGENLAND AUSBRUCH
ÖSTERREICH (üppiger, süßer Weißwein):
Bayerische Creme, Crème caramel sowie Kuchen und Gebäck mit Vanillecreme, Strudel, Obstaufläufe und -pies, Tiramisu

C

CABERNET SAUVIGNON
FRANKREICH/ALLE GEBIETE (tanninreicher, markanter Rotwein):
FRANKREICH: dunkles Fleisch, vor allem Lamm; Geflügel, reifer Hartkäse
KALIFORNIEN: würzige Fleischeintöpfe
AUSTRALIEN: Nieren, Känguruh, Rind
NEUSEELAND: Lamm
CHILE/ARGENTINIEN: kräftige Fleischgerichte
OSTEUROPA: Würste, Lasagne, Truthahn
ITALIEN: über Holzkohle gegrilltes Fleisch oder Wild

CAHORS
FRANKREICH (tanninreicher, intensiver Rotwein):
Cassoulet, Confit de canard oder Steak and kidney pie, geschmorte Lammhachsen, probieren Sie auch Cantal-Käse

CAVA
SPANIEN (trockener weißer Schaumwein):
als Aperitif oder zu Rührei und Räucherlachs

CHABLIS
FRANKREICH (kräftiger, trockener Weißwein):
weißer Fisch, zum Beispiel Dover-Seezunge, Steinbutt, Meeresfrüchte oder Austern, Forelle mit Mandeln, pochierter Lachs, Brandade (Stockfischmus), Kedgeree, Fritüren, Chaource-Käse

CHAMBERTIN
FRANKREICH (körperreicher Rotwein):
Coq au vin, gebratenes Perlhuhn, Rebhuhn, Moorhuhn, Hase oder Wildbret

CHAMBOLLE-MUSIGNY
FRANKREICH (mittelschwerer bis körperreicher Rotwein):
Brathähnchen oder gebratener Fasan, Wild, Kalbsnieren mit Steinpilzen, Trüffelomelett

CHAMPAGNER BRUT
FRANKREICH (feiner trockener Schaumwein):
als Aperitif oder zu Austern, Räucherlachs oder Kaviar, zu chinesischen Gerichten

CHARDONNAY
FRANKREICH/ALLE GEBIETE (in Europa mittelschwerer, fruchtiger, trockener Weißwein):
Käse, Eierspeisen, Spargel, Artischocken, Shrimps und andere Meeresfrüchte, Geflügel, Gerichte mit Nußsauce
(in der NEUEN WELT körperreicher, fruchtiger, üppiger Weißwein):
Gerichte mit üppiger Sauce oder reichlich Gewürzen wie Hummer Thermidor, Guacamole, Gemüseterrine, Ente à l'orange, milde, sahnige Currys mit Kokosmilch

CHASSAGNE-MONTRACHET
FRANKREICH (voller, körperreicher Weißwein):
Kalbsbraten oder Fisch mit üppiger Sauce, gegrillter Steinbutt
(körperreicher Rotwein):
reife Käse, einschließlich Brie, Wildgeflügel

CHÂTEAUNEUF-DU-PAPE
FRANKREICH (körperreicher Rotwein):
Fleischragouts, zum Beispiel mit Lamm, Rind, Wildbret oder Linsen, Cassoulet oder Gänsebraten

CHENIN BLANC
FRANKREICH/NEUE WELT (rassiger trockener, mittelsüßer oder süßer Weißwein):
Loire: als Aperitif oder zu feinen Fischgerichten mit Sahne; wenn süß, zu Süßspeisen mit Obst oder Mandeln
Neue Welt (trocken): Currys, gefüllte Zucchini

CHEVALIER-MONTRACHET
FRANKREICH (körperreicher, trockener Weißwein der Luxusklasse):
Muscheln, Hummer, Garnelen (Prawns), Jakobsmuscheln in Sahnesauce, Ente oder Gans

CHIANTI
ITALIEN (fruchtiger, mittelschwerer Rotwein):
Spinat- und Ricotta-Cannelloni, kalter Braten, einfache, leichte Fleischgerichte, Pizza, Grilladen

CHIANTI CLASSICO
ITALIEN (körperreicher Rotwein):
Schweinebraten, gegrilltes Steak, weiße Trüffeln mit Pasta

CHINON
FRANKREICH (saftiger, mittelschwerer Rotwein):
Spargel, Ziegenkäse, Fisch (z. B. Rotbarbe in Rotwein), Aufschnittplatten, nicht zu schwere Fleischgerichte, z. B. Ragouts in Bier oder Stout

CHIROUBLES
FRANKREICH (mittelschwerer, fruchtiger Rotwein):
Beefsteak Tatar, Brie, Kaninchen in Rotwein, gekochter oder gegrillter Vorderschinken

COLOMBARD
FRANKREICH (leichter, trockener Weißwein):
leichte Salate oder Snacks, Thai-Gerichte

COLLIO
ITALIEN (leichter, trockener Weißwein), z. B. Sauvignon:
Meeresfrüchte, Maiskolben, Schwein mit Ingwer und Knoblauch

COMMANDARIA
ZYPERN (voller, süßer, konzentrierter Dessertwein):
englischer Christmas Pudding, Schokoladeneis

CONDRIEU
FRANKREICH (körperreicher, sehr aromatischer Weißwein):
Taschenkrebs, Hummer, sahnige Currys, Schwein mit Rosmarin

COFERTINO
ITALIEN (reifer, körperreicher Rotwein):
herzhafte Ragouts, gegrilltes dunkles Fleisch

CORBIÈRES
FRANKREICH (körperreicher Rotwein):
Lamm, Leber mit Zwiebeln, Wildpastete, Hase, Ratatouille, Würste, Muscheln provenzalische Art

CORNAS
FRANKREICH (dunkler, robuster, körperreicher Rotwein):
Rindfleischeintöpfe, englisch gebratene Steaks, Wildente, Niere

CORTON
FRANKREICH (voller, wuchtiger Rotwein):
gebratenes oder geschmortes Geflügel oder Wild

CORTON-CHARLEMAGNE
FRANKREICH (voller, körperreicher Weißwein der Luxusklasse):
Kalbsbraten, Hummer, weißer Fisch mit üppiger Sauce, frischer Lachs und Jakobsmuscheln

CÔTE DE BEAUNE
FRANKREICH (mittelschwerer Rotwein):
gebratener Fasan, Gemüsepastetchen, Bries
(körperreicher Weißwein):
Hummer, Fischgerichte mit üppiger Sauce

CÔTE CHALONNAISE
FRANKREICH (mittelschwerer Weißwein):
Pasta und Geflügel, besonders in Sahnesauce, Parma- und Bayonneschinken

COTEAUX DU LANGUEDOC
FRANKREICH (mittelschwerer bis körperreicher Rotwein):
Steak, Ragouts, Kaninchen mit Senf

COTEAUX DU LAYON
FRANKREICH (sehr süßer, dabei rassiger Weißwein):
Süßspeisen und Gebäck mit Obst oder Nüssen, üppige Pasteten

CÔTES DE BOURG
FRANKREICH (mittelschwerer Rotwein):
Linseneintopf, Spaghetti bolognese, Lammkoteletts

CÔTES DU RHÔNE
FRANKREICH (mittelschwerer Rotwein):
Shepherd's Pie oder Moussaka, Gulasch, Würste, Gemüseeintöpfe, Chili con carne, Ratatouille

CROZES-HERMITAGE
FRANKREICH (körperreicher Rotwein):
Fasan aus dem Brattopf, Rindfleischeintopf, Wild, Fleischbällchen

D

DÃO
PORTUGAL (kräftiger, körperreicher Rotwein)
Beefburger, Herz (Lamm), gegrillte Niere, Lamm mit Knoblauch und Rosmarin, Moussaka

DOLCETTO
ITALIEN (leichter Rotwein):
Mozzarella- oder Fontina-Käse, kalter Braten, Pastagerichte mit Fleisch, gefüllte Paprikaschoten, Osso buco, Blutwurst

E

ECHÉZEAUX
FRANKREICH (feiner, körperreicher, duftiger Rotwein):
Wildgeflügel, Wildbret, Pilze, Trüffeln

EISWEIN
DEUTSCHLAND (üppiger, konzentrierter, süßer Weißwein):
Butterkekse, Pfirsiche, Reineclauden, Obstspeisen

ENTRE-DEUX-MERS
FRANKREICH (leichter bis mittelschwerer, trockener, frischer Weißwein):
Meeresfrüchte, Salate

EST! EST!! EST!!!
ITALIEN (leichter, trockener Weißwein):
Spaghetti carbonara, Muscheln

F

FENDANT
SCHWEIZ (leicht aromatischer, frischer, leichter Weißwein):
Käsefondue, Quiches, Salate, pochiertes und gebratenes Egli und andere Süßwasserfische

FITOU
FRANKREICH (körperreicher, würziger Rotwein):
Cassoulet, Lamm mit grünen Bohnen, Gemüseaufläufe, Schweinswürste

FLEURIE
FRANKREICH (fruchtiger, mittelschwerer Rotwein):
Kaninchen mit Senf, Wildpilze, Würste, Aufschnittplatten

FRANKEN SILVANER
DEUTSCHLAND (spritziger, trockener, leichter Weißwein):
Schaltiere, pochierter weißer Fisch, Räucherschinken, Salate, Nudelgerichte

FRASCATI
ITALIEN (leichter, trockener Weißwein):
leichte Pastagerichte, weißer Fisch, Chicken Chow mein, Omeletts

FRONSAC
FRANKREICH (mittelschwerer Rotwein):
Mixed Grill, Perlhuhn, gebratenes und gegrilltes Lamm

FUMÉ BLANC
KALIFORNIEN (mittelschwerer bis körperreicher trockener Weißwein):
gegrillter Fisch, Gemüse und Geflügel, mild gewürzte Currys

G

GAILLAC
FRANKREICH (mittelschwerer Rotwein):
Garbure (Fischsuppe), Entenconfit, Bayonneschinken
(trockener Weißwein):
Pasta und Pesto, Sardinen, Makrele, Hering

GATTINARA
ITALIEN (körperreicher Rotwein):
Pasta mit Hasensauce (Pappardelle alle lepre), Steinpilze, Parmesan

GEVREY-CHAMBERTIN
FRANKREICH (feiner, körperreicher Rotwein):
Wildgeflügel, vor allem im Topf (aber nicht zu sehr abgehangen), Coq au vin, Ente, Pilzgerichte, reife Käse, inklusive milde reife Sorten wie Milleens und Camembert

GEWÜRZTRAMINER
FRANKREICH/NEUE WELT (würziger, mittelschwerer bis körperreicher Weißwein):
stark würzige Käsegerichte, Räucherlachs, Schweine-Rillettes, Pasteten, scharf gewürzte Gerichte, Zwiebelkuchen, gegarte rote Paprikaschoten
(süß, aus spät gelesenen Trauben): Stopfleber und Pasteten, Süßspeisen

GIGONDAS
FRANKREICH (körperreicher Rotwein):
üppige Fleisch- und Wildeintöpfe, Gänsebraten, Moussaka, über Holzkohle gegrilltes Steak

GRAVES
FRANKREICH (mittelschwerer bis körperreicher Rotwein):
Wildterrine, Lammbraten, Steak, Kidney and oyster pie
(mittelschwerer bis körperreicher Weißwein):
Muschelragout mit Sahne oder jedes andere Fischgericht mit üppiger Sauce

GROS PLANT DU PAYS NANTAIS
FRANKREICH (rassiger, trockener, leichter Weißwein):
Rohkost, fetter Fisch, z. B. Makrele, Austern

H

HERMITAGE
FRANKREICH (körperreicher Rotwein):
Rindfleischgerichte/-eintöpfe, englisch gebratenes Steak, Rinderfilet Wellington, gebratenes oder geschmortes Wild, englische Hartkäse

J

JULIÉNAS
FRANKREICH (fruchtiger, mittelschwerer Rotwein):
Beefsteak Tatar, Coq au vin, Weinbergschnecken

JURANÇON
FRANKREICH (mittelschwerer, trockener und süßer Weißwein):
trocken: Fisch mit Sauce, gemischte Salate, Käsefondue
süß: Stopfleber, Schafkäse, Kuchen

K

KABINETT
DEUTSCHLAND (leichter, nicht ganz trockener Weißwein):
Räucherfisch, Sushi und Sashimi, chinesische Gerichte, Taschenkrebssalat

KÉKFRANKOS
UNGARN (leichter bis mittelschwerer Rotwein):
Toad in the hole (Würste in Pfannkuchenteig), Wurst mit Kartoffelbrei, Faggots (Frikadellen aus Innereien), Bœuf Stroganoff

L

LAMBRUSCO SECCO DOC
ITALIEN (pikanter roter Schaumwein):
Parmaschinken, Salami, Cotecchino

LIQUEUR MUSCAT
AUSTRALIEN (konzentrierter, aufgespriteter Dessertwein):
englischer Christmas Pudding, Mince Pies, dunkle Schokoladenmousse, Eiscreme

LIRAC
FRANKREICH (körperreicher Rotwein):
Kaninchen- und andere Wildeintöpfe, Räucherschinken, Grillfleisch

LOUPIAC
FRANKREICH (intensiver Süßwein):
Erdbeer- oder Himbeermousse, Crêpes Suzette, englischer Brot-und-Butter-Pudding

LUGANA
ITALIEN (mittelschwerer, trockener Weißwein):
geschmorter Fenchel, Pasta und Pesto, gefüllte Zucchini oder Auberginen, chinesische Gerichte

M

MÂCON
FRANKREICH (mittelschwerer bis körperreicher, trockener Weißwein):
Gerichte mit Sahne, z. B. Pasta, Parmaschinken, Meeresfrüchte-Spießchen, Brathähnchen, Blanquette de veau
(mittelschwerer Rotwein): Schweinefleisch oder Aufschnittplatten, in Rotwein gegarter Fisch

MADEIRA
MADEIRA (pikanter, trockener bis üppig süßer, aufgespriteter Wein):
trocken: Salzmandeln, Consommé
süß, z. B. Malmsey: englischer Christmas Pudding, Mince Pies mit Cognac-Butter, Bratäpfel

MADIRAN
FRANKREICH (dunkler, körperreicher Rotwein):
Entenconfit, Entenbrustfilets, deftige Ragouts

MALAGA
SPANIEN (konzentrierter, aufgespriteter Dessertwein):
englischer Dattel- oder Christmas Pudding, Eiscreme mit Fondantsauce

MANZANILLA
SPANIEN (sehr trockener, leicht aufgespriteter Weißwein):
Tapas, Consommé, Oliven, Salznüsse

MARGAUX
FRANKREICH (komplexer, mittelschwerer Rotwein):
Lammbraten mit Kräutern, Filetsteak, Enten- oder Gänsebraten

MARSALA
ITALIEN (aufgespriteter, sehr trockener bis konzentrierter Süßwein):
trocken: als Aperitif mit Nüssen oder zu Antipasti mit Öl
süß: Schokolade- und Mandelkuchen, Toffeepudding

MARSANNE
FRANKREICH/ÖSTERREICH (körperreicher, fruchtiger, trockener Weißwein):
scharf gewürzte Gerichte, auch mit Kokosnuß, Currys mit Sahne

MÉDOC
FRANKREICH (mittelschwerer Rotwein):
einfache Braten oder Grilladen wie Lamm (besonders zu Pauillac oder Saint-Julien), Schweinebraten mit Knoblauch, Brathähnchen, Niere, Käsesoufflé

MERLOT
FRANKREICH/ALLE GEBIETE (weicher, mittelschwerer bis körperreicher Rotwein):
Rindfleisch mit Stout, Bohneneintopf
(NEUE WELT): Kalbsleber, Grilladen, inklusive Thunfisch

MEURSAULT
FRANKREICH (körperreicher, trockener Weißwein):
Hähnchen mit Trüffeln, Monkfish oder Jakobsmuscheln in Sahnesauce, Spargel mit Hollandaise

MINERVOIS
FRANKREICH (mittelschwerer bis körperreicher Rotwein):
Ratatouille, Lamm mit Bohnen, Tintenfisch mit Tomatenfüllung, würzige Würste

MONBAZILLAC
FRANKREICH (konzentrierter, süßer Weißwein):
Birnen mit Blauschimmelkäse gefüllt, sautierte Stopfleber mit Äpfeln, Crème caramel

MONTEPULCIANO D'ABRUZZO
ITALIEN (mittelschwerer bis körperreicher Rotwein):
Lasagne, Kaninchen mit Paprikaschoten, Hähnchen mit Oliven, Spaghetti bolognese, Pizza

MONTEPULCIANO, VINO NOBILE DI
ITALIEN (körperreicher Rotwein)
Wildschwein- oder Schweinebraten, gebratene Taube, Wachteln

MONTILLA
SPANIEN (pikanter, trockener Weißwein):
als Aperitif mit Salznüssen oder Salzgebäck

MONTLOUIS
FRANKREICH (trockener, halbsüßer oder süßer Weißwein):
trocken/halbsüß: als Aperitif oder zu zart gewürzten Meeresfrüchten oder Fisch in Sahnesauce
süß: Obsttartes

LE MONTRACHET
FRANKREICH (feinster, voller, körperreicher, trockener Weißwein):
Hähnchen mit Krebsen, Hummer mit üppiger Sauce, Steinbutt

MORELLINO DI SCANSANO
ITALIEN (fruchtiger, mittelschwerer bis körperreicher Rotwein):
marinierter Lammbraten, Mixed Grill, Schweinekoteletts

MOREY-SAINT-DENIS
FRANKREICH (duftiger, mittelschwerer bis körperreicher Rotwein):
gebratenes oder geschmortes Wildgeflügel und Wildbret

MORGON
FRANKREICH (saftiger, körperreicher Rotwein):
Eintöpfe, geschmortes Rindfleisch mit Oliven, Cassoulet, Coq au vin

MOSCATO D'ASTI
ITALIEN (leichter, süßer weißer Schaumwein):
Alaskakuchen, Meringue-Nester, englischer Christmas Pudding

MOSEL
DEUTSCHLAND (leichter, aromatischer Weißwein):
geräucherte Makrele mit schwarzem Pfeffer, Gravad lax, Ente à l'orange

MOULIN-À-VENT
FRANKREICH (saftiger, körperreicher Rotwein):
Schinken in Brotteig, Rinderfilet Wellington, Beefsteak Tatar

MUSCADET
FRANKREICH (leichter, spritziger Weißwein):
Moules marinières, Austern, Meeresfrüchte-Platte, Kräuteromelette, leichte Antipasti und Salate, Makrele

MUSCAT
FRANKREICH/ALLE GEBIETE (trockene bis sehr süße Weißweine mit Traubenaroma):
trocken: Hähnchen mit Weintrauben, Avocadosalat
süß: Süßspeisen – exotischer Obstsalat, Mince Pies, Schokolade, Desserts mit Nuß und Ingwer

N

NAVARRA
SPANIEN (halbtrockener Weißwein):
fritierte Fische, Bouillabaisse
(Rosé): gegrillte Rotbarbe
(Rot): Chorizo, würzige Gemüse-Couscous, Lamm

NEMEA
GRIECHENLAND (kräftiger, körperreicher Rotwein):
Fleischbällchen, Gulasch, Moussaka, Kleftiko

NUITS-SAINT-GEORGES
FRANKREICH (körperreicher Rotwein):
jede Art von Wild, Reh- oder Hirschsteaks, Gänseconfit, Nieren mit Wildpilzen

O

OLOROSO
SPANIEN (vollaromatischer, trockener bis süßer aufgespriteter Wein):
trocken: Oliven, Hartkäse
süß: Trifle, Crème brûlée, Schokoladenkuchen

ORVIETO
ITALIEN (rassiger, trockener bis halbsüßer Weißwein):
trocken: Pasta carbonara, gegrillte Scholle, andere leichte Fischgerichte
süß: Obstsalat, Mandelkekse

P

PASSITO
ITALIEN (konzentrierter, süßer Weißwein):
Blauschimmelkäse, gedorrte Pfirsiche, Mandeleis

PAUILLAC
FRANKREICH (feiner, mittelschwerer bis körperreicher Rotwein):
Lamm mit Rosmarin, geschmorte Tauben, gebratenes Perlhuhn

PFALZ HALBTROCKEN
DEUTSCHLAND (halbtrockener, mittelschwerer, aromatischer Weißwein):
Räucherfisch, pochierter Fisch, Jakobsmuscheln, Sushi, Sashimi und andere japanische Gerichte, Schweinefleisch

PINOT BLANC/BIANCO
FRANKREICH/ITALIEN (mittelschwerer, trockener Weißwein):
Fisch, Käse und Eierspeisen, Quiche lorraine, Hecht in Sahnesauce, Pasta und Pesto, auch zu grünem Thai-Curry

PINOT GRIS/GRIGIO
FRANKREICH/ITALIEN (leichter bis körperreicher Weißwein):
Pinot Gris: kalte Gerichte, scharf gewürzte Gerichte, Zucchini- und Zwiebelfladen, Schweinefleisch mit Wacholder
Pinot Grigio: Pilzravioli, Linguine mit Sahne und Parmesan
süß: Stopfleber, weiche Leberpasteten, Süßspeisen

PINOT NOIR
FRANKREICH/ ALLE GEBIETE (EUROPA: feine, leichte bis körperreiche Rotweine): gebratenes Geflügel, Wild, Aufschnittplatten, fleischähnlicher Fisch, z. B. Rotbarbe
(NEUE WELT: reifer, mittelschwerer bis körperreicher Rotwein):
kaltes Fleisch oder Wild, Rebhuhn mit würzigen Damaszenerpflaumen, Ente mit Mango, Thunfisch, Lachs

POMEROL
FRANKREICH (mittelschwerer bis körperreicher Rotwein):
Schweinefleisch mit Backpflaumen, über Holzkohle gegrilltes oder einfach gebratenes Lamm oder Steak, Wildente mit Steinpilzen, Camembert

POMMARD
FRANKREICH (samtiger, körperreicher Rotwein):
Wildschwein, Schinken oder Nieren, sautiert, Fasan mit Trüffeln, anderes Wild

PORTWEIN
PORTUGAL (süßer, aufgespriteter Wein):
Stilton, Blauschimmelkäse und Cheddar, Schokoladenkuchen oder -desserts, Nüsse

POUILLY-FUISSÉ
FRANKREICH (körperreicher Weißwein):
Pasta, Geflügel, Fisch in Sahnesauce, Spargelquiche, Gougère (Käsegebäck), Lachs en croûte (im Teigmantel)

POUILLY-FUMÉ
FRANKREICH (rassiger, intensiver, trockener Weißwein):
Forelle Müllerin, Sandwiches mit Räucherlachs, Hähnchen-Pie mit Sahne, Ziegenkäse

PULIGNY-MONTRACHET
FRANKREICH (feiner, körperreicher, trockener Weißwein):
Hummer, Taschenkrebssoufflé, Monkfish

R

RECIOTO
ITALIEN (konzentrierter, süßer Rot- oder Weißwein):
rot: Blauschimmelkäse
weiß: Stopfleber und nicht zu süße Desserts: Kuchen, Kekse, Fruchtcremes

RETSINA
GRIECHENLAND (kräftiger, mittelschwerer Weißwein):
Taramosalata, Oliven, würziger Kichererbsenauflauf

RHEINGAU
DEUTSCHLAND (trockener bis süßer, intensiver Weißwein):
halbtrocken: Bries, geschmorter Stangensellerie, Schwein, Ente oder Gans mit Fruchtsauce
süß: Obstspeisen und -kuchen, Löffelbiskuits

RHEINHESSEN
DEUTSCHLAND (halbtrockener bis süßer, leichter, fruchtiger Weißwein):
lieblich: Dim sum und andere milde chinesische Gerichte, Salate, leichte Fisch- und Hühnergerichte
süß: Obstkuchen, Krapfen und Mousse

RIBEIRO
SPANIEN (spritziger, trockener Weißwein):
geräucherte Makrele mit schwarzen Pfefferkörnern, fritierte Zucchini oder Auberginen
Rot: Sardinen

RIBERA DEL DUERO
SPANIEN (körperreicher Rotwein):
Rinderfilet Wellington, Wildschwein am Spieß gebraten und andere Braten, reife Hartkäse

RICHEBOURG
FRANKREICH (körperreicher Rotwein der Luxusklasse):
Wildgeflügel, Wildbret, Entenbrustfilet, Kalbsleber

RIESLING
DEUTSCHLAND/ALLE GEBIETE (EUROPA: leichter aromatischer trockener bis süßer Weißwein):
pochierte und Wok-Gerichte, z. B. pochierte Seezunge, Avocadosalat, kalter oder warmer Gänsebraten, Ente, Wildschwein, Apfel- und Himbeerdesserts
(NEUE WELT: reifer, aromatischer, trockener bis süßer Weißwein):
südostasiatische Currys, sonnengetrocknete Tomaten, gebratene Gemüse, Süßspeisen

RIOJA
SPANIEN (mittelschwerer bis körperreicher Rot- oder Weißwein):
rot: geschmortes oder gebratenes Lamm, Wild oder Geflügel, Pilze, Trüffel
weiß: Zwiebelkuchen, Tapas, Grillhähnchen

ROSÉ D'ANJOU/DE LOIRE
FRANKREICH (trocken bis halbtrocken):
als Aperitif oder zu milden Salaten

ROUSSILLON, CÔTES DU
FRANKREICH (körperreicher Rotwein):
Gemüsegerichte, scharf gewürztes Schwein oder Rind, Weinbergschnecken mit Sardellenbutter

RUEDA
SPANIEN (leichter bis mittelschwerer, trockener oder sherryähnlicher Weißwein):
einfacher oder mit Knoblauch gewürzter Fisch, Meeresfrüchte oder Geflügel, grüne Gemüse und Salate

RULLY
FRANKREICH (mittelschwerer Rotwein):
Schweinebraten, Coq au vin
(trockener Weißwein): Jambon persillé, Artischocken, Käsefondue

S

SAINT-ÉMILION
FRANKREICH (mittelschwerer bis körperreicher Rotwein):
Rinderbraten, Wildschwein mit Kastanien, gebratener Truthahn, Hummer in Rotwein, Hühnereintopf, Trüffel, Camembert

SAINT-ESTÈPHE
FRANKREICH (mittelschwerer bis körperreicher Rotwein):
Lammbraten, Lamm in Teigkruste, Lamm mit grünen Bohnen, Neunaugen in Rotwein

SAINT-JOSEPH
FRANKREICH (körperreicher Rotwein):
Kebab vom Grill, Rindfleischragouts, gebratene Gemüse, Wild

SALICE SALENTINO
ITALIEN (reifer, körperreicher Rotwein):
Wildragout, gefüllte Aubergine, einige Currys

SANCERRE
FRANKREICH (mittelschwerer, rassiger, trockener Weißwein):
Forelle blau, Sandwiches mit Räucherlachs, Avocadomousse, Ziegenkäse, Sashimi
(leichter Rotwein): Brandade (Stockfischmus), Fisch wie Rotbarbe oder Lachs

SAUMUR-CHAMPIGNY
FRANKREICH (leichter Rotwein):
leichte Fleischgerichte wie Milchlamm, Käse- und Kräutersoufflé, Lachsforelle

SAUTERNES
FRANKREICH (üppig süßer Weißwein):
salzige Blauschimmelkäse , Stopfleber, Ente mit Orange und Honig, Sahnedesserts, z. B. Crème caramel und brûlée

SAUVIGNON BLANC
FRANKREICH/ALLE GEBIETE (pikanter, trockener Weißwein):
Meeresfrüchtesalat, Thai-Gerichte, Spargelquiche
NEUE WELT: intensivere Aromen und dichtere Konsistenz wie Hollandaise und Mayonnaisesaucen, Spargel und Meeresfrüchte, Tomaten, Thai-Gerichte

SAVENNIÈRES
FRANKREICH (intensiver, rassiger, trockener Weißwein):
Flußfisch, Sauerampfersauce, Ziegenkäsesoufflé

SEMILLON
FRANKREICH/AUSTRALIEN (Europa: mittelschwerer trockener Weißwein – meist verschnitten): Garnelen, Muscheln und viele andere Meeresfrüchte
(Neue Welt: reifer, körperreicher Weißwein):
Fisch-Pie, Fisch mit üppiger Sauce, würzige Schweinefleischgerichte
(botrytisbetont): Roquefort, Sahnedesserts, mit Honig gebratenes Geflügel

SHERRY

SPANIEN (aufgespritet, trocken bis süß):
Dry Fino bis Medium Amontillado: Gazpacho, Oliven, gegrillte Sardinen
sehr süßer Oloroso: Mince Pies, Fondant- oder Schokoladeneis, Sirupdessert

SHIRAZ

AUSTRALIEN (reifer, körperreicher Rotwein): deftige Fleischragouts, gegrilltes Fleisch oder Gemüse, Chilli con Carne, Gänsebraten Ente und Truthahn mit den traditionellen Beilagen

SHIRAZ, SCHÄUMEND

AUSTRALIEN (voller roter Schaumwein):
Truthahnbraten, reifer Ziegenkäse, üppige Pasteten

SILVANER

DEUTSCHLAND (leichter, trockener Weißwein):
Käse-Blätterteiggebäck, Quiche lorraine, Fisch oder Geflügel, pochiert

SOAVE

ITALIEN (leichter, trockener Weißwein):
Pasta und Pesto, Spinat- oder Ricotta-Tortelloni, Hühnersalat, leichte Fischgerichte

SPÄTBURGUNDER

DEUTSCHLAND (leichter bis mittelschwerer Rotwein):
gekochter Schinken, Würste – geräuchert, frisch und mit Knoblauch –, gefüllte Pilze

SPÄTLESE

DEUTSCHLAND (leichter, halbsüßer Weißwein):
Schwein mit Senf, kalter Schweine- und Entenbraten, sonnengetrocknete Tomaten, Taschenkrebsmousse

SYRAH

FRANKREICH (aromatischer, meist körperreicher Rotwein):
Wild und kaltes Fleisch, in Rotwein gegartes Rindfleisch, Leber, Wildpilzgerichte, Hartkäse

T

TAVEL

FRANKREICH (körperreicher, trockener Rosé):
Fischsuppe, gefüllte rote Paprikaschoten, Ratatouille, Couscous

TOKAJER

UNGARN (trockener bis intensiv süßer Weißwein):
trocken: als Aperitif mit Nüssen
süß: englischer Christmas Pudding, Sirupkuchen, Crème caramel, milder sahniger Blauschimmelkäse, Stopfleber

TREBBIANO

ITALIEN (leichter, trockener Weißwein):
Pasta carbonara, Spinat-Cannelloni, Sardinen, Wiener Schnitzel

TROCKEN

DEUTSCHLAND/ÖSTERREICH (leichter, trockener Weißwein):
einfache Fischgerichte, leichte Salate

TROCKENBEERENAUSLESE

DEUTSCHLAND/ÖSTERREICH (intensiv süßer Weißwein):
Apfelkuchen mit Rosinen, Schwarzwälder Torte, Pavlova, Crêpes Suzette

V

VACQUEYRAS

FRANKREICH (körperreicher Rotwein):
Cassoulet, Kaninchenragout, gefüllte Paprikaschoten, Schnecken mit Knoblauchbutter, Taube

VALDEPEÑAS

SPANIEN (mittelschwerer bis körperreicher Rotwein):
gefüllter Tintenfisch, Oliven- und Knoblauchbrot, Lammbraten mit Kräutern, geschmorte Lammhachsen, Kebab, Pilzgerichte

VALPOLICELLA

ITALIEN (fruchtiger, leichter Rotwein):
fritierte Pilze, Thunfisch mit Bohnensalat, Linsenpastetchen, Würste, Bresàola

VENDANGE TARDIVE

FRANKREICH (intensiv süßer Weißwein):
überbackene Eiercremetorte, Stopfleberterrine, Münsterkäse

VERDELHO

AUSTRALIEN (reifer, alkamer, trockener Weißwein):
scharf gewürzte Gerichte, inklusive indische Gerichte, gebratene Gemüse
Madeira (halbtrockener aufgespriteter Weißwein): Salznüsse und Oliven, Wildconsommé

VERDICCHIO

ITALIEN (leichter, trockener Weißwein):
Linguine mit Sahne und Räucherlachs, Fish and Chips, Meeresfrüchtesalat

VERNACCIA DI SAN GIMIGNANO

ITALIEN (leichter bis mittelschwerer trockener Weißwein):
Pasta und Pesto, Lachscarpaccio, Fischragouts

VIN JAUNE

FRANKREICH (konzentrierter, maderisierter, süßer Weißwein):
Ente mit Oliven, reifer Hartkäse

VIN DE PAILLE

FRANKREICH (konzentrierter süßer Weißwein):
Aprikosensoufflé, süße Omelettes, Apfelcharlotte, Mandelkuchen

VIN SANTO

ITALIEN (konzentrierter süßer Weißwein):
Cantuccini-Kekse, Apfelküchlein, Panforte (Pfefferkuchen), Walnüsse, Hasel- und Pekannüsse

VINHO VERDE

PORTUGAL (spritziger, leichter, trockener Weißwein):
fetthaltiger Fisch wie Sardinen, leichte Gerichte mit grünem Gemüse und Salate

VIOGNIER

FRANKREICH (mittelschwerer bis körperreicher, trockener Weißwein):
Hummer oder Jakobsmuscheln mit Safran, Taschenkrebs, Möhren- und Orangensuppe, würzige Pastinaken, Chicken Korma und andere milde bis leicht würzige Currys; paßt auch gut zu Rosmarin

VOLNAY

FRANKREICH (mittelschwerer bis körperreicher Rotwein):
Kalbs-, Enten- oder Rinderbraten, Pilz- oder Wildgerichte

VOSNE-ROMANÉE

FRANKREICH (aromatischer mittelschwerer bis körperreicher komplexer Rotwein):
Reh- oder Hirschrücken, nicht zu sehr abgehangenes Wildgeflügel, Fleischragouts, Steinpilze und Trüffeln, reife Käse

VOUGEOT, CLOS DE

FRANKREICH (feiner, körperreicher Rotwein):
Bœuf à la bourguignonne, festliche Wildgerichte

VOUVRAY

FRANKREICH (trockener bis süßer Weißwein):
trocken bis halbtrocken: zart gewürzter Fisch wie Forelle in Sahnesauce, Ziegenkäse-Soufflé
süß: Tarte Tatin, gedörrte Birnen, Aprikosen- und Pfirsichtartes, Nußdesserts

W

WACHAU

ÖSTERREICH (aromatischer, intensiver, trockener Weißwein):
Forelle, Hecht, Karpfen und andere Süßwasserfische, Schaltiere, Schwein, Räucherschinken, Pasta mit Pesto und Sahnesaucen, Hühnergerichte mit Kräutern

WHITE ZINFANDEL

KALIFORNIEN (halbtrockener, mittelschwerer Roséwein):
als Aperitif oder zu Garnelencocktail

Z

ZINFANDEL

KALIFORNIEN (aromatischer, wuchtiger Rotwein):
kräftige scharf gewürzte Gerichte (auch mit einem Hauch von Süße, z. B. Barbecue Sauce mit Spare Ribs), Wildeintopf, Thanksgiving Turkey und seine traditionellen Beilagen, Steak mit Senf und Sojasauce, Ratatouille, gefüllte Paprikaschoten, Antipasti mit Anchovis und Oliven, außerdem sogar ein dunkler Schokoladenkuchen

WEIN ZUM ESSEN

A

AAL, GERÄUCHERT:
pikanter trockener Sherry Fino, neuseeländischer Sauvignon

AIOLI:
rassiger, trockener Weiß- oder Roséwein wie Soave Classico oder Rosé aus der Provence

ANCHOVIS, GESALZEN:
schwierig, aber probieren Sie Fino oder Manzanilla, weißen Ribeiro, spanischen Rosé oder Muscadet sur lie

ANTIPASTI:
unkomplizierter italienischer Rot- oder Weißwein wie Dolcetto oder Verdicchio, oder probieren Sie einen jungen, trockenen Rosé

APPLE PIE ODER APFELKRAPFEN:
Riesling Beerenauslese oder süßer Chenin Blanc wie Coteaux du Layon

ARTISCHOCKEN:
pikanter Weißwein, z. B. ein moderner griechischer oder ungarischer Weißwein, neuseeländischer Sauvignon, junger weißer Rioja oder rassiger Chardonnay

AUBERGINE, GEFÜLLT:
aromatischer, pflanzlicher Rotwein wie Bandol oder Côtes du Roussillon

AUFSCHNITTPLATTE:
süffiger, junger Rotwein wie Beaujolais, Chinon, Côtes du Rhône oder chilenischer Cabernet Sauvignon, oder probieren Sie einen Schweizer Pinot Noir oder Dôle

AUSTERN:
rassiger oder schäumender trockener Weißwein wie Chablis, Muscadet oder Champagner

AVOCADO MIT VINAIGRETTE ODER ALS SALAT:
sauberer, rassiger Weißwein, besonders Sauvignon, z. B. aus Neuseeland, oder Champagner brut ohne Jahrgang, Chablis oder ein anderer junger Chardonnay

B

BACKPFLAUMEN:
konzentrierter süßer aufgespriteter Wein wie Banyuls oder Tawny Port oder sogar Sauternes

BAISER:
Recioto di Soave, Muscat de Rivesaltes oder Asti

BANANEN, GEBRATEN, FLAMBIERT ODER FRITIERT:
harmonischer süßer Weißwein wie Loupiac oder Muscat de Beaumes-de-Venise

BARSCH, GEGRILLT:
komplexer trockener, nicht zu fruchtiger Weißwein, z. B. reifer Chablis oder Roero Arneis, zur Not roter Chinon

BAUCHSPECK, GEKOCHT:
fruchtiger, weicher Rotwein wie kalifornischer Pinot Noir, Beaujolais-Villages, junger Tempranillo oder preiswerter Shiraz

BIRNEN IN ROTWEIN:
aufgespriteter süßer Rotwein wie Banyuls oder Rivesaltes oder Weißwein wie deutsche Riesling Beerenauslese

BISONSTEAK:
Spitzen-Pomerol oder Merlot aus Übersee oder australischer Shiraz oder Cabernet Sauvignon

BLÄTTERTEIGGEBÄCK, SÜSS:
süßer weißer Schaumwein wie Asti oder gehaltvoller Champagner

BLAUSCHIMMELKÄSE:
voller, süßer Rot- oder Weißwein – Portwein, Recioto, Sauternes, Bual Madeira

BLINIS:
erfrischender, schäumender Wein der Luxusklasse wie Champagner

BLUTWURST:
mittelschwerer bis körperreicher Rotwein, z. B. junger roter Bordeaux oder Cabernet aus Übersee

BŒUF À LA BOURGUIGNONNE:
körperreicher Pinot Noir, z. B. Gevrey-Chambertin oder aus Westaustralien

BOHNENEINTOPF:
voller, würziger Rotwein wie australischer Shiraz oder Fitou

BOUILLABAISSE:
mittelschwerer bis voller, trockener Rosé wie Tavel oder Rioja Rosado oder ein pflanzlicher französischer Weißwein

BRANDADE (STOCKFISCHMUS):
kräftiger, voller, trockener Weißwein, z. B. Chablis Premier Cru oder ein junger leichter Rotwein, z. B. Sancerre

BREAD AND BUTTER PUDDING (ENGLISCHER BROT-UND-BUTTER-PUDDING):
voller, süßer Wein wie Sauternes, Sainte-Croix-du-Mont, australischer botrytisbetonter Semillon oder süßer österreichischer Wein

BRATEN AUS DUNKLEM FLEISCH:
Rotweine höchster Qualität

BRESÀOLA (GERÄUCHERTES, GESALZENES RINDERFILET):
saftiger, mittelschwerer italienischer Rotwein wie junger Chianti oder Valpolicella Classico

BRIES:
feiner, trockener Weißwein wie Burgunder, Jahrgangs-Champagner oder reifer halbtrockener Rheingauer Riesling

BROCCOLI MORNAY:
meiden Sie grasige Sauvignons oder Cabernets – probieren Sie Muscadet sur lie oder Mâcon Blanc Villages

BROMBEER-APFEL-AUFLAUF:
erfrischender, sehr süßer Weißwein, z. B. neuseeländischer botrytisbetonter Riesling oder österreichischer Ausbruch

BÜCKLING:
Islay Malt Whisky oder pikanter Manzanilla

C

CAESAR-SALAT:
aromareicher Weißwein, besonders Chardonnay, z. B. aus Kalifornien oder New York State

CANNELLONI:
mittelschwerer Rotwein wie Chianti Rufina, Montepulciano d'Abruzzo, Parrina oder kalifornischer Sangiovese

CARPACCIO:
frischer Rotwein, z. B. Dolcetto, feiner toskanischer Rotwein wie Carignano oder Rosé-Champagner

CASSOULET:
intensiver, fruchtiger Rotwein, z. B. Morgon, oder ein etwas kräftigerer, z. B. Cahors, Corbières, Copertino

CEVICHE (MARINIERTER ROHER FISCH):
sehr frischer Sauvignon, z. B. aus Chile oder Neuseeland, oder trockener Vinho Verde

CHÂTEAUBRIAND:
großer, eleganter Rotwein wie reifer Bordeaux oder ein Pendant aus Übersee

CHILI CON CARNE:
körperreicher, würziger Rotwein, z. B. Zinfandel oder Shiraz

CHINESISCHE GERICHTE:
rassiger aromatischer Weißwein wie Riesling Kabinett, Gewürztraminer, neuseeländischer Sauvignon Blanc oder leichte Rotweine wie die leichteren badischen Spätburgunder oder Pomerol

CHORIZO (SPANISCHE SCHWEINSWÜRSTCHEN):
fruchtig-würziger Rotwein: Navarra, Pinotage oder Grenache

CHOUCROUTE:
spritziger, aromatischer Weißwein wie elsässischer Riesling, Pinot Blanc oder ungarischer Furmint

CHOWDERS (DICKE SUPPEN AUS MEERESFRÜCHTEN):
volle, buttrige Weißweine, z. B. kalifornischer oder südfranzösischer Chardonnay

CHRISTMAS PUDDING (ENGLISCHER WEIHNACHTSPUDDING):
Asti oder voller, süßer aufgespriteter Wein, z. B. Muskateller-Likörwein, Málaga oder Banyuls

CONSOMMÉ:
trockener aufgespriteter Wein, z. B. Sherry Fino oder Amontillado oder Sercial Madeira

COQ AU VIN:
roter Burgunder oder kalifornischer Pinot Noir der Spitzenklasse

CORNISH PASTY:
einfacher mittelschwerer Rotwein wie Sangiovese di Romagna oder Valdepenas

COUSCOUS:
würziger Rotwein, Shiraz, Petite Sirah oder gutgekühlter trockener Rosé oder Rotwein aus dem Libanon oder Marokko

CRÈME BRÛLÉE:
voller Süßwein: Sauternes, botrytisbetonter Sémillon, aufgespriteter Muskateller oder österreichischer Ausbruch

CRÈME CARAMEL:
volle, süße, sogar aufgespritete Weine wie für Crème brûlée

CRÊPES SUZETTE:
erfrischender, süßer Weißwein wie Orangenmuskateller, Asti oder schäumender Vouvray

CROQUE MONSIEUR:
körperreicher, fruchtiger trockener Weißwein wie australischer Chardonnay oder leichter Rotwein wie Beaujolais oder Dôle

CURRYS:
aromatische und würzige oder fruchtige Weißweine, z. B. Chardonnay aus Übersee, oder Marsanne, trockener Muskateller, Gewürztraminer oder tanninarme Rotweine wie Shiraz oder Rioja Crianza
mit Limetten und Kokosnuß gewürzt: stark aromatische Weißweine wie Gewürztraminer oder australischer Verdelho oder Riesling

D

DATTELPUDDING, ENGLISCH:
voller, süßer, aufgespriteter Wein wie Muskateller-Likörwein, Málaga oder PX-Sherry

DIM SUM:
spritziger, trockener Weißwein wie chilenischer Sauvignon, australischer Riesling, Mosel Kabinett, Champagner

E

EIER:
am besten mit einem trockenen Schaumwein zum Brunch, oder nicht zu stark barriquebetontem Chardonnay oder mittelschwerem Pinot Blanc

EIERCREMETORTE:
süßer Weißwein wie Muscat de Beaumes-de-Venise oder Monbazillac

EISCREME:
aufgespriteter Muskateller, z. B. australischer Likör-Muskateller oder Muscat de Beaumes-de-Venise

ENTE:
generell: voller Rotwein mit Wildaroma wie Nuits-Saint-Georges, Pomerol, Carneros Pinot Noir, Salice Salentino oder australischer Shiraz
mit Orange: reifer trockener oder halbsüßer Weißwein, z. B. australischer Chardonnay, Pfälzer Auslese oder sogar Barsac
geräuchert: weißer Burgunder oder Vin de Pays de l'Ardèche Chardonnay, jedoch kein Chardonnay aus Übersee

ERDBEEREN:
mit Zucker und Sahne: Sauternes oder Mosel Beerenauslese und ihre Pendants aus Übersee oder süßer Loire-Wein wie Coteaux du Layon
mit Walderdbeeren (einfach): Margaux oder ein anderer feiner Rotwein

F

FAGGOTS (FRIKADELLEN AUS INNEREIEN):
mittelschwerer, saftiger Rotwein wie Gaillac oder Barbera

FASAN:
feiner reifer Rotwein, besonders Pomerol oder Saint-Émilion

FISCH VOM GRILL:
australischer Semillon mit oder ohne Barrique

FISCHFRIKADELLEN:
rassiger aromatischer Weißwein wie neuseeländischer Sauvignon oder Chablis oder junger Chardonnay

FISCH-PIE:
mittelschwerer bis körperreicher Weißwein wie elsässischer, badischer oder österreichischer Pinot Blanc oder Chardonnay

FISCHE, FRITIERT:
rassiger, trockener Weißwein, z. B. Muscadet, Touraine Sauvignon oder Orvieto

FLEISCHBÄLLCHEN:
mittelschwerer Rotwein wie Chianti Classico, Côtes du Rhône oder Minervois

FONDUE, FLEISCH:
voller, saftiger Rotwein wie Morgon oder Cabernet aus Kalifornien oder Coonawarra

FONDUE, KÄSE:
gutstrukturierter, reifer Weißwein, z. B. kalifornischer Chardonnay oder Sauvignon aus Übersee

FORELLE:
mittelschwerer bis körperreicher trockener Weißwein, z. B. Graves oder Chablis, oder leichter, halbtrockener deutscher Riesling oder trockener österreichischer Weißwein

FRANKFURTER WÜRSTCHEN:
leichter, fruchtiger Rotwein wie deutscher Spätburgunder oder elsässischer Pinot Noir

FRUCHTPUDDING, ENGLISCH:
süße Loire-Weine (z. B. Bonnezeaux oder Quarts de Chaume) oder süße Rieslinge (in der Art einer Beerenauslese) aus Deutschland, Österreich, Australien, Neuseeland, Kanada

FRUCHTSALAT ODER -KOMPOTT:
süßer, traubiger oder schäumender Weißwein, z. B. Muscat de Rivesaltes, oder Asti oder Moscato spumante

G

GANS:
reifer Rotwein mit Wildaromen wie Pomerol, Morey-Saint-Denis, Côte Rôtie oder Shiraz oder Pfälzer oder Rheingauer Riesling Spätlese

GARNELEN (PRAWNS):
feiner trockener Weißwein wie Burgunder und seine Pendants aus Übersee oder Graves oder Sauvignon aus Übersee als Kontrast

GAZPACHO:
Sherry Fino oder Manzanilla oder junger Sauvignon

GEMÜSETERRINE:
rassiger, trockener, aromatischer Weißwein wie australischer Riesling oder Vouvray

GLATTROCHEN:
kraftiger, trockener Weißwein wie elsässischer Riesling, Chardonnay mit leichtem Barriqueton oder Sauvignon Blanc

GNOCCHI:
leichter italienischer Wein, z. B. weißer Pinot Grigio oder roter Merlot oder Valpolicella

GOUGÈRE (KÄSEGEBÄCK):
weicher, recht voller trockener Weißwein wie reifer Graves, Mâcon-Villages oder Tokay-Pinot Gris

GRAPEFRUIT:
am besten Wein meiden, sonst Gros Plant, Pouilly-Fumé, knochentrockener Vinho Verde

GRAVAD LAX:
Mosel Riesling Kabinett, Spitzen-Chardonnay aus Übersee oder Champagner Blanc de Blancs

GUACAMOLE:
aromatischer, rassiger, trockener Weißwein, z. B. neuseeländischer (oder ähnlicher) Sauvignon oder trockener Muskateller oder Champagner ohne Jahrgang

GULASCH:
recht kräftiger, fruchtiger Rotwein, z. B. Costières de Nîmes, Primitivo, junger Tempranillo

H

HÄHNCHEN:
allgemein: viele Arten von Rot- und Weißwein – je festlicher das Essen, desto größer der Wein, vom roten Bergerac bis zum weißen Saint-Véran, bis hin zu reifen Bordeaux-Rotweinen wie Pomerol
geräuchert: Chardonnay aus dem Barrique – Übersee, Vin de Pays, Mâcon oder Côte Chalonnaise

HASE:
feiner körperreicher roter Burgunder mit Wildaroma wie Morey-Saint-Denis, Vosne-Romanée oder Nuits-Saint-Georges oder Ribera del Duero oder Barbaresco

HASELNUSS-BUTTER-PLÄTZCHEN:
konzentrierter süßer Weißwein, z. B. Chenin Blanc von der Loire oder aufgespriteter Muskateller

HERING:
rassiger, nicht zu anspruchsvoller Weißwein wie Muscadet sur lie oder Aligoté
mariniert: deutscher Riesling Kabinett oder Sherry Fino

HERZ, GEFÜLLT:
körperreicher Rotwein wie Shiraz-Cabernet, Bairrada oder Saint-Joseph

HIMBEEREN:
Rheingauer oder Pfälzer Riesling oder saftiger, junger roter Beaujolais-Villages

HUMMER:
feiner, körperreicher Weißwein wie Spitzen-Chardonnay, besonders Burgunder, Condrieu, reifer weißer Graves oder Rosé-Champagner, wenn in üppiger Sauce

HUMMUS (KICHERERBSENMUS):
sehr rassiger trockener Weißwein aus Griechenland oder Ungarn

I

INGWER:
in Currys und Süßspeisen – Muskatellerweine

IRISH STEW:
aromareicher junger Rotwein wie Vin de Pays d'Oc oder Côtes du Ventoux

J

JAKOBSMUSCHELN:
feiner, halbtrockener oder trockener Weißwein wie Burgunder, halbtrockener Vouvray oder Champagner

JAMBALAYA:
kerniger, rassiger, trockener Weißwein, vor allem Sauvignon Blanc, z. B. Sancerre oder neuseeländischer

JOGHURT (WÜRZIGE SPEISEN):
Übersee-Chardonnay

K

KABELJAU:
nicht zu fruchtiger, mittelschwerer bis körperreicher Weißwein wie Mâcon oder weißer Rhônewein

KÄNGURUH:
hocharomatischer, reifer Rotwein, z. B. Shiraz, australischer oder kalifornischer Cabernet oder Saint-Émilion

KÄSE:
siehe Seite 22

KÄSEKUCHEN:
kalifornischer Muskateller, Sauternes oder ein anderer botrytisbetonter Sémillon oder Asti

KALBFLEISCH:
feiner, trockener Weißwein wie Vouvray, Burgunder oder elsässischer Tokay-Pinot Gris, oder reifer, großer Rotwein, z. B. Burgunder wie Pommard oder Bordeaux, z. B. Margaux

KALBSLEBER:
mittelschwerer bis körperreicher, fruchtiger Rotwein wie Rioja Crianza, Morgon (oder ein anderer Beaujolais Cru), Salice Salentino

KALDAUNEN:
fruchtiger Rotwein wie Anjou Rouge oder Côtes du Vivarais oder pikanter trockener Weißwein wie Pouilly-Fumé

KANINCHEN:
lebendiger, mittelschwerer Rotwein wie Chinon oder Chiroubles oder würzigere Rotweine wie Aglianico del Vulture oder Côtes du Frontonnais

KAVIAR:
reifer Champagner mit oder ohne Jahrgang

KEBAB MIT FLEISCH:
herzhafte, fruchtige Rotweine, z. B. Tempranillo, Zinfandel, Douro oder Alentejo

KEDGEREE (INDISCHES FISCHRAGOUT):
körperreicher Weißwein wie Mâcon oder südafrikanischer Chardonnay oder Pinot Blanc oder Schaumwein

KIRSCHKUCHEN:
lebendiger süßer Wein aus dem Loiretal wie Coteaux du Layon oder deutsche Riesling Beerenauslese oder kalifornischer Roter Muskateller

KÜRBIS, GEFÜLLT:
fruchtiger, trockener Weißwein wie südafrikanischer Chenin, australischer Chardonnay oder Verdelho oder Riesling – oder passend zur Füllung

L

LACHS:
feiner, vollmundiger, trockener Weißwein wie Chablis, Champagner, Chardonnay aus dem Elsaß oder Übersee oder leichterer Rotwein wie Bourgueil oder Pinot Noir aus Übersee

LAMM, GEBRATEN:
feiner, reifer Rotwein wie Bordeaux, seine Pendants in der Neuen Welt und Rioja
geschmort: herzhaftere Rotweine, z. B. Nemea, Rioja Crianza, Corbières

LASAGNE:
fruchtiger, mittelschwerer bis voller Rotwein wie Rosso di Montalcino, rumänischer Cabernet oder Primitivo

LAUCHAUFLAUF:
würziger, trockener Weißwein, z. B. elsässischer oder ungarischer Gewürztraminer oder australischer Riesling

LINSENBRATLINGE:
sehr herzhafter Rotwein, z. B. Valdepenas oder Teroldego Rotaliano, oder weißer Châteauneuf-du-Pape

LEBER, GESCHMORT:
kräftiger Rotwein wie Bairrada oder Languedoc
gebraten: feiner, leichterer Rotwein wie Pinot Noir oder Rioja (siehe auch Kalbsleber)

LYCHEES:
spät gelesener elsässischer Gewürztraminer

M

MAISKOLBEN:
körperreicher Chardonnay aus dem Barrique, z. B. kalifornischer, elsässischer oder ungarischer Pinot Gris

MAKRELE:
erfrischend säurereicher, trockener Weißwein wie Muscadet, Gaillac, Vinho Verde oder junger italienischer Weißwein

MANDELKUCHEN:
süßer Weißwein, z. B. Coteaux du Layon, Muscat de Rivesaltes, australischer, botrytisbetonter Semillon oder Setúbal Moscatel

MANDELN, GESALZEN:
pikanter, trockener Aperitif, z. B. Sherry Fino oder Sercial Madeira

MAYONNAISE:
Chardonnay mit ausreichend Säure

MEERESFRÜCHTE:
rassiger, trockener Weißwein, still oder schäumend, wie Muscadet sur lie, Chablis, Bergerac, Champagner, Sauvignon Blanc aus Übersee oder Chardonnay ohne Barrique oder mit schwachem Barriqueton

MELONE:
halbsüßer schäumender Clairette de Die, Moscato spumante oder Portwein

MERGUEZ-WÜRSTCHEN:
würziger körperreicher Rotwein oder Rosé wie Grenache, Shiraz oder Rioja Rosado

MINCE PIES (ENGLISCHE WEIHNACHTSPASTETCHEN):
Muskateller-Likörwein

MINESTRONE:
körperreicher, trockener Weißwein, z. B. Côtes du Rhône Blanc, Corbières oder Marsanne oder Chianti

MIXED GRILL:
Rotweine wie junger Bordeaux, bulgarischer Cabernet oder Beaujolais-Villages

MOKKATORTE ODER -EIS:
süße Muskatellerweine, besonders aufgespritete wie Rutherglen Likör-Muskateller

MONKFISH (HIMMELSGUCKER):
körperreicher, trockener Weißwein, z. B. kalifornischer Chardonnay oder Puligny-Montrachet oder auch kalifornischer Pinot Noir

MOORHUHN:
reifer, feiner Rotwein wie Echézeaux, Hermitage, Barbaresco, Spitzen-Toskaner oder Amarone

MOUSSAKA:
mittelschwerer bis körperreicher Rotwein, z. B. Saint-Chinian, oder andere südfranzösische Rotweine, toskanische Rotweine, Rioja Crianza, Naoussa

MUSCHELN:
spritziger, trockener Weißwein wie Muscadet, Chablis oder Verdicchio

N

NIEREN:
mittel- bis vollwürziger Rotwein wie Nuits-Saint-Georges, Crozes-Hermitages, Barbera aus dem Barrique oder reifer Shiraz

NUDELN, JAPANISCH
leichter, spritziger, trockener oder halbtrockener Riesling oder Sherry Fino

NÜSSE:
süßer, aufgespriteter Wein wie Madeira, Tawny Port oder Sherry Oloroso

O

OCHSENSCHWANZ:
wuchtiger Rotwein, z. B. Châteuneuf-du-Pape, Ribera del Duero, Shiraz, Brunello di Montalcino

OCTOPUS:
pflanzlich-würziger Rot- oder Weißwein, z. B. aus der Provence, Griechenland oder Rioja

OLIVEN:
Sherry Fino oder Manzanilla oder Riesling
in einem Gericht gegart: pflanzliche Rotweine, z. B. aus der Provence

OMELETT:
rassiger, dabei weicher trockener Weißwein, z. B. badischer Weißburgunder oder elsässischer Pinot Blanc

ORANGE, KARAMEL/SÜSS-SPEISE/KUCHEN:
voller, intensiver Süßwein, z. B. Sauternes oder Barsac oder andere botrytisbetonte Weißweine, Muskateller aus Übersee, Muscat de Beaumes-de-Venise, Setúbal Moscatel
in Gelee oder Obstsalat: Asti

OSSO BUCO:
tanninarmer Rotwein: Dolcetto d'Alba oder Bourgogne Rouge, oder vollmundiger, aromatischer Weißwein wie Hermitage

P

PAELLA:
trockener, recht vollmundiger Rosé, z. B. Navarra, Provence, Tavel

PAPRIKASCHOTEN, GEBRATEN ODER GEFÜLLT:
körperreicher, würziger, fruchtiger Rotwein, z. B. Zinfandel oder Rioja Crianza, oder würziger, trockener Weißwein, z. B. australischer Riesling oder Semillon

PASTA MIT SAHNESAUCEN:
leichter bis mittelschwerer, trockener Weißwein wie Alto Adige Chardonnay oder Schweizer Chasselas
mit Fleischsaucen: mittelschwerer bis körperreicher Rotwein, z. B. Dolcetto, Salice Salentino oder Chianti Classico

PÂTÉS:
fruchtiger roter Beaujolais Cru oder südfranzösischer Rotwein oder halbtrockener Weißwein, z. B. deutscher Riesling oder Scheurebe Auslese

PAVLOVA:
süßer weißer Schaumwein, z. B. Asti, oder vollmundiger Champagner oder Trockenbeerenauslese

PEKANNUSS-PIE:
aufgespriteter Weißwein, z. B. Muskateller-Likörwein oder Malmsey Madeira

PERLHUHN:
eleganter Pinot Noir wie Volnay oder Oregon oder reifer weißer Burgunder

PESTO UND PASTA:
rassiger, aromatischer Weißwein, z. B. ungarischer Hárslevelü, Savennières, Chardonnay ohne Barrique, argentinischer Torrontes, oder reifer, stoffiger roter Saint-Émilion

PETERSFISCH:
körperreicher klassischer Chardonnay, besonders Burgunder und kalifornische Spitzenweine
mit Sahnesauce: elsässischer Pinot Gris oder Ruländer

PFLAUMENKUCHEN:
Riesling Beerenauslese oder zarter, süßer Roter Muskateller

PILZE:
runder, aromareicher, reifer Rotwein, z. B. Burgunder, Rioja oder Bordeaux, oder weißer Châteauneuf-du-Pape

PIZZA:
frischer, fruchtiger Rotwein oder rassiger, mittelschwerer Weißwein, z. B. Chianti Rufina, kalifornischer Sangiovese, Refosco oder Chardonnay

PROFITEROLES (KLEINE WINDBEUTEL):
konzentrierter Süßwein: österreichischer Ausbruch, Muscat de Beaumes-de-Venise, Orangenmuskateller

PROSCIUTTO:
leichter bis mittelfruchtiger Rotwein, z. B. Fleurie, Barbera, Valpolicella Classico, Sancerre oder Rosé-Champagner oder leichter trockener Weißwein wie Pinot Grigio

PUMPKIN PIE (SÜSSES KÜRBISMUS):
sehr süßer Weißwein, z. B. botrytisbetonter Semillon aus Übersee

Q

QUICHE:
Chardonnay inklusive gute Burgunder, oder trockener Pinot Gris oder Bergerac Blanc

R

RATATOUILLE:
aromatischer, körperreicher südfranzösischer Rotwein, z. B. Fitou, oder Zinfandel oder trockener Weiß- oder Roséwein mit ausreichend Säure

REBHUHN:
feiner, reifer Rotwein, z. B. Côte de Nuits, klassifizierter Bordeaux, Rhônewein oder Brunello

RHABARBERCREME ODER -AUFLAUF:
botrytisbetonter oder spät gelesener Riesling aus Deutschland, Österreich, Kanada, Australien oder Neuseeland

RINDERFILET WELLINGTON:
hochfeiner, reifer Rotwein wie Bordeaux oder Merlot oder argentinischer Cabernet Sauvignon oder Malbec

RISOTTO ALLA MILANESE:
leichter, zarter, rassiger Weißwein wie Pinot Bianco, Soave Classico oder Favorita

ROHKOSTPLATTE:
frischer, trockener Weißwein wie Pinot Blanc, Pinot Grigio oder elsässischer Muskateller

ROQUEFORT:
intensiv süßer Wein, vor allem Sauternes und Nachbarn

ROTBARBE:
geschmacksintensiver, trockener Weißwein oder leichter Rotwein wie Chinon, elsässischer Pinot Noir oder Sancerre oder Pinot Noir aus Übersee

RÜHREIER:
erfrischender weißer Schaumwein, am besten Champagner

S

SACHERTORTE:
konzentrierter, vollmundiger oder aufgespriteter süßer Weißwein wie österreichische Beerenauslese, deutsche Trockenbeerenauslese oder Muscat de Beaumes-de-Venise

SALATE:
Sauvignon, Riesling, Pinot Grigio oder portugiesische Weißweine der Neuen Welle wie Fernão Pires oder trockene Roséweine oder leichte Rotweine wie junger Chianti oder Gamay

SALAMI:
leichter, fruchtiger Rotwein, z. B. Bardolino, Anjou Rouge oder Beaujolais, oder trockener australischer Riesling

SARDINEN:
sehr rassiger, trockener Weißwein wie Vinho Verde, Soave Classico oder Mauzac Vin de Pays

SATEH:
Übersee-Chardonnay aus dem Barrique oder Gewürztraminer

SAUERKRAUT:
erfrischender, ausdrucksvoller, trockener Weißwein wie Mosel Riesling Kabinett oder Scheurebe Kabinett halbtrocken

SCAMPI:
klassischer Burgunder Weißwein oder aromatischer trockener Albarino

SCHELLFISCH, GERÄUCHERT:
guter, in Eiche gereifter Weißwein ohne zu starken Barriqueton, z. B. Graves oder Chardonnay aus Übersee, oder rassiger Sauvignon als Kontrast, zur Not trockener Rosé aus dem Languedoc

SCHINKEN:
mittelschwerer Rotwein wie Chinon, Givry oder kalifornischer Pinot Noir oder Weißwein wie Côte Chalonnaise

SCHMORGERICHTE MIT FLEISCH:
kräftiger Rotwein wie kalifornischer Cabernet oder Zinfandel, Bairrada, Hermitage oder Copertino
Hähnchen in Rotwein: Côte Chalonnaise Pinot Noir
Lamm: osteuropäischer Cabernet, Nemea, Naoussa oder Côtes du Rhône
Rind: Gevrey-Chambertin, Vosne-Romanée, Cornas, Barolo

SCHOKOLADE:
aufgespriteter Süßwein: Málaga, Muskateller-Likörwein oder 10 Jahre alter Tawny Port
zu Schokoladen-Süßspeisen: Muscat de Beaumes-de-Venise, jüngerer Sauternes

SCHOLLE:
sauberer, trockener Weißwein wie Pinot Blanc, Chablis oder Riesling Kabinett halbtrocken

SCHWARZWÄLDER TORTE:
intensiv süßer Weißwein wie Trockenbeerenauslese oder als Kontrast australischer Shiraz-Schaumwein

SCHWEINEBRATEN:
viele mittelschwere bis volle Rotweine, besonders Rioja, oder körperreiche Weißweine wie kalifornischer Chardonnay

SCHWERTFISCH:
körperreicher trockener Weißwein, z. B. kalifornischer Chardonnay, Barossa oder Hunter Semillon oder australischer Marsanne aus dem Barrique

SEEZUNGE:
feiner Weißwein wie Burgunder und seine Pendants in Übersee, Graves oder Arneis

SHEPHERD'S PIE:
fruchtiger, pfeffriger Rotwein wie Vin de Pays Syrah oder Côtes du Roussillon

SIRUPKUCHEN:
wuchtiger, sehr süßer oder aufgespriteter Wein, z. B. Muskateller-Likörwein, Malmsey Madeira oder Moscatel de Valencia

SORBETS:
leichter, süßer weißer Schaumwein, z. B. Moscato d'Asti, Asti oder Clairette de Die

SOUFFLÉS:
Käse: feiner Rot- oder Weißwein wie Bordeaux oder Burgunder
Fisch: Graves oder weißer Burgunder
süß: spät gelesener Weißwein, z. B. Gewürztraminer Sélection de grains nobles

SPAGHETTI:
mit Fleischsaucen: lebendiger, fruchtiger Rotwein wie Chianti Classico oder Montepulciano d'Abruzzo
carbonara oder mit Sahnesaucen: frischer, rassiger Weißwein, z. B. Pinot Grigio oder Collio

SPARGEL:
rassiger Sauvignon, z. B. aus Chile, Constantia, Bergerac oder Bordeaux
mit zerlassener Butter: Mosel Kabinett oder junger Chardonnay, inklusive Burgunder oder Chablis, oder probieren Sie roten Cabernet Franc wie Anjou-Villages

SPINATSOUFFLÉ ODER -QUICHE:
körperreicher frischer, trockener Weißwein wie Chardonnay aus Übersee, zur Not tanninarmer Rotwein wie Beaujolais

STACHELBEERCREME:
süßer Riesling – botrytisbetont aus Australien oder Neuseeland, deutsche Beerenauslese oder österreichischer Ausbruch

STEAK:
kraftvoller Rotwein wie Cabernet Sauvignon der Spitzenklasse, Shiraz, Rhône, Nebbiolo oder Sangiovese

STEINBUTT:
feiner, trockener Weißwein wie reifer Chablis oder Burgunder von der Côte d'Or und ihre Pendants in Übersee oder weißer Hermitage oder Condrieu

STILTON:
aufgespriteter, süßer Rotwein, z. B. Vintage oder Tawny Port oder Banyuls, oder wuchtiger, trockener Rotwein wie Ribera del Duero oder rassiger Sauvignon Blanc als Kontrast

STOPFLEBER:
intensiv süßer Weißwein wie elsässischer Pinot Gris, Sauternes, Jurançon, Tokajer, Recioto di Soave oder roter Shiraz-Schaumwein

STUBENKÜKEN:
wie Hähnchen, aber eher Weißweine

SUMMER PUDDING (BEEREN-SOMMERPUDDING):
Mosel Beerenauslese, österreichischer Ausbruch oder junger roter Banyuls

SUPPEN:
trockener Sherry oder ein zu den Hauptzutaten passender Wein

SUSHI:
rassiger, halbtrockener oder trockener Weißwein, z. B. deutscher Riesling Kabinett, trockener australischer Riesling, Champagner oder chilenischer Sauvignon

T

TAPAS:
pikanter, trockener Weißwein oder Rosé, z. B. Sherry Fino oder Sancerre, oder provenzalischer Rosé

TARAMOSALATA:
Retsina oder säurereicher trockener Weißwein wie Sauvignon Blanc aus Übersee oder rassiger, trockener Rosé

TARTE TATIN MIT ANANAS:
intensiver, süßer Weißwein mit ausreichend Säure wie Coteaux du Layon oder neuseeländischer spät gelesener Riesling

TASCHENKREBS:
feiner, körperreicher Weißwein, z. B. Côte de Beaune, Viognier, Riesling Spätlese, Jahrgangs-Champagner

TAUBE:
wuchtiger, reifer Rotwein, z. B. Côte de Nuits, Crozes-Hermitages oder toskanischer Sangiovese

TEMPURA:
rassiger, trockener Weißwein, z. B. Sancerre oder Chablis

THAI-GERICHTE:
rassiger, trockener Weißwein, vor allem Sauvignon Blanc von der Loire oder aus Neuseeland

THUNFISCH:
weiche Rotweine, z. B. Pinot Noir oder Merlot aus Übersee oder Chinon, oder vollmundiger Weißwein wie kalifornischer Chardonnay

TINTENFISCH:
erfrischender, trockener Weißwein wie Bianco di Custoza oder Pinot Blanc oder aromareicher Rotwein, z. B. Navarra oder Carignano del Sulcis

TIRAMISU:
intensiv süßer Weißwein, z. B. Muscat de Rivesaltes, Frontignan oder Sauternes

TOAD IN THE HOLE (WÜRSTE IN PFANNKUCHENTEIG):
herzhafter roter Bairrada, Navarra oder Cabernet-Shiraz

TOMATEN:
rassiger Sauvignon oder Vin de Pays des Côtes de Gascogne oder pikanter Rotwein wie Barbera

TRIFLE:
süßer Sherry oder süßer botrytisbetonter Weißwein wie australischer Semillon

TRUTHAHN:
viele Rot- und Weißweine, von Burgunder bis Shiraz-Schaumwein, feinere Weine zu festlichen Gelegenheiten

V

VICHYSSOISE:
rassiger, trockener Weißwein, z. B. Vin de Pays des Côtes de Gascogne

VITELLO TONNATO:
körperreicher, trockener Weißwein, besonders Chardonnay, z. B. Rully oder Carneros

W

WACHTELEIER:
Champagner Blanc de Blancs oder überwiegend aus Chardonnay oder leichter, spritziger, trockener weißer Stillwein

WACHTELN:
feiner, nicht zu schwerer Rotwein, z. B. Pinot Noir aus Übersee, reifer Bordeaux oder Rioja, oder auch Carmignano

WALNÜSSE:
feiner, reifer aufgespriteter Wein, z. B. Tawny Port, Madeira oder süßer Sherry Oloroso

WEINBERGSCHNECKEN:
spritziger, aromareicher, trockener Weißwein wie Aligoté oder Chablis oder trockener Rosé oder junger Rotwein wie Chianti

WILD:
erlesene mittelschwere bis körperreiche Rotweine, besonders Pinot Noir, inklusive Burgunder, und Syrah, inklusive Rhôneweine

WILDPASTETE:
reifer mittelschwerer bis körperreicher Rotwein wie feiner Bordeaux, Rioja Reserva, Ribera del Duero, Crozes-Hermitage oder roter Burgunder

WILD, SCHMORGERICHTE:
körperreicher Rotwein, z. B. Hermitage, Gevrey-Chambertin, Barbaresco oder Barossa Shiraz

WILDSCHWEIN:
reifer deutscher Riesling, besonders Rheingau Auslese oder Spätlese, oder viele Rotweine wie Pommard oder kalifornischer Pinot Noir, toskanischer Sangiovese oder Cabernet, Pomerol, Bairrada oder Shiraz

WOK-GERICHTE AUS GEMÜSE, MEERESFRÜCHTEN, HÄHNCHEN ODER SCHWEIN:
rassiger, leichter Weißwein

WÜRSTE:
herzhafter Rotwein, z. B. osteuropäischer Cabernet, Côtes du Rhône, Corbières, Zinfandel, Shiraz

Z

ZABAGLIONE:
Asti oder süßer Marsala

ZIEGENKÄSESALAT ODER -SOUFFLÉ:
Loire-Sauvignon (Pouilly-Fumé oder Sancerre), Sauvignon aus Übersee oder Cabernet Franc von der Loire

ZITRONENKUCHEN UND -SOUFFLÉ
botrytisbetonter Riesling und Riesling Eiswein aus Übersee oder jüngere Sauternes oder ähnliche

ZUNGE:
fruchtiger Rotwein wie Saumur-Champigny oder Beaujolais Cru oder körperreicher, trockener Rosé, z. B. Tavel

ZWIEBELKUCHEN:
aromatischer, fruchtiger, trockener Weißwein aus dem Elsaß oder Colombard, Sauvignon oder Chardonnay aus Übersee

REGISTER

A

Aal, geräuchert 150
Aale 118
Aalragout mit Weißwein 88
Abalone 126
Abbacchio 94
Acordas 104
Adelaide Hills 12, 54
Aglianico del Vulture 90, 92, 144
Aguti 126
Ahornsirup 121
Aioli 150
Albana di Romagna 94
Albariño 19, 102
Alella 100
Alentejo 82, 103 ff.
Aligoté 12, 37, 144
Alto Adige 144
Amarone 144
Amerika 122 ff.
Amigne 110
Amontillado 144
Ampurdán 100
Anchoiade 86
Anchovis 13, 70, 82, 86
Anchovis, gesalzen 150
Andalusien 100 f.
Andouilles 88
Anjou Rouge 144
Anjou Villages 70
Antipasti 71, 150
Aperitif 40, 58, 61 f.
Äpfel 112
Apfeldesserts 59
Apfelkrapfen 150
Äpfelmilchsäuregärung 15, 55
Äpfel mit Räucherfleisch und Speck 110
Apfelstrudel 112
Apple Pie 150
Aprikosen-Tarte 40
Apulien 35
Aquavit 116
Argentinien 65, 70
Armagnac 63
Arneis 29, 42, 92, 144
Artischocken 16, 94, 100, 102, 114, 150
Artischocken alla romana 95
Asafötida 134
Assyrtiko 114
Asti 11, 14, 17, 41, 45, 97
Asti Spumante 21, 144
Aubergine, gefüllt 150
Auberginen 96, 136
Aufschnittplatten 110, 150
Ausbacken 28 ff.
Ausbruch 112
Auslese 11, 58 f., 106, 144
Austern 53 f., 62, 80, 118 f., 121, 124, 128, 138, 150
Austern mit Champagner 10
Austern Rockefeller 124
Austernsauce 136
Australien 54, 58 ff., 64 f., 67 ff., 71, 120
Avocado 53
Avocado als Salat 150
Avocado mit Vinaigrette 150
Avocados, gefüllt 127

B

Bacalao 98, 102
Bacalao la catalana 101
Bacalhau 104
Backpflaumen 80, 88, 100, 150
Baclava 115
Baden 58, 62, 106
Baeckenoffe 88
Bagna cauda 92
Bairrada 82, 97, 104 f., 118, 144
Baiser 150
Baked Beans 121
Balsamico-Essig 94
Bananen, flambiert 150
Bananen, fritiert 150
Bananen, gebraten 150
Bandol 86, 116, 144
Banyuls 22, 41, 144
Barbaresco 17, 37, 72, 85, 92, 109, 144
Barbarie-Ente 35
Barbecue 32
Barbera 12, 21, 32, 35, 70 f., 84, 90, 93 ff., 111, 114, 119
Barbera d'Asti 116, 144
Bardolino 12, 27, 95 f., 115, 144
Barolo 17, 44, 72, 90, 92, 144
Barossa Shiraz 11, 69, 128
Barossa Valley 54
Barrique 32, 51 ff., 57, 61, 72
Barsac 14, 144
Barsch, gegrillt 150
Basilikum 138
Bâtard-Montrachet 144
Bauchspeck, gekocht 150
Bayerische Creme 109
Bayonneschinken 53
Béarn 81 f., 102, 115
Beaujolais 12 ff., 20, 37, 43, 71, 80, 84 f., 94, 101, 105, 109, 111, 116, 135, 139
Beaujolais Blanc 13
Beaujolais Villages 35, 84, 116, 144
Beaumes-de-Venise, Muscat de 62, 115, 144
Beaune 144
Beccaficcu 96
Becs fins 80
Beefsteak Tatar 117
Beerenauslese 40, 58, 106, 112, 144
Belgien 118 f.
Bellet 86
Bergerac 11, 16, 29, 57, 64 f., 80, 82, 129, 144
Beurre blanc 37
Bianco di Custoza 96, 144
Birnen 112
Birnen in Rotwein 27, 150
Birnen mit Räucherfleisch und Speck 110
Bisonsteak 150
Bistecca alla fiorentina 92
Black Muscat 17
Blanc de Blancs 54
Blanchieren 27
Blanquette de veau 30
Blätterteiggebäck, süß 150
Blaubarsch 130
Blauburgunder 67, 111 f.
Blaufränkisch 112
Blaukrabben 121, 124
Blaunase 130
Blauschimmelkäse 13, 22 f., 63, 150
Blaye 64
Blinis 150
Blutwurst 150
Bockshornklee 134
Bodensatz 46
Bœuf à la bourguignonne 84, 150
Bœuf en daube 87
Bohnen 69, 100
Bohneneintopf 86, 150
Bohnenkraut 86
Boiled dinner 121
Bolgheri 83
Bollito misto 27, 92
Bonnes-Mares 144
Bonnezeaux 61
Bordeaux 57, 64, 70, 80 ff., 144
Bordeaux Supérieur 82
Boston Fish Chowder 121
Botrytis cinerea 60
Botrytisweine 59
Bouillabaisse 27, 86, 150
Bourg 64
Bourgeuil 30
Bourgogne 18, 144
Bourgogne Aligoté 84, 100, 113
Bourgogne Rouge 67
Bourgueil 16, 23, 41 f., 70, 84, 88, 113 f.
Bourride 86
Bouvier 21, 112
Brachetto 92
Brandade 67, 150
Brasato al Barolo 44, 92
Braten 28 ff., 34, 65, 69
Braten aus dunklem Fleisch 150
Brathähnchen 11, 65
Brathähnchen mit Honig 57
Bread and Butter Pudding 150
Bresàola 150
Brie 23, 61
Bries 150
Bries in Sauternes-Sahne-Sauce 60
Bries mit Trüffeln 82
Broccoli 56, 70, 96
Broccoli Mornay 150
Brombeer-Apfel-Auflauf 150
Brouilly 85, 144
Brunello 15, 40, 72, 83
Brunello di Montalcino 37, 50, 90, 92, 144
Bruschetta 92
Bual Madeira 22 f.
Bückling 19, 150
Bulgarien 65
Bündner Fleisch 110 f.
Burgenland 62
Burgenland Ausbruch 144
Burgund 66, 84 f.
Burgunder, weißer 23
Butter 28
Butteraroma 55
Buzet 82

C

Cabernet 15, 17, 35, 92, 95, 111, 114, 118 ff., 122, 124, 128, 134
Cabernet Franc 23, 41 ff., 64, 70 f., 82, 88
Cabernet Sauvignon 20, 43, 46, 50, 64, 69, 82, 90, 92, 100, 109, 118, 121, 129 f., 139, 144
Caerphilly 22
Cahors 80 ff., 145
Cajun 125, 130
Calderata ribereña 102
Caldo verde 104
Camembert 22 f.
Cannelloni 150
Cantal 23, 63
Cantucci 93
Caponata 96
Capretto 94
Carbonada 126
Carignano del Sulcis 96 f., 114
Cariñeña 100
Carmignano 72
Carneros 54, 67
Carpaccio 150
Casablanca 12
Cäsar-Salat 121, 150
Cassata 96
Cassavaküchlein 126
Cassis 86
Cassoulet 71, 80, 150
Cassoulet toulousain 80
Castillon 64
Cataratto 96
Cava 100, 145
Central Otago 130
Cerasuolo di Vittoria 96
Cérons 60
Cervelles en meurette 84
Cervena 130
Ceviche 126, 150
Chablis 16, 19 f., 29, 33, 37, 41, 52 f., 84, 95, 100, 105, 108, 110, 118 f., 121, 127, 138, 141, 145
Chalonnais 53
Chambertin 145
Chambolle-Musigny 66, 145
Champagner 13, 17 ff., 22, 35, 45 f., 54 f., 78, 80, 89, 116, 119, 124, 127, 137 f.
Champagner Brut 140, 145
Chaource 22
Chardonnay 16 ff., 19, 23, 29, 31 f., 35, 37, 40 ff., 50, 52, 62, 84 f., 89, 100, 102, 104 f., 110, 112, 114 ff., 120 ff., 127 ff., 134, 139, 145
Chardonnay, australischer 12
Chardonnay, neuseeländischer 12, 23
Chardonnay, norditalienischer 12
Chassagne-Montrachet 110, 145
Chasselas 110
Château Pétrus 71
Châteaubriand 150
Châteauneuf-du-Pape 69, 86, 94, 103, 145
Chaumes 23
Chawanmushi 141
Cheddar 23, 118
Chenin Blanc 12, 14, 20 f., 55, 60 f., 88 f., 120, 145
Chevalier-Montrachet 145
Chianti 23, 32, 35, 43, 45, 72, 84, 90, 92 f., 95, 114, 119, 145
Chianti Classico 145
Chiavennasca 72
Chile 20, 37, 53, 60 f., 64 ff.
Chili 20, 37, 134, 138, 140
Chili con carne 150
Chili-Kartoffel 130
Chili-Saucen 19
Chillies 124, 136, 138
China 133, 136
Chinon 16, 23, 30, 41 f., 70, 84, 88, 101, 110, 113, 141, 145
Chiroubles 85, 145
Chorizo 69, 98, 100, 102, 150
Choucroute 88, 150
Chouriço 104
Chowders 150
Christmas Pudding 150
Chupe de mariscos 126
Chutney 19, 36, 134
Clafoutis 80
Clairette de Die 17, 62
Clambake 121
Clam Chowder 121
Clare Valley 19, 59
Clare Valley Riesling 42
Cocido madrileño 102 f.
Coda alla vaccinara 94
Cognac 63
Collio 57, 62, 145
Colombard 29, 40, 42, 55, 60 f., 94, 145
Commandaria 145
Conca de Barberá 100
Condrieu 20, 63, 86, 145
Confit 80
Confit de canard mit Steinpilzen 81
Consommé 151
Constantia 12
Coonawarra 65, 129
Copertino 29, 135, 145
Copita 46
Coq au Riesling 88
Coq au vin 84 f., 151
Coquilles Saint-Jacques à la bordelaise 80
Corbières 69, 86, 103, 145
Corn Chowder 121
Cornas 68, 145
Cornish Pasty 151
Cortese 92
Corton 145
Corton-Charlemagne 53, 145
Costers del Segre 101
Costières de Nîmes 87
Côte Chalonnaise 35, 67, 84, 145
Côte de Beaune 53, 66, 85, 141, 145
Côte de Nuits 66 f., 108
Côte d'Or 66 f., 84 f.
Côte du Frontonnais 83
Côte-Rôtie 68, 86
Coteaux Champenois 78
Coteaux d'Aix-en-Provence 86 f.
Coteaux des Baux-en-Provence 69, 86 f.
Coteaux du Languedoc 87, 145
Coteaux du Languedoc-Faugères 86
Coteaux du Layon 14, 31, 61, 88, 145
Cotecchino mit Linsen 94
Côtes de Bourg 82
Côtes de Buzet 64
Côtes de Duras 16, 57, 64 f., 82
Côtes de Provence 86
Côtes du Frontonnais 80, 83
Côtes du Rhône 37, 69, 86, 103, 139, 145
Côtes du Roussillon 30, 87, 118, 148

Court Bouillon 27
Couscous 69, 151
Crème brûlée 14, 151
Crème caramel 151
Crémant de Bourgogne 84
Cremes 118
Cremet 88
Crêpes Suzette 151
Croque Monsieur 151
Crozes-Hermitage 23, 61, 88, 114, 145
Curry 133, 138
Currys 126, 134, 138, 151

D

Dämpfen 26 ff.
Dão 82, 145
Dattelpudding, englisch 151
Daube 21
Dekantieren 46 f.
Depot 46 f.
Deutschland 58, 63, 67
Dézaley 110
Dijonsenf 84 f.
Dim Sum 53, 151
Dolcelatte 23
Dolcetto 15, 20, 31 f., 37, 43, 71, 92, 111, 113, 145
Dôle 110
Dornfelder 109, 111
Double Gloucester 23
Douro 42, 82, 85, 105, 119
Dressing 36
Dünsten 26 ff.

E

Echézeaux 145
Edamer 22
Edelstahltank 51
Eden Valley 19, 59
Egli 110
Eglifilets, gebratene 110
Eichenfaß 51, 55
Eier 18, 151
Eiercremetorte 151
Eintopf 73
Eiscreme 14, 17, 62
Eiswein 42, 58 f., 106, 112, 146
Eiswein, kanadischer 125
Elch 116
Elsaß 59, 61 ff., 67 f.
Emilia-Romagna 94 f.
Emmentaler 22
Empanadas 126
England 118 f.
Englische Weihnachtspastetchen 153
Englischer Brot-und-Butter-Pudding 150
Englischer Weihnachtspudding 150
Ente 11, 14, 34 f., 40, 54, 58 f., 65, 67 ff., 124, 151
Ente mit Kirschen 110
Ente mit Orangen 12, 40, 54
Ente mit Pfirsichen 60
Ente mit Relish von grünen Äpfeln 125
Entre-Deux-Mers 82, 146
Entrecôte à la bordelaise 80, 83
Erbsen 100, 114
Erdbeeren 151
Erdnußöl 28
Ermitage 110
Escabeche 103
Escargots à la bourguignonne 84
Essig 19, 37
Est! Est!! Est!!! 94, 146
Europa 77 ff.

F

Faggots 151
Fasan 66, 118, 151
Fasan à la vosgienne 89
Fassolia 69
Favorita 31, 43
Felsenquеller 114
Fenchel 16, 57
Fenchelsamen 134
Fendant 137
Fernão Pires 43
Ferner Osten 133 ff.
Fetakäse 114
Fettammern 80
Filet, gebraten 29
Filoteig 114
Finger Lakes District 121
Fisch 10, 35, 53 f., 56 f., 62 f., 66 f., 100, 102, 108, 114, 118, 128, 136, 138, 140
Fisch, fettreich 18
Fisch, fritiert 151
Fisch, geräuchert 59
Fisch in Sahnesauce 54, 59, 61
Fisch mit Sauerampfersauce 56
Fisch vom Grill 151
Fischfrikadellen 151
Fischküchlein 138
Fischmousse 62
Fischpasten 138
Fisch-Pie 151
Fischsaucen 138
Fischterrinen 62
Fish and Chips 29, 118, 130
Fish Chowder 121
Fitou 69, 86, 118, 146
Flans 61
Fleisch 65
Fleisch, im Backofen gebraten 35
Fleischbällchen 29, 151
Fleischbrühe 27
Fleischpasteten 126
Fleischtöpfe 65
Fleurie 146
Flußkrebse 116, 128
Fondant 14
Fondue, Fleisch 151
Fondue, Käse 151
Fonduta 92
Fools 118
Forelle 59, 106, 151
Forelle blau 88, 108
Forelle in Rieslingsauce 106
Franken 106
Franken Silvaner 146
Frankfurter Würstchen 151
Frankreich 78 ff.
Frascati 90, 94 f., 146
Freisa 92 f.
Friaul 52
Frikadeller 29, 116
Frischkäse 96
Frischling 66
Frisée 114
Fritieren 28 ff.
Fritto misto 29, 57
Fronsac 146
Frontignan 62,87
Fruchteis 131
Fruchtkompott 151
Fruchtpudding, englisch 151
Fruchtsalat 151
Fruchtsaucen 36
Frühlingszwiebeln 136
Fumé Blanc 57, 146
Fünfgewürzmischung 136
Furmint 20 f.
Fusion Cooking 71

G

Gaillac 18, 80, 83, 104, 146
Galangal 138
Galicien 102
Gamay 15, 42 f., 67, 71, 84, 110
Gamay de Touraine 94
Gans 11, 14, 34 f., 40, 59, 65, 68 f., 73, 80, 88, 151
Gans mit Äpfeln 59
Gans mit Pflaumenfüllung 116
Gänsebraten im Kolonialstil 129
Garbure 82
Garganega 63
Garmethoden 24 ff.
Garnacha 69, 73, 100, 102
Garnelen 151
Garnelenpaste 138
Gaspatcho 104
Gattinara 146
Gazpacho 100, 151
Geelong 67
Geflügel 53
Gelees 14
Gemse 111
Gemüse 16, 35, 57, 69, 96, 100, 140
Gemüseterrine 151
Genever 118
Geoduk-Muschel 124
Geräuchertes mit Ananas 12
Gerichte, asiatische 59
Gerichte, chinesische 150
Geschmacksintensität 11
Gevrey-Chambertin 66, 85, 146
Gewürze 20
Gewürztraminer 13, 20, 22 f., 32, 35, 43, 61, 78, 100, 122, 130, 134, 136, 146
Gigondas 69, 86, 146
Glasaale 102
Glatte Seeohren in Koriandersud 130
Glattrochen 151
Gnocchi 151
Gobelet 46
Gorgonzola 23
Gouda 22 f., 118
Gougère 151
Grammeln 112
Grana Padano 23
Grapefruit 21, 151
Grauburgunder 63, 106, 109
Gravad lax 59, 116, 128, 151
Graves 31, 34, 57, 64, 80, 82 f., 108, 146
Grechetto 63
Gremolata 90
Grenache 14, 33, 69, 73, 108
Griechenland 114 f.
Grignolino 12, 92
Grilladen 73
Grilladen, mariniert 65
Grillen 32 ff.
Gros Plant 12, 18, 21, 89, 119, 126
Gros Plant du Pays Nantais 146
Große Pazifische Schwimmkrabbe 128
Grüner Veltliner 20, 29, 108, 112 f.
Gruyère 23
Guacamole 152
Gulasch 152
Gulyas 112
Gurnard 130

H

Hähnchen 10, 140, 152
Hähnchen mit Avgolemono, im Topf gebraten 115
Hähnchen mit Krebsen 84
Hähnchen, gegrillt 32
Hähnchen, in Rotwein gegart 67
Hamburger 121
Hárslevelü 35
Hartkäse 22 f., 68
Hase 72, 92, 116, 152
Hase in scharfer Zwiebel-Tomaten-Sauce 114
Haselnuß-Butter-Plätzchen 152
Hasenpfeffer 118
Haut-Médoc 82
Hawkes Bay 57, 130
Hecht 106
Hecht in Weißwein 84
Hecht mit Knoblauch gebraten 113
Hefe 55
Hering 18, 106, 116, 118, 152
Hermitage 61, 68, 86 f., 92, 95, 146
Herz, gefüllt 152
Himbeeren 152
Himmelsgucker 153
Hoisinsauce 136
Hoki-Fischküchlein mit grüner Sauce 130
Hongkong 133
Honig 35, 96
Horta 114
Hot dogs 121
Hühnerkroketten 29
Humagne Rouge 111
Hummer 45, 53, 57 f., 63, 80, 128, 138, 152
Hummus 114, 152
Hunter Valley 52, 54, 57
Hunter Valley Semillon 128

I

Ice Wine 59
Indien 133 f
Ingwer 20, 124, 134, 136, 138, 140, 152
Irish Stew 152
Irouleguy 81 f
Italien 65, 90 ff.

J

Jaggery 134
Jakobsmuscheln 14, 27, 53, 59, 80, 152
Jakobsmuscheln in Zitronengrassud 128
Jambalaya 124, 152
Jambon persillé 84
Jamon serrano 98
Japan 133
Jarlsberg 22
Jelly Sauce 36
Joghurt 18, 134, 152
Johannisbeeren 59
Johannisbeergelee, rotes 36
Johannisberg 58
Juliénas 146
Jurançon 14, 37, 80, 1[illegible], 146

K

Kabeljau 152
Kabinett 19, 36, 41, 45, 58 f., 106, 146
Kaeng 138
Kafir 138
Kalbfleisch 152
Kalbsbries 66
Kalbsbrust, gefüllt 109
Kalbsleber 152
Kalbsnieren 66, 118
Kalbsnieren mit Senfsauce 85
Kalbsschnitzel 29, 32
Kaldaunen 152
Kalifornien 54, 59, 67 f., 70, 72, 120, 124 f.
Kalter Braten 35, 58
Kalterersee 111
Kandierte Früchte 87
Känguruh 35, 65, 128, 152
Kaninchen 42, 66, 70, 118, 152
Kaninchen mit Backpflaumen 83
Kaninchen mit Rotwein und Kräutern 101
Kaninchenrücken, gefüllt 131
Kanton-Gerichte 133
Kapern 19, 58, 96
Karamel-Zitronenkuchen 131
Kardamom 134
Kardonen 93
Karpfen 106
Käse 22 f., 41, 110, 112, 114
Käsefondue 70, 110
Käsegebäck 60
Käsekuchen 152
Käsesoufflé 22
Katalonien 100 f.
Kaviar 45, 54, 116, 152
Kebab mit Fleisch 152
Kedgeree 152
Keftethes 29
Kékfrankos 111, 146
Kichererbsen 114, 152
Kingfish 130
Kirschkuchen 152
Knoblauch 20, 100, 124, 134, 136, 140
Knödel 112
Knurrhahn 86
Kochen mit Wein 37
Kochflüssigkeit 30
Kohl 106, 136
Kokosmilch 138
Kokosnuß 134
Koriander 104, 134, 136
Korianderwurzel 138
Kormas 53
Kotelett, gebraten 29
Krabben 62, 138
Kräuter 20, 35
Krebs 63
Kreuzkümmel 134
Krustentiere 118
Kuchen 59, 61, 153
Kumara 57, 130
Kürbis, gefüllt 152
Kürbismus 153

L

Lachs 42, 53, 67, 71, 152
Lachsforelle 70
Lachssteak 26
Lambrusco 12, 90, 94

Lamm 35, 42, 45, 64 f., 69, 88, 96, 98, 102, 114, 118, 124, 129 f.
Lamm, gebraten 152
Lamm mit grünen Bohnenkernen 69
Lamm zu Cabernet Sauvignon 11
Lammbraten mit Médoc 10
Lammkeule 34, 73
Lammkoteletts 118
Lammleber 70
Lammnieren 70
Lammspieß 32
Lammtopf 65
Lamproies à la bordelaise 80 f.
Lancashire 23
Lancashire hotpot 118
Languedoc 63, 69, 86
Languedoc-Roussillon 35
Lasagne 65, 152
Laski Rizling 58
Latium 77, 94
Lauch 57, 61
Lauchauflauf 152
Leber 65, 72
Leber, geschmort 152
Leberpastete 40, 63
Leitão assado 105
Liebfraumilch 58
Ligurien 96
Limette 21, 134
Linsen 69
Linsenbratlinge 152
Liqueur Muscat 146
Lirac 69, 146
Loire 61, 88 f., 125
Loire-Rotweine 12
Long Island 12, 121
Lorbeer 100
Loupiac 60, 82, 146
Löwenzahn 108, 114
Lox and bagels 121
Lubéron 86
Luft schöpfen 47
Lugana 30, 137, 146
Luganiga 110
Lunel 62, 87
Lunge 112
Lychees 152

M

Mâcon 31, 40, 53, 67, 95, 116, 146
Mâconnais 35, 53, 84, 109
Madeira 93, 103, 129, 135, 146
Madiran 80 ff., 103, 146
Maifisch 80
Mais 82, 121
Maiskolben 57, 152
Majoran 86
Makadamianuß-Rum-Eiscreme 129
Makrele 18, 57 f., 152
Makrele, geräuchert 19
Makronen 80
Málaga 14, 17, 146
Malbec 42, 82, 120, 126 f.
Malvasia 63, 102
Malvasia dei Colli di Parma 94
Malvoisie 63, 110
Mancha, La 73
Manchego 23, 98, 100
Mandelkuchen 152
Mandeln 100
Mandeln, gesalzen 153
Mangrovenkrabbe 128
Manila Clams 124
Maniok 126
Manzanilla 97, 146
Maori-Kartoffel 57
Mar y montana 100
Marc de Bourgogne 84
Margaret River 54
Margaux 82, 145
Marinaden 33
Marken 96
Marlborough 57, 130 f.
Marlborough Sauvignon 42
Maroilles 22
Marsala 96 f., 147
Marsanne 32, 61, 134, 147
Matelote de la Loire 88
Mauzac 18
Måvarmt 116
Mayonnaise 18, 36 f., 116, 153
McLaren Vale Shiraz 30
Médoc 34, 41, 44, 46, 64 f., 82, 85, 135, 147
Meeresfrüchte 41, 53, 57, 136, 138, 153
Meeresfrüchte mit Muscadet 10
Meeresschildkröte 124
Meerrettich 20, 35, 112 f.
Meerrettichsauce 36
Melon de Bourgogne 62, 88
Melone 153
Menetou-Salon 125, 138
Merguez-Würstchen 153
Merlot 17, 32, 43, 64 f., 71, 82, 100, 109 f., 118 ff., 124, 126, 130, 134, 147
Merlot, bulgarischer 71
Merlot, chilenischer 71
Merlot, kalifornischer 71
Meursault 40, 53, 97, 147
Mexiko 70
Migas 98
Milchlamm 94
Milchlamm, gebraten 82
Mimolette 22 f., 80, 118
Mince Pies 153
Minervois 27, 69, 86 f., 118, 147
Minestrone 153
Mint Jelly 20
Mint Sauce 20, 35 f.
Miso 140
Mittelmeergemüse 54
Mixed Grill 153
Möhren 35
Mojama 100
Mokkaeis 153
Mokkatorte 153
Moldauregion 52, 65
Monbazillac 40, 60, 82, 147
Monkfish 153
Montagny 53, 94
Montepulciano d'Abruzzo 29, 37, 118, 147
Montepulciano, Vino Nobile di 147
Monterey 54
Montilla 147
Montlouis 14, 35, 61, 147
Montrachet, Le 147
Moorhuhn 116, 118, 153
Morellino di Scansano 147
Morey-Saint-Denis 147
Morgon 71, 147
Mornington 67
Mortadella 94
Morue 82
Morvan-Schinken 84
Moscatel 62
Moscatel de Setúbal 21, 93, 105
Moscatel de Valencia 87, 115
Moscato 92
Moscato di Pantelleria Passito 96 f.
Moscato d'Asti 147
Moscato spumante 17
Mosel 58, 94, 106, 147
Mosel Kabinett 19, 40
Moulin-à-Vent 71, 147
Mourvèdre 19, 32, 69, 108, 111, 114 ff.
Moussaka 69, 114 f., 153
Mozzarella 96
Müller-Thurgau 112
Multbeeren 116
Munster 61
Muscadet 11 f., 18, 37, 62 f., 88, 147
Muscadet sur lie 10, 89, 96, 113, 119
Muscat 42, 147
Muscat de Beaumes-de-Venise 14, 17, 87, 105
Muscat de Frontignan 97
Muscat de Rivesaltes 17
Muscat, elsässischer 62
Muscat, südfranzösischer 62
Muscheln 57, 62, 86, 98, 118, 121, 128, 130, 153
Muscheln, pochiert 11
Muschelragout 126
Muskateller 17, 20 f., 29, 62, 109, 115, 134
Muskateller-Likörweine 14, 17, 21, 125, 129
Muskateller-Likörweine, australische 62

N

Naam Plaah 138
Naam Prik Numm 138
Nabemonos 141
Naoussa 114
Navarra 73, 80, 83, 98, 102 f., 115, 126, 147
Navarra, Roséweine 102
Nebbiolo 15, 17, 27, 30, 32, 70 ff., 92, 109
Negroamaro 135
Nemea 40, 114, 118, 134, 147
Nero d'Avola 90
Neunaugen 80
Neunaugen in Rotweinsauce 81
Neuseeland 12, 53, 57, 59 ff., 65, 67 f., 71, 120
New York State 59, 121
Niederlande 118 f.
Nieren 65, 72, 153
Nieren in Sherrysauce 101
Nierstein 58
Nordafrika 69
Nordamerika 71
Norditalien 71
Nudeln, japanisch 153
Nuits-Saint-Georges 66, 116, 147
Nüsse 96, 134, 153

O

Obst 21, 41, 98
Obst, pochiert 31
Obstkompott 31
Obstkuchen 59
Obstsalat 41, 62
Obstspeisen 62
Obsttartes 61, 88
Ochsenschwanz 153
Octopus 153
Octopus in Rotwein 114
Œufs en meurette 18
Offizielles Diner 42
Olasz Rizling 58
Oliven 13, 21, 40, 58, 86, 96, 100, 153
Olivenöl 28, 86, 92, 96, 100, 104
Oloroso 147
Omelett 153
Ontario 59
Orange 21
Orange Muscat 17, 21, 97, 125
Orangen 98
Orangen-Karamel-Kuchen 153
Orangen-Mandel-Kuchen 21
Orangensauce 21
Oregano 100
Oregon 59, 61, 63, 67, 124
Ortolans 80
Orvieto 147
Osso buco 31, 90, 153
Österreich 57 ff., 61 ff., 67
Ouzo 114

P

Pacherenc du Vic Bilh 80
Pacific Prawns 128
Padthaway 54
Paella 98, 153
Paellada 100
Palatschinken 112
Palette 86
Palombes 80
Paltas rellenas 127
Pappardelle 90
Pappardelle alla lepre 92
Paprika 112
Paprikaschoten 35, 86, 96, 98, 100, 102
Paprikaschoten, gebraten 153
Paprikaschoten, gefüllt 153
Paprikaschoten, gegrillt 54
Paprikaschoten, rote 59, 61
Parmaschinken 53
Parmaschinken mit Feigen 94
Parmesan 23, 94 f.
Passe-tout-grains 18
Passito 147
Pasta 52 f., 63, 65, 71 f., 90, 92, 153
Pasta con bottarga 97
Pasta mit Sahnesaucen 153
Pasteten 59, 73
Pastinaken 35, 57
Pastrami 121
Pâtés 153
Pauillac 82, 147
Pavlova 153
Pays d'Oc 65
Pécharmant 83
Pecorino 96
Pekannuß-Pie 59, 125, 153
Penedés 73, 100 f.
Pennsylvania 121
Peperoni 69
Periquita 41
Perlhuhn 53, 67, 153
Pesto 153
Petersfisch 67, 70, 153
Petite Arvine 110
Petite Sirah 40, 127
Pfalz 58, 61 f., 106, 116
Pfalz Halbtrocken 147
Pfälzer Spätlese 116
Pfannkuchen 112
Pfeffer 12 f., 32, 134
Pfefferminze 20
Pfeffersteak mit gebratenem Knoblauch 128
Pflaumen 112
Pflaumenkuchen 153
Pflaumenpaste, saure 140
Piemont 70 ff., 92 f.
Pilze 63, 136, 153
Pimiento 98
Pinienkerne 100
Pinot Bianco 11, 96, 141, 147
Pinot Bianco, Südtiroler 62
Pinot Blanc 18, 23, 30, 62 f., 86, 89, 106, 108 f., 147
Pinot Grigio 20, 40, 43, 63, 96, 118, 147
Pinot Grigio dei Colli Orientali 94
Pinot Gris 32, 35, 40, 63, 106, 112, 147
Pinot Noir 16, 22, 30 ff., 34 f., 41 ff., 46, 66, 83 f., 88 f., 97, 100, 106, 108, 110 ff., 120, 122, 124 f., 128, 130 f., 134, 137, 141, 147
Pinot Noir, Oregon 42
Pinotage 32, 72 f.
Piperada 102
Pipérade 82
Pisco 120
Pittas 114
Pizza 69, 90, 153
Pla Raa 138
Planung 38 ff.
Plateau de fruits de mer 89
Plum Pudding 11, 62
Pochieren 26 ff.
Pochouse 84
Polenta 90, 92
Polpette 29
Pomerol 23, 64 f., 71, 81 ff., 133, 137, 141, 147
Pommard 66, 125, 147
Pommes frites 28
Pont l'Évêque 22 f.
Porceddu 97
Port, Tawny 17, 23
Portugal 73, 104 f.
Portwein 17, 19, 22, 41, 73, 104, 118, 120, 128, 135, 148
Pouilly-Fuissé 148
Pouilly-Fumé 21, 23, 29, 42, 53, 56, 84, 89, 97, 110, 119, 125, 130, 138, 141, 148
Poule au pot 27, 82
Prawns 138, 151
Pré-Salé 80
Preiselbeermus 19, 36
Premières Côtes de Blaye 82
Primitivo 29, 33, 41, 73
Priorato 81, 100
Profiteroles 153
Prosciutto 153
Provence 35, 65, 69, 86
Provolone 96
Pudding 118
Pudim Flam 105
Puligny 110

Puligny-Montrachet 40, 53, 148
Pumpkin Pie 153
PX-Sherry 14, 17, 105

Q

Qualitätswein 106
Quarts de Chaume 14, 61
Quiche 18, 63, 88, 153
Quincy 125
Quitten 112

R

Raita 18
Ratatouille 31, 86, 153
Räucheraal 116
Räucherfisch 19, 54, 59
Räucherfischterrine 59
Räucherforelle 19
Räucherkäse 23
Räucherlachs 13, 19, 45, 54, 63, 70, 119
Ravioli 130
Rebhuhn 118, 153
Rebstöcke 55
Recioto 148
Recioto Amabile 41
Recioto della Valpolicella 22, 95
Recioto di Soave 23, 40, 63
Red Leicester 23
Rehbraten mit Preiselbeeren 116
Rehbraten mit Rotkohl 108
Reineclauden 112
Reis 90, 134, 138, 140
Reiswein 136
Relish 14, 36, 121, 125
Remouladensauce 116
Rentier 116
Retsina 114 f., 148
Rettich, chinesischer 136
Rhabarberauflauf 154
Rhabarbercreme 154
Rhein 58
Rheingau 106, 148
Rheinhessen 148
Rheinriesling 58, 113
Rhône 68, 86
Rhône Rangers 68
Ribeiro 19, 148
Ribera del Duero 23, 37, 73, 82, 85, 101 ff., 118, 148
Ribollita 93
Richebourg 148
Richmond Ham 124
Ricotta 96
Rieslaner 21
Rieslaner Spätlese 37
Riesling 11 ff., 19 ff., 32, 35 f., 40, 43, 50, 58, 88 f., 93, 102 f., 106, 108 ff., 116, 119, 121, 124, 129 ff., 134, 140, 148
Riesling Auslese 41
Riesling Beerenauslese 27, 31
Riesling, elsässischer 42
Riesling Italico 58
Riesling Kabinett 29, 116, 136, 138
Riesling Renano 58
Riesling-Silvaner 112
Riesling Spätlese 29, 31, 35, 41, 136
Rillettes 70
Rind 11, 34 f., 42, 65, 69, 72, 88, 92, 93, 106, 126, 128, 138, 140
Rindereintopf 30
Rinderfilet Wellington 154
Rindfleisch, in Bier geschmort 70
Rindfleischtöpfe 67 f.
Rioja 17, 23, 69, 72 f., 83, 85, 97 f., 100 ff., 105, 116, 135, 148
Rioja Crianza 118
Rioja Reserva 129
Risotto 52, 90, 92
Risotto alla milanese 31, 154
Rivesaltes 14, 62, 87, 115
Roastbeef 72
Robola 114
Rohkostgerichte 62
Rohkostplatte 154
Rom 77, 94 f.
Romesco-Sauce 100
Roquefort 13 f., 23, 40, 60, 80, 154
Roquefort mit Sauternes 10
Rosé 33, 43, 45
Rosé d'Anjou 148
Rosé de Loire 148
Roséweine 27, 31, 98
Rosinen 100
Rosmarin 20, 35, 63, 86, 94, 100
Rosso Cònero 37
Rosso di Montalcino 30, 37, 72, 92
Rosso di Montepulciano 72
Rösti 110
Rotbarbe 67, 70, 86, 100, 154
Rote Bete 58, 116
Rotkohl mit Äpfeln 106
Rouille 86
Roussane 61
Rueda 29, 57, 89, 100, 102, 148
Rührbraten 29
Rührreier 154
Ruländer 63, 105, 112
Rully 148
Rum 17
Rumänien 65
Russian River Valley 54, 67
Rutherglen 129

S

Saar-Kabinettwein 19
Sabodet Lyonnais 85
Sachertorte 154
Safran 98
Safran-Sahne-Sauce 54
Saint-Chinian 86
Sainte-Croix-du-Mont 82
Saint-Émilion 17, 23, 35, 42, 64, 71, 81 ff., 85, 116, 118, 148
Saint-Émilion au chocolat 80
Saint-Estèphe 81 f., 148
Saint-Jean de Minervois 62
Saint-Joseph 68, 148
Saint-Julien 82
Saint-Laurent 112
Saint-Nicolas de Bourgueil 16, 23
Saint-Véran 11, 16, 53, 94, 116
Sake 124, 133, 140
Salade niçoise 86
Salami 71, 94, 154
Salat aus gegrillten Tintenfischen 128
Salate 52, 57, 61 f., 154
Salbei 20, 124
Salbeiblätter, fritierte 28
Salice Salentino 90, 135, 148
Salmis 82
Salmonetes 100
Salsa 37
Salsa verde 92
Salsiccia 110
Salvagnin 110
Salz 12, 32
Salzgebäck 13
Sancerre 23, 29, 42, 56, 67, 88 f., 97, 100 f., 105, 113, 125, 130, 137 f., 141, 148
Sancerre Rosé 12
Sangiovese 32, 35, 64, 72 f., 92, 114
Sangiovese di Romagna 72, 94
Sansho-Pfeffer 140
Santa Barbara 54, 67
Santenay 66
Sardinen 18, 82, 86, 96, 104, 154
Sardinen, gegrillt 32, 104
Sardinien 96
Sashimi 20, 57
Sateh 154
Sateh-Dip 138
Sauce béarnaise 36 f.
Sauce hollandaise 16, 18, 27, 36 f.
Sauce tartare 36 f.
Saucen, süße 14
Saucisses au chou 110
Saucisses au foie 110
Saucisson vaudois 110
Sauerampfer 20
Sauerbraten 109
Sauerkonserven 19, 138
Sauerkraut 106, 154
Saumur 61, 141
Saumur-Champigny 16, 23, 30, 42, 70, 148
Säure im Gericht 12
Säure im Wein 12
Sauternes 14, 17, 21, 23, 31, 37, 40 f., 59 f., 78, 80, 82, 109, 148
Sauvignon 20, 23, 27, 29, 33, 35, 37, 40 ff., 86 ff., 95 f., 100, 102 f., 110, 115, 118, 124 ff., 134, 139
Sauvignon Blanc 11 f., 16, 18 f., 21 ff., 43, 55 f., 60, 84, 100, 112, 120, 127 f., 130, 138, 140, 148
Sauvignon, neuseeländischer 23
Savennières 20, 61, 89, 148
Scampi 32, 154
Schaltiere 53, 57
Schaumwein 45, 54
Schellfisch 54
Schellfisch, geräuchert 154
Scheurebe 21, 37, 106, 116
Schindlbraten 112
Schinken 62, 67, 71, 154
Schinken in Weißweinaspik 84
Schinken mit Beaujolais 10
Schinken mit Feigen 12
Schinken mit Melone 12
Schmalz 28, 112
Schmoren 30 ff.
Schmorgerichte auf Fleischbasis 30
Schmorgerichte mit Fleisch 154
Schnecken 84
Schnecken mit Tomaten, Paprikaschoten und Chillies 102
Schnepfe 118
Schnitz und Drunder 110
Schnitz und Gnepp 121
Schnitzel 29
Schokolade 14, 17, 98, 154
Schokoladendesserts 60
Schokoladenmousse 21, 41, 60, 62
Schokoladenspeisen 62
Scholle 154
Schwarzwälder Torte 108, 154
Schwein 14, 34 f., 53 f., 58 f., 67 ff., 88, 94, 96, 98, 106, 110, 116, 124, 138
Schweinebraten 63, 73, 154
Schweiz 63, 67
Schwere des Gerichts 11
Schwertfisch 154
Seehecht 98, 104
Seeigel 126
Seeohren 130
Seezunge 53, 80, 86, 106, 154
Sektflöte 46
Sektschale 46
Sélection de grains nobles 59, 61
Sellerie 96
Semillon 14, 20, 55, 124
Sémillon 31, 57, 101, 134, 148
Semillon, australischer 57, 105, 148
Sémillon, edelfauler 60
Senf 18, 21, 35, 54, 58, 116, 121, 134
Senfsauce 59
Serranoschinken 53
Servieren, Weinfolge 40 ff.
Sesamsamen 140
Seyval Blanc 140
Shabu Shabu 141
Shepherd's Pie 69, 154
Sherry 13, 19, 21, 40, 45, 93, 98, 100, 103, 108, 116, 118 ff., 128 f., 135, 140, 148
Shiraz 14, 17, 19, 23, 32, 41, 64, 68 f., 83, 87, 92, 116, 122, 126, 131, 134, 148
Shiraz, schäumend 69, 148
Shoo-Fly-Pie 121
Shrimps 113, 124, 138
Sichuan-Pfeffer 136
Sieden 27
Silvaner 12, 106, 148
Sion 110
Sirloin Steak, gebraten 119
Sirupkuchen 59, 154
Sizilien 96
Skandinavien 116 ff.
Smörgåsbord 116
Smørrebrød 116
Snacks 61
Snapper 130
Soave 31, 96, 148
Soave Classico 18
Sofrito 100 f.
Soja 124
Sojasauce 21, 135, 140
Sole à la normande 125
Sorbets 154
Sortenreinheit 55
Soufflés 13, 154
Spaghetti 90, 154
Spaghetti alla carbonara 95
Spaghetti mit Pesto 53
Spanferkel 38, 97, 105
Spanien 64, 69, 98 ff.
Spanna 72
Spare Ribs 121, 135 f.
Spare Ribs mit Barbecue-Sauce 69
Spare Ribs vom Grill 121
Spargel 11, 16, 27, 41 f., 54, 56 f., 70, 100, 102, 108, 154
Spätburgunder 67, 108 f., 137, 148
Spätburgunder, Baden 144
Spätlese 11, 19, 35, 58 f., 106, 149
Spezialitäten, chinesische 58
Spezialitäten, thailändische 56
Spinat 16, 56
Spinatquiche 154
Spinatsoufflé 154
Squash and Succotash 122
Stachelbeercreme 154
Steak 72, 121, 154
Steak and kidney pudding 118
Steak, englisch gebraten 68
Steak, gebraten 29, 32
Steak mit Pfeffersauce, gegrillt 127
Steiermark 57
Steinbock 111
Steinbutt 53, 105, 154
Steinkrabben 124
Steinpilze 27, 80
Stilton 13, 23, 118, 154
Stilton mit Jahrgangs-Port 10
Stockfisch 98
Stockfischmus 150
Stockfischpüree 67
Stopfleber 14, 40, 54, 60 f., 63, 69, 80, 88, 126, 154
Stubenküken 108, 154
Südafrika 53, 61, 65, 67 f., 120
Südamerika 71
Südfrankreich 61
Südtirol 52, 61
Südwestfrankreich 80 ff.
Summer Pudding 154
Super-Toskaner 72
Suppen 154
Sushi 20, 54, 57, 59, 140, 154
Süße im Essen 14
Süße im Wein 14
Süßkartoffeln 35
Süßspeisen 14, 59, 62 f., 153
Süßspeisenkuchen 153
Süßweine 22
Sweet-and-Sour-Saucen 136
Sylvaner 40, 88, 113
Syrah 14 f., 23, 27, 30, 32, 34, 41, 46, 58, 86, 92, 111, 116, 118, 149

T

Tafelspitz 112
Tamarinde 134
Tandoori 134
Tannat 15, 82, 126 f.
Tannin 10, 13, 15, 21 f., 26, 32, 35, 37, 43, 51, 134
Tapas 40, 45, 100, 154
Tapenade 13, 86

Tarakihi 130
Taramosalata 155
Tarragona 100
Tarte Tatin 88
Taschenkrebs 155
Taschenkrebs, gefüllt 102
Tasmanien 12, 54, 130
Taube 155
Tauben, wilde 80
Tavel 149
Temperatur 47
Tempranillo 14, 33, 35, 43, 64, 69, 72 f., 85, 93, 100 ff., 114
Tempura 29, 130, 140, 155
Teriyaki 141
Teroldego Rotaliano 29, 92, 118
Tessin 110
Texas 57
Thai-Gerichte 11, 133, 155
Thanksgiving Turkey 122
Thunfisch 11, 54, 71, 104, 122, 130, 155
Thymian 20, 35, 86, 100
Tiefsee-Dory mit Knoblauch-Sahne-Sauce 130
Timorasso 18, 96, 104
Tinta Roriz 73
Tintenfisch 86, 104, 138, 155
Tinto Fino 102
Tiramisu 155
Toad in the Hole 155
Tocinos de cielo 100
Toffee 14
Tokajer 93, 149
Tokaji Aszù 23
Tokay-Pinot Gris 78, 88
Tomaten 21, 35, 56, 96, 98, 100, 114, 155
Tomaten, luftgetrocknet 58 f.
Tomatensauce 37
Torgiano 37
Toro 92
Torre Ercolana 94
Tortilla 100
Toskana 64, 72, 92 f., 96
Tourrin 82
Traminer 112
Trebbiano 63, 149
Trifle 118, 155
Trocken 149
Trockenbeerenauslese 42, 58, 62, 106, 112, 149
Trüffel 17, 54, 63
Trüffel, weiße 71
Truthahn 65, 67, 71, 155
Tsatsiki 18
Ttoro 80, 82
Tursan 81
Txakoli 102

U

Ugni Blanc 63
Umbrien 72
Ungarn 52, 57, 63
USA 57, 59 f., 65, 120

V

Vacherin 22
Vacqueyras 30, 69, 149
Valdepeñas 149
Valpolicella 85, 90, 93, 101, 149
Vendange tardive 59, 61, 149
Veneto 96
Verdelho 21, 35, 134, 149
Verdicchio 96, 149
Verdicchio dei Castelli di Jesi 141
Vermentino 96
Vernaccia di Oristano 97
Vernaccia di San Gimignano 149
Verschnitt 55
Vichyssoise 155
Victoria 67
Vin de Paille 149
Vin de Pays de l'Ardèche 53
Vin de Pays de Mauzac 104
Vin de Pays des Côtes de Gascogne 21, 29, 61, 63, 94, 138
Vin jaune 149
Vin Santo 93, 149
Vinaigrette 19
Vindaloo 134
Vinho Verde 12, 19, 29, 37, 86, 89, 93, 96 f., 104, 126, 149
Vinho Verde, roter 18
Vinho Verde, weißer 18
Vino Nobile di Montepulciano 72, 85
Vins de Pays d'Oc 53
Vins de Pays du Jardin de la France 53
Vins doux naturels 87, 97, 129
Viognier 17, 20, 29, 43, 63, 68, 102, 149
Vitello tonnato 27, 155
Viura 102
Volnay 66, 125, 149
Vosne-Romanée 66, 149
Vougeot, Clos de 149
Vouvray 14, 30, 35, 37, 61, 88, 149
Vouvray moëlleux 31

W

Wachau 149
Wacholderbeeren 112, 116
Wachteleier 18, 155
Wachteln 67, 84, 128, 155
Wales 118 f.
Walnüsse 155
Walnußöl 19
Walnußsauce mit Pasta 54
Wasabi 20, 140
Washington State 57, 59, 61, 65, 124 f.
Weichkäse 22 f.
Weihnachtspudding 14
Weihnachtspute 69
Weinbergschnecken 108, 155
Weinfolge 42
Weinglas 46
Weißburgunder 62, 89, 106, 109
Welschriesling 58, 112
White Riesling 58
White Zinfandel 149
Wiener Schnitzel 113
Wild 11, 42, 64 ff., 72 f., 92, 98, 106, 110, 116, 128, 155
Wild zu Pinot Noir 11
Wild zu Syrah 11
Wild, Schmorgerichte 155
Wildbret 118
Wildeintopf 30
Wildente 118
Wildgeflügel 34, 54, 70, 72
Wildgeflügel mit Kräutern 69
Wildlachs 45, 53
Wildpastete 155
Wildschwein 11, 14, 65, 72, 92, 98, 106, 111, 118, 155
Wildtopf mit Waldpilzen 111
Wok 28 f., 134
Wok-Küche 136
Wurst 42, 65, 67 f., 69 ff., 110
Wurst mit Beaujolais 10
Wurstschmaus 110

X

Xarel-lo 100

Y

Yabbies 128
Yarra Valley 12, 54, 67, 128, 130

Z

Zabaglione 155
Zampone di Modena 94
Zander mit Sauerampfersauce 89
Zicklein 65, 92, 94, 96
Ziege 114
Ziegenkäse 22 f., 41 f., 56 f., 124
Ziegenkäse mit Sancerre 10
Ziegenkäse zu Sauvignon Blanc 11
Ziegenkäsesalat 155
Ziegenkäsesoufflé 155
Zimt 134
Zinfandel 14, 19, 32, 35, 41, 73, 85, 87, 103, 121 f., 124, 127, 134, 149
Zitrone 21, 32, 35, 114
Zitronenblätter 138
Zitronengras 138
Zitronensaft 12
Zucchini 35, 56, 96, 114
Zuckererbsen 136
Zunge 155
Zweigelt 112 f.
Zwiebelkuchen 88, 108, 155
Zwiebeln 35, 61, 100, 134
Zwiebeln, frittiert 28

BILDNACHWEIS:

Cephas Picture Library, Nigel Blythe: 60 links; Mick Rock: 52, 56, 58, 60 rechts, 60 Mitte links, 61, 62 oben, 62 unten, 63 Mitte links, 63 Mitte rechts, 63 links, 63 rechts, 64, 66, 68, 70 Mitte oben, 70 unten, 70 Mitte unten, 70 oben, 71 rechts, 71 links, 73 unten, 73 Mitte unten, 73 Mitte oben, 73 oben; Ted Stefan: 60 Mitte rechts
Armin Faber: 107
Robert Harding Picture Library: 91; C. Martin: 79; Nik Wheeler: 76
Image Bank Karl Hentz: 120; Jeff Hunter: 132
Reed International Books Ltd. Anita Corbin/ John O'Grady: hintere Klappe Schutzumschlag, 6; Jeremy Hopley: Schutzumschlag-Vorderseite, 26, 28, 31, 33, 34, 36/37, 81 Bordeaux, 83 Südwesten, 85 Burgund, 87 Languedoc, 89 Loire, 93 Süden & Inseln, 95 Piemont & Toskana, 96 Rom, 99 Spanien, 101 Andalusien, 103 Norden, 105 Portugal, 109 Regionen, 111 Schweiz, 113 Österreich, 115 Griechenland, 117 Skandinavien, 119 Nordeuropa, 123, 125, 127 Südamerika, 129 Australien, 131 Neuseeland, 135 Indien, 137 China, 139 Thailand, 141 Japan; Ray Moller: Schutzumschlag-Rückseite, 9, 10, 11, 12, 13, 14, 15, 18, 22/23, 25, 39, 40/41, 43, 44, 45, 47, 48/49, 50, 51, 52 Flasche, 53, 54, 56 Flasche, 57, 58 Flasche, 59, 60 2. Flasche von rechts, 60 2. Flasche von links, 60 linke Flasche, 60 rechte Flasche, 61 Flasche, 62 obere Flasche, 62 untere Flasche, 63 2. Flasche von links, 63 linke Flasche, 63 rechte Flasche, 63 2. Flasche von rechts, 64 Flasche, 65, 66 Flasche, 67, 68 Flasche, 69, 70 2. Flasche von oben, 70 obere Flasche, 70 untere Flasche, 70 2. Flasche von unten, 71 linke Flasche, 71 rechte Flasche, 73 untere Flasche, 73 2. Flasche von unten, 73 2. Flasche von oben, 73 obere Flasche, 75, 143

Laytons Wine Merchants und Nicolas UK Ltd. lieferten die Weinflaschen für die Fotos
Michael Johnson (Ceramics) Ltd. lieferten die Gläser, alle von Riedel, außer für die Seiten 81, 105, 115